U0154164

中國
抗日戰爭
盧溝曉月

目　錄

前言

　　自1840年鴉片戰爭以來，大清國逐漸成為列強堅船利砲之下的獵物，而同一時期稍晚被叩開國門的日本，也面臨著淪為西方列強凌辱物件的前景，但是隨後兩個東亞重要國家走上了不同的改革之路，日本迅速透過肇始於1868年10月23日的明治維新習得西方文明，儘管有些不倫不類，但是國力日強是不爭的事實。到1894年～1895年的日清甲午戰爭時期，大清國以「中學為體」的洋務運動（發生於1861年至1894年間）慘敗於名不見經傳的東瀛島國。

　　此後數年，日本又在爭奪東北亞霸權的日俄戰爭中決定性地擊敗了世界強國之一的沙俄帝國，此後日本控制了朝鮮半島，並將觸角伸向滿洲，對首當其衝的清帝國滿懷覬覦之心。

　　清廷在內憂外患之下開始推行的憲政改革尚未取得成效，就在辛亥革命的槍砲聲中土崩瓦解了，改頭換面的民國開始了紛紛擾擾的軍閥之爭，從1911年民國紀元元年，到1928年北伐最終統一全國，整個國家的革命和動亂似乎告一段落，開始了和平與穩定的建設和休養生息的時期，事實上1927～1937年的黃金十年高速發展，使中華民國初步完成近現代化改革和建設，國力大大提升。

　　然而樹欲靜而風不止，不斷膨脹的侵略野心驅動日本軍國主義步步緊逼，先是於1928年在山東試圖阻止北伐，其後為除掉不聽話的張作霖更是策劃了皇姑屯事件，在這些圖謀遭到挫敗之後，又於1931年發動九一八事變，並在隨後數月控制了中國東北大部分地區，1932年在上海發動一二八事變，後迫於英、美、法、義各國壓力，在國際調停之下於3月24日在上海與中國政府經過談判之後簽署了《淞滬停戰協定》。

　　在華北戰場，1933年，日本以熱河省地方官員表示歸附偽滿洲國為由，與偽滿洲國軍隊進軍熱河，省長湯玉麟不戰而逃；之後日軍進攻山海關、長城各隘口與熱河，東北軍在日軍強大的攻勢面前不斷潰退，戰火迅速綿延到長城內外，在危亡關頭，國民政府派遣宋哲元、馮治安、張自忠、劉汝明、關麟徵、黃傑及劉戡與日軍在義院口、冷口、喜峰口、古北口、羅文峪、界嶺口憑險固守，本書收錄《長城抗戰之古北口》的兩篇文章，就是對長城抗戰之中的古北口戰役全般經過的記述。

之後中華民國成立駐北平政務整理委員會，由黃郛及何應欽與日本代表梅津美治郎簽訂《塘沽停戰協定》，劃定冀東二十二縣為非武裝區，軍隊不得進入，而日軍退回長城以北。且中華民國與「滿洲國」也以長城為界，「滿洲國」更於長城各地樹立「王道樂土大滿洲國」的界碑。

長城抗戰之後，日本一面經營滿洲，一面積極準備進一步蠶食華北，中國方面則一面積極積蓄國力，訓練軍隊，整頓國防，一面花費巨大的精力清剿南方省份的蘇維埃革命與動亂。日本在華北的侵略活動引起中國民眾越來越強烈的抗日訴求，對於攘外和安內先後次序的分歧，在1936年西安事變達到了高潮，在蔣介石被扣押的兩個星期內，舉國上下無不對委員長的安危感到憂心，毫無疑問，除了蔣介石之外，沒有任何一個人能夠挑起民族抗戰的重擔。隨著西安事變的和平解決、國民政府放棄「攘外必先安內」的基本國策，國內的力量重新統一到抵抗日本侵略的旗幟之下。

1937年7月7日，日本中國駐屯軍一部在北平附近的宛平縣進行軍事演習，夜間日軍以有士兵失蹤為藉口(有些日籍說是中方發射實彈至日駐軍內)，要求進入宛平縣城調查。遭到中方拒絕後，日軍於8日晨向宛平城和盧溝橋發動進攻，駐守在宛平的中國軍隊奮起抵抗。《盧溝曉月——第29軍和七七事變的那些事》對點燃全面抗戰的七七事變之前因後果作了詳盡的介紹。

1937年8月13日，淞滬會戰爆發，經過浴血奮戰，中國軍隊粉碎了日本速亡中國的企圖，但是由於「失血」過多，精銳部隊損失慘重，在隨後的南京保衛戰中接連失利，日軍進攻的鋒芒逼近華中，1938年8月至10月的武漢會戰是中日戰爭中規模最大的會戰，參戰日軍達30多萬人，國民政府軍達110萬人，戰爭中日本損失8萬人，因病減員8萬人，因此喪失了戰略進攻的能力。中國軍隊大部脫離戰場，安全撤退。此役之後日本未能因佔據武漢而迫使中國停止抗戰。在具有戰略意義的武漢會戰中，前哨之戰田家鎮戰役無比慘烈的英勇奮戰，為武漢的佈防和軍民的有序撤退贏得了寶貴的時間，《大江絕唱——喋血田家鎮》一文講述這一重要戰役的經過，並對戰役的得失及其影響作出評判。

伴隨武漢會戰的結束和中國大片富庶地區的淪陷，抗戰進入更為艱難和險惡的環境，但是日軍也面對兵力不足和戰線過長的困境，於是戰爭進入了相持階段。發生在1939年5月的隨棗會戰，就是這一期間日軍為消滅中國第5戰區的主力，向隨縣、棗陽地區發動進攻，中國軍隊與之展開為期20餘天的會戰。《中日1939年隨棗會戰》一文透過挖掘海峽兩岸史料，對中日雙方的的作戰計畫、佈局、戰鬥經過、

得失等頗多著墨，對中國軍隊高級將領李品仙、張自忠、湯恩伯、覃連芳等指揮官及其所轄部隊的表現作出了客觀的評價，尤其肯定了湯恩伯第31集團軍的英勇作戰，並就李宗仁對湯恩伯有欠公允的指責提出自己的看法。

中國抗日戰爭不朽的功績在於：在極其困難和幾近孤立無援的情況下堅持奮戰數年；在幾無可退的大西南，兵源和資源皆陷入匱乏的時候，抗戰的意志始終如一。

1941年歐洲的戰爭進入新的階段，隨著蘇德戰爭的爆發，世界的局勢越發混亂，是年冬天由於蘇聯成功地守住了莫斯科並使戰線穩固下來，更由於珍珠港事變之後擁有巨大戰爭潛力的美國正式參戰，形勢一下子明朗許多，重慶方面也開始抱著速勝的期待，認為勝利就在眼前。然而日本卻在太平洋戰爭的最初一年接連對美英軍隊取得一系列勝利，並將工業落後、戰爭資源匱乏的中國軍隊獲取外援物資的通道阻斷。西南邊陲的雲南慢慢成為後勤中心，美國對華援助也主要從這裡得以輸入。

美軍在太平洋戰場不斷取得勝利，1944年中國已經進入抗戰的第7個年頭，日軍由於南亞戰區的失利和海上運輸線遭到美軍航空兵慘重打擊，決定在中國打通從華北到越南的交通線，這就是「一號作戰」。同年6月，在浙江省龍遊至衢州一代發生了極其悲壯慘烈的對日作戰，史稱「龍衢戰役」，與豫中會戰、長衡會戰、桂柳會戰一樣，屬於「一號作戰」的範疇，雖然在空間上有一定距離。此次會戰有效地牽制了日軍對湘桂戰場的調動，同時也付出了慘痛的代價，《悲壯慘烈的龍衢戰役》一文對抗戰後期的這場戰役作了翔實的記錄和評價。

抗戰期間，中國軍隊面對日軍的優勢裝備和戰鬥力，常常付出慘重的代價，誠然，積貧積弱的中國缺乏較為現代的國防工業體系，而包括石油在內的許多戰略物資更是全賴進口，但是有一支砲兵部隊——砲兵第10團，卻在八年抗戰中憑藉其裝備的現代化重榴砲，轉戰各地，承擔了繁重的作戰任務，這響徹大江南北的砲聲，是東方醒獅的吶喊，更是中華民族的怒吼！關於這支砲兵部隊的抗戰經歷，《國軍砲兵第10團抗戰點滴》一文作了翔實的介紹。

艱苦卓絕的抗日戰爭堅持了八年，在中國軍隊不屈不撓、眾志成城、可歌可泣的浴血奮戰下，日軍流盡了戰爭的血液，中國戰區的屹立不倒也牽制了主要的日本陸軍，形同有力地支援了太平洋戰爭中的盟國軍隊，也為中國贏得了國際社會的尊重，使自己一躍而成為創建聯合國、維持戰後新秩序的世界五強之一。

長城抗戰之古北口
血滿將軍樓

前言

　　1933年日軍以熱河省屬於偽滿洲國為由，詭稱恢復滿洲治安，全面進犯熱河。在日軍的強大攻勢下，以東北軍為主體的中國軍隊在極短的時間內全面崩潰。原本日軍計劃首先佔領長城各口以切斷熱河與內地的聯繫，而後捲擊熱河省的腹心地區，不料開戰僅十多天日軍即攻取熱河首府承德，戰事進展之順利令日軍都始料未及。日軍向長城各口的進攻就這樣演變成了一場追擊戰。而在長城各口中，古北口控扼承德——北平大道，中日兩軍對此都極為重視，日軍攻佔承德後即以主力迅速撲向古北口方向，而中國方面也將北上應援的中央軍主力投入此地。古北口也由此成為了長城抗戰中戰鬥最為激烈的戰場。

戰場地理

　　古北口處於密雲平原的最北端，再

■ 在中國軍隊迫擊砲火力下攀越陡坡的田中第32聯隊。

往北走就是連綿的山地和高原，潮河從北蜿蜒流來，在山脈間切出一個谷地，到了古北口，這個谷地迅速向南呈喇叭狀展開成一片大平原，古北口就成了從北方進入這一平原的咽喉要道。古北口隘口南北狹長，左右兩山對峙，東側稱為蟠龍山，西側稱為臥虎山。承德至北平的大道也經此隘口沿潮河東岸向南延伸。

歷史上這裡就是北方的遊牧民族進入南方大平原的重要通道，因此早在北齊時期古北口就修築了長城以抵禦北方遊牧部落的侵襲。到了明初，大將徐達沿燕山一線要隘修建長城，古北口長城的選址也是出自這位常勝將軍之手。徐達按北齊長城遺址大致走向修建了明長城，到了明朝中後期，戚繼光鎮守薊州，又進一步增築，長城本為土城，戚繼光加貼牆磚，還將原北齊長城部分修葺，整個防禦體系更為森嚴。古北口的關門修築在隘口中間，有水陸兩關門，潮河東岸陸路關門也稱為鐵門關，潮河上的水路關門則稱為水門關，至清代已經被洪水沖毀。長城向東西延伸到臥虎、蟠龍兩山，東側蟠龍山一端山勢雄偉，最高峰是370高地，再往東則

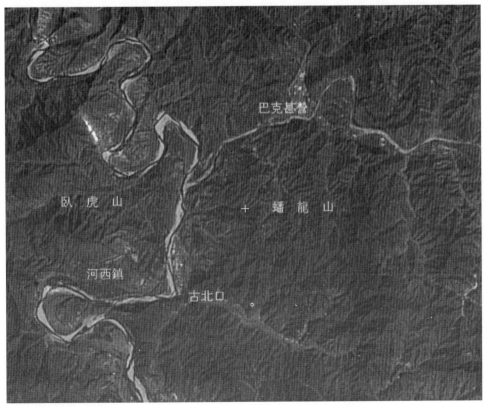

■ 古北口衛星地圖。

是著名的將軍樓，該處視野開闊，控扼險要，在古代就是長城防禦的重要指揮陣地，將軍樓也由此得名。長城由此再往東延伸就可以到達砲石台、龍王峪口，繼續東行就是現代著名的旅遊點金山嶺、司馬台長城。

從關口向南，沿大道兩邊，房屋鱗次櫛比，這就是古北口的北關。過北關後大道轉向東南，就是古北口關城。這個關城位於蟠龍山腳下，建於明洪武十一年，城池隨山勢上下起伏，全城呈三角形，周4里310步，有東、南、北三門，城牆高5公尺，陡峭處以山石疊成，平緩處以條石為基，青磚包砌，是明代守軍的防禦指揮中心。出關城東、南兩門就是東關、南關等商住區域。

中國軍隊態勢

1933年的3月10日，古北口戰雲密佈，大戰一觸即發。熱河前線迅速崩潰，完全打亂了中國軍隊的部署。原駐古北口及密雲一帶的東北軍第107師（師長張政枋）被迫前出到口外的長山峪、曹路口一線阻擊。第107師表現出色，將日軍死頂了兩天，為後續部隊爭取了時間，然而3月9日第107師戰線被突破，撤退中部隊的逐次抵抗也沒有成功，日軍乘汽車追擊

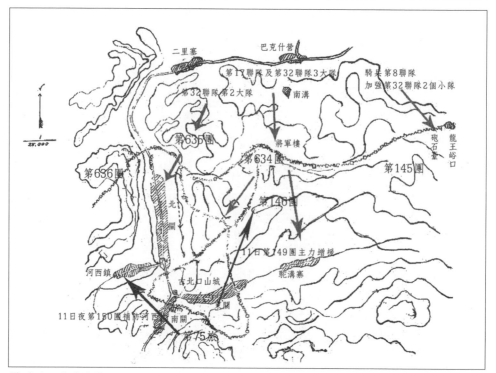

■ 古北口作戰地圖。

窮追猛打，給第107師造成巨大損失。該部主力14個小時被日軍狂趕數十里，撤入古北口。3月10日晨6點，日軍追擊部隊第32聯隊相原第3大隊趕到古北口外的二里塞，直迫古北口關門。

而此時，古北口內有中國軍隊3個師的番號，其中東北軍2個師。除了敗退下來的第107師，第112師也已先期到達。該師前身為東北軍第12旅，在軍中這個師的地位有些不太一般，該師師長張廷樞時年30歲，是東北軍耆老原吉林督軍張作相的次子，17歲入東北講武堂，28歲就任中將旅長，跟少帥張學良交情匪淺，因此該師在軍中格外受寵，裝備待遇都相當不錯，吸引了很多人到此謀職，以致很多軍官寧可到此候補也不願去別的部隊服役，該師軍官大半都是軍校科班出身，就連軍需、軍醫都是專門學校畢業的，例如第635團團長白毓麟還是東北講武堂第一期的，而師長張廷樞、參謀長劉墨林、第634團團

中國軍隊戰鬥序列

第112師 師長 張廷樞〈遼寧義縣人，日本步校〉
　　　　參謀長　　劉墨林
　　　　中校參謀　　楊蔭東〈熱河凌南人，保定第9期步科〉
　　　　中校軍械官 關祿善〈遼寧海城人，東北講武堂第1期砲科〉
　　第634團 團長 賀　奎〈遼寧人，日本陸大中國隊第5期〉
　　第635團 團長 白毓麟〈東北講武堂第1期〉
　　　　　團附 謝祝華〈吉林雙城人，東北講武堂〉
　　第636團 團長 李德明〈遼寧黑山人，東北講武堂第1期步科〉
　　　　　團附 陶振華〈黑龍江蘭西人，東北講武堂〉

第25師 師長 關麟徵〈陝西鄠縣人，黃埔第1期步科〉
　　　　參謀長　　詹忠言〈廣東文昌人，雲南講武堂，陸大特第1期〉
　　　　參謀處主任 姚國俊〈陝西醴泉人，黃埔第4期步科，陸大第9期〉
　　　　輜重營　　高致遠〈陝西三原人，黃埔第1期步科〉
　　　　工兵營　　吳琪英〈廣東瓊山人，黃埔第2期工科〉
　　副師長兼第73旅 旅長 杜聿明〈陝西米脂人，黃埔第1期步科〉
　　第145團 團長 戴安瀾〈安徽無為人，黃埔第3期步科〉
　　第146團 團長 梁　愷〈湖南耒陽人，黃埔第1期步科〉
　　第75旅 旅長 張耀明〈陝西臨潼人，黃埔第1期步科〉
　　第149團 團長 王潤波〈四川開縣人，黃埔第3期步科〉
　　第150團 團長 張漢初〈四川巴縣人，黃埔第2期輜科〉

長賀奎等人更是留學日本軍校的畢業生。該部有一些老部隊有善戰的傳統，但自改編成第12旅後卻很少去戰場，閱兵倒是經常參加，所以實戰經驗缺乏，甚至被同僚戲稱為少爺旅。該旅「九一八事變」時駐紮在錦州，入關後駐守在北平南苑一帶。此次熱河開戰，張作相受命督戰熱河，第112師本來是準備作為張作相的衛隊旅經古北口進軍承德的，不料承德迅速失陷，原駐古北口和密雲的第107師被調去長山峪阻擊，第112師遂接過了古北口正面的防禦任務。第112師下轄第634、635、636三個團，還包括一個山砲連以及自動步槍連，全師人數在7千人左右。

而此時趕到古北口的另一個師則是關麟徵的中央軍第25師。該師是徐庭瑤第17軍的先頭部隊，軍主力也正在趕來古北口的途中。說起來這第25師和第17軍原來都是西北軍第26路軍孫連仲部的番號，西北軍這個第25師於1931年12月參加「寧都事件」投向紅軍。而重組後的第26路軍於1932年夏在江西樂安、宜黃再次遭紅軍重創，第25師和第17軍的番號因此被取消。1933年1月，由於中央軍第17軍徐庭瑤部第4師在鄂豫皖與紅軍作戰表現出色，該師旅團數目和兵員又較多，於是由第4師獨立旅及補充第1、2團編成新的第25師。原第4師獨立旅旅長關麟徵出任師長，原第4師第24團團長杜聿明出任副師長兼第73旅旅長。第73旅的兩個團為原第4師補充第1、2團，而關

的基本部隊獨立旅則編為第75旅，旅長張耀明。第25師原駐安徽、徐州一帶，2月底奉命急調華北，3月5日在北平通縣集結完畢，8日下午全部抵達密雲。3月10日晨，正當日軍抵達古北口與守軍發生接觸時，第25師也趕到了古北口。該師為兩旅四團制，雖然剛剛成師，但是兵員裝備都較為充足，出征前其總兵力約一萬三千人，但該部有部分兵力未參戰，如其輜重營就留置徐州。

日軍態勢

進攻古北口的日軍為第8師團先頭部隊，這個師團是日軍熱河南線作戰的核心力量，該部從遼西一路殺來，推進很快，並以第16旅團旅團長川原侃率領一部組成「挺進隊」，乘汽車長途奔襲，狂飆數百里後於3月4日一舉攻佔承德。之後該師團向古北口跟蹤追擊，於3月7日進抵長山峪，據古北口只剩二十多公里。在激戰兩天後，又擊破了東北軍第107師在長山峪組織的抵抗，隨後日軍前鋒部隊第32聯隊第3大隊乘汽車追擊，至10日晨6時趕到古北口外的二里塞。

之前，第8師團因為前鋒部隊進軍迅速，日軍第8師團被拉成了長長的縱隊，先頭川原部隊與後尾部隊相差數百里之遙。日軍先頭部隊雖在長山峪受阻，卻也使得日軍各部隊間距縮小，到3月9日夜日軍攻破第107師防線時，第8師團的主要作

日本軍隊戰鬥序列

第8師團 師團長 西義一 中將〈福島人，日本士官第10期砲科，陸大第21期〉

參謀長 小林角太郎 大佐〈長野人，日本士官第16期步科，陸大第26期〉

第16旅團 旅團長 川原侃 少將〈鹿兒島人，日本士官第13期步科〉

第17聯隊 聯隊長 長瀨武平 大佐〈富山人，日本士官第18期，陸大第30期〉

第32聯隊 聯隊長 田中清一 大佐〈愛媛人，日本士官第18期，陸大第26期〉

騎兵第8聯隊 聯隊長 三宅忠強 中佐

野砲兵第8聯隊 聯隊長 廣野太吉 大佐〈東京人，日本士官第18期，陸大第27期〉

工兵第8大隊第1中隊 小泉于蕢彌 大尉

臨時派遣第1戰車隊 百武俊吉 大尉

（第8師團第4旅團等部未參戰，第4旅團下轄第5、31聯隊）

戰部隊已經相互靠攏在以長山峪為中心的區域。但是長途急進還是給日軍帶來一些麻煩，日軍師團部一度失去與川原旅團的聯繫，而且經過激戰後攜行彈藥也出現不足，特別是砲彈比較缺乏，但這些都沒有動搖日軍繼續進攻的決心。

3月9日下午4點半，第8師團部得到航空兵通報，得知長山峪正面中國軍隊已於3點40分左右開始撤退，據此第8師團師團長西義一於下午六點下達了進攻古北口的命令。要求在長山峪正面的川原侃第16旅團沿長山峪-巴克什營-古北口大道追擊中國軍隊，佔領從巴克什營向東至砲石台口、司馬台一線包括古北口在內的長城諸隘口。同時命令從右翼迂迴長山峪、尚未到位的騎兵第8聯隊儘快趕到巴克什營與第16旅團會合，後續的野砲第8聯隊主力、工兵大隊及第4旅團也經長山峪向巴克什營推進。

雙方部署

第25師趕到古北口後，中國軍隊在此地兵力達到了3個師，然而各部主官卻為兵力部署發生了爭吵。東北軍一看中央軍趕到，就急著想撂挑子，第67軍軍長王以哲鑒於自己的老部隊第107師在長山峪損失很大，想讓第107師先行撤退，而讓第112師協助第25師防禦，結果遭到了第112師（隸屬第57軍，軍長何柱國）師長張廷樞的反對。第112師本來就不屬於第67軍建制，師長張廷樞更是手眼通天的人物，根本就沒把王以哲的命令當回事，而第25師師長關麟徵也不願單獨防守古北口，結果一直吵到凌晨4點才吵出個結果。王以哲強令第112師留下協助第25師，而自己率第107師撤退。

中國軍隊在具體部署上以第112師保持既有防線，而以第25師在其右翼及第二線展開。由於承德-北平大道經蟠龍山

■ 第67軍軍長王以哲。

北側而來，呈東西走向，至關口方折向南，而臥虎山還有潮河相隔，因此中國軍隊的防禦陣地基本集中在潮河東岸的蟠龍山。第一線自西向東一共投入4個團，戰線最西端潮河西岸臥虎山部署的是第112師李德明的第636團主力，在潮河東岸，首先是白毓麟第635團居於古北口關門正面，而以賀奎第634團居於其右翼的蟠龍山制高點370高地和將軍樓一線。第636團抽出1個營作為師總預備隊，置於古北口南村莊內隱蔽待機，山砲連擇要設置射擊陣地，師騎兵連兩翼游擊策應，師工兵營則配屬於石匣鎮至古北口之間，師部各處及其他直屬部隊留駐石匣鎮。而第25師則從第634團右翼繼續向東延展防線，以杜聿明第73旅的戴安瀾第145團左接第634團，其一個營防守戰線最

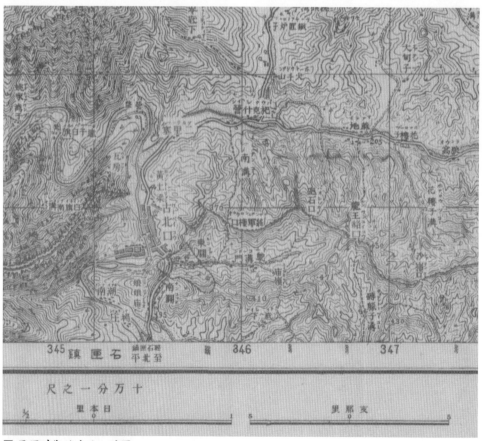

■ 民國時期的古北口地圖。

右翼的龍王峪口。而梁愷的第146團抽一個營擔任旅預備隊，團主力則在將軍樓方向佔領第二線陣地。之後趕來的第75旅則置於黃道甸，師直屬部隊部署在古北口關城一帶，師部設於古北口關城北門甕城內的關帝廟。至上午七時，第73旅也已基本部署完畢。

而日軍方面首先趕到戰場的是第32聯隊相原少佐的第3大隊，該部於10日凌晨6點趕到二里塞，順大道走，離古北口關門只有三公里左右。從此往南看去，就是逶迤的蟠龍山，山上長城隱隱可辨，將軍樓雄踞其上。第3大隊迅速佔領二里塞南面的幾個高地，掩護旅團本隊展開，汽車隊則返回接運後續部隊。到7點，日軍在二里塞東北高地構築了砲兵陣地，並向中國軍隊開砲射擊。上午9點鐘，第16旅團主力基本上都趕到了二里塞到巴克什營一帶，而自十八盤迂迴而來的騎兵第8聯隊也於8點半趕到二里塞。但是由於推進過速，第16旅團與師團部失去了聯繫，彈藥也比較緊缺。但第16旅團旅團長川原侃並不打算停頓下來等候援軍，在他的主導下日軍迅速擬訂了攻擊計劃。攻擊分為三個方向，左翼日軍在相對較遠的戰線東端龍王峪口、砲石台方向，投入騎兵第8聯隊和第32聯隊的兩個小隊助攻，在其右翼古北口關門

東面的長城一帶高地，日軍投入了第32聯隊第2大隊。而日軍的主攻方向則選定為634團防守的蟠龍山制高點370高地和將軍樓一線，在這個中央方向日軍投入了第17聯隊全部和第32聯隊第3大隊，幾乎佔了日軍總兵力的2/3。日軍的計劃是兩翼牽制、中央突破，佔領將軍樓等戰場制高點。此外，日軍還以第32聯隊2個小隊渡過潮河牽制臥虎山的第636團。

戰鬥進程

從10日早上7點開始，兩軍就開始小規模交火，日軍的飛機也趕來助戰，給中國軍隊造成不小的麻煩，日機以一個鐘頭為間隔對中國軍隊陣地及後方交通先進行騷擾。由於天氣寒冷，植被缺乏，而地質堅硬又不利挖掘工事，日機的活動很有成效，特別是僅有的一些樹林、建築物受到了日軍飛機的重點照顧。

■ 在長城上抵抗日軍的中國軍隊。

■ 古北口第25師迫擊砲陣地。

下午兩點半，完成戰鬥準備的日軍開始全線向中國軍隊發動進攻。在主攻方向，由於日軍充分集中兵力在狹窄地段實施攻擊，因此獲得了完全成功。當面東北軍第634團一部根本沒能阻擋住日軍，僅僅半個多小時，日軍主攻的第17聯隊就攻佔了蟠龍山的制高點370高地，隨即又將攻擊重心轉向將軍樓，第634團竭力抗擊，但是到下午5點半，日軍主攻部隊就已經完全佔領了這一地段陣地，將戰線推進到長城南側，佔據了居高臨下的優勢地位。但在兩翼，由於日軍兵力不足，戰果有限。在日軍左翼，參戰的是騎兵第8聯隊和2個步兵小隊，騎兵聯隊本身只有2個騎兵中隊和1個機槍中隊，下馬攻擊的能力不比一個步兵大隊強，而當面卻是戴安瀾的第145團。日軍在該方向略有進展，奪取了砲石台，但是卻沒能攻取第145團第1營防禦的龍王峪口。而在日軍右翼，第32聯隊第2大隊遭到了第635團的堅決抵

抗，沒能攻破長城一線，中國軍隊憑藉良好的工事，以精準的迫擊砲火力給日軍造成了相當的傷亡。日軍在基本達成目標後，於5點半全線停止了進攻，開始積極準備第2天的攻勢。將軍樓和370高地的過早失守使得中國軍隊處於非常不利的態勢，戰場的樞紐已為敵所掌控。

這一天日軍幾乎把絕大多數力量都壓在第112師方面，第634、635團單獨面對日軍兩個聯隊的猛攻，壓力極大，尤其是第634團損失更為慘重。而第25師由於主力盡在第二線，第一線僅有第145團遭到騎兵第8聯隊的攻擊，所受壓力並不大，全天第25師傷亡只有200人左右。但是中國軍隊兩個師各自為戰，互不配合，騎兵第8聯隊的攻擊並沒能攻取既定目標，卻讓第25師師長關麟徵和副師長杜聿明錯判了形勢。第25師主官認為日軍攻擊重點在龍王峪口方向，企圖由此突破然後沿潮河支流包抄第25師的右翼。為此，當夜第25師命令第一線的第145團將兵力向右翼集中，將陣地繼續向東延伸到龍王峪口以東500公尺，從而使其與第112師的結合部更加薄弱。而作為師預備隊的第75旅主力（欠第150團）則移至古北口東關，更從中抽出了第149團的一個營向司馬台方向放出警戒。這一

■ 搬運砲彈的日軍士兵。此戰中，日軍砲兵表現出色，一個晚上就將大砲抬上長城高地，佈置了砲兵陣地，以火力有效控制了戰場。

夜雖無大戰，但槍聲仍然很激烈。

11日晨，日軍再次發起猛攻，攻擊重心仍然集中在370高地、將軍樓一帶，向第二線陣地及兩側擴張戰果。此前日軍砲兵表現非常出色，一夜之間就將大砲抬上了長城高地，在制高點370高地兩側佈置了砲兵陣地，從而有效的控扼了戰場，而且日軍又處於居高臨下的地位，因此日軍本以為這次進攻會更加順利，沒想到這次卻碰上了硬釘子。此時，將軍樓方向除了第634團外，還有第二線陣地上的第146團主力，側翼還有第145團第3營。日軍的猛攻遭到了中國軍隊的頑強抵抗，幾乎是寸步難行。雙方激戰到中午，日軍僅僅奪取了少數陣地，而且更讓日軍叫苦的是砲

兵砲彈快打光了，下午兩點第8師團師團長西義一趕到戰場，登上370高地接過川原侃的指揮權，然而他也沒辦法令日軍突破中國軍隊防線，日軍被迫停止進攻調整部署。

不過，中國軍隊雖然阻遏住日軍的攻勢，卻也是有苦自己知。佔據制高點的日軍俯瞰整個戰場，密集火力封鎖了潮河支流谷地，給中國軍隊造成很大困擾，第25師與龍王峪口第145團的聯繫也很難保持。第146團在日軍正面猛攻下也是左支右絀險象環生，為了擺脫被動的局面，關麟徵命令第149團（欠一個營）也投入將軍樓方向。這樣，以將軍樓為核心的狹小地段出現了雙方6個團（聯

隊）的番號，戰鬥極度慘烈，第149團團長王潤波在激戰中為日軍武士刀砍殺，第25師師長關麟徵也被手榴彈炸傷迅即被後送。副師長兼第73旅旅長杜聿明代理師長指揮，第146團團長梁愷則代理第73旅旅長，將軍樓方向第146團第1營及第145團第3營傷亡尤大，龍王峪口的第145團第1營也頗有傷亡，這一天的激戰第25師傷亡不小，達到了一千人左右。而在古北口正面，第112師第635團也支撐不住了，其右翼更由於第634團敗退而戰線不穩，日軍第32聯隊第2大隊遂趁機攻取該團部分陣地，團長白毓麟陣亡。白是滿族人，與師長張廷樞、少帥張學

■ 第25師副師長兼第73旅旅長杜聿明。

良同為東北講武堂第一期，從排長逐級幹到團長，是第112師三位團長中最年長的一位，比師長還大十歲，在軍中素有聲望，不幸於此役殉國。

當晚，雙方繼續整軍備戰，但此時第112師萌生退意。該師原本就是準備與中央軍換防的，勉強參戰。而且兩天激戰該師傷亡慘重，師長張廷樞沒有通報第25師就下達撤退命令，當夜其右翼第634團首先退出陣地，之後是正面扼守關口的第635團，該兩團向西越過潮河經河西鎮撤退，之後左翼第636團也開始撤離。第25師發現了第112師這一突然行動後，杜聿明被迫進一步分散兵力，將唯一完整的第150團主力也調到河西，防止左翼的崩潰。杜聿明意識到此時局面已難以挽回，但他認為一線部隊與敵膠著，無法調整陣地、縮短戰線，因此杜聿明並沒有下令第25師也隨之撤退，只是將最後兩連預備隊及師特務連後退至古北口以南高地及南天門一帶設立預備陣地，期望全軍敗退時能起到掩護遲滯的作用。而日軍也發現了第112師的舉動，凌晨3點日軍以百武俊吉大尉指揮的戰車中隊佔領了古北口關口。

到12日晨，形勢已完全改觀。中國軍隊一個師退出戰場，而日軍卻得到了增援，野砲第8聯隊主力於此時趕到戰場，更要緊的是後方運來了800發砲彈徹底激活了日軍砲兵。晨7點，經過充分補充的日軍砲兵開始猛烈砲擊中國軍隊，獨撐危

■ 百武戰車隊。

局的第25師陷於困境。9點，日軍步兵開始發起總攻。而日軍航空兵的大轟炸也開始了，與前兩天騷擾性攻擊不同的是，這回日本陸軍航空兵飛行第12大隊（轟炸機大隊）大規模出動，9點50分該大隊出現在戰場上空，轟炸的重點是古北口關城。讓人驚訝的是，中國軍隊直到此時仍然執著的認為龍王峪口第145團陣地才是日軍主攻點，而此時日軍卻已經突破第146、149團防線，直接衝向古北口關城。慘烈的戰鬥在古老的古北口關城北側城牆展開，11點3分，日軍已經攻佔了關城北側的制高點，位於此地的第25師師部無法堅持被迫撤退，至此師部與前線各部的通訊全面中斷，第25師各部陷入了各自為戰的境地。苦撐到下午1點，第25師終於開始

全面崩潰。1點40分，日軍完全佔領了古北口關城，並突進到南關以南的高地，封鎖了潮河支流谷地。第25師防線被完全突破，除河西第150團一部外，其他各部的建制完全混亂，各部隊長官均失去對部隊的掌握，佔據高地的日軍來回掃射，奔逃中的中國軍人屍橫遍野，第25師在這次戰鬥中的傷亡有2/3以上是發生在這短短的幾個小時中，第73旅代旅長梁愷也在退卻中受傷。

第25師一路潰退到南天門預備陣地，僅有師特務連等少數部隊佔領陣地，其他部隊完全失去掌握，根本無法進入陣地，不少人甚至一直逃到了石匣鎮，此時的南天門幾乎處於真空狀態。但由於日軍目標本來就只限於佔領古北口，因此日軍

並沒有進行追擊。當晚，日軍基本停留在河西鎮到駝溝寨北方高地，將軍樓至龍王峪口、沙嶺口一線。第25師也因此穩住了陣腳，收容部隊。

此戰，日軍報告中國軍隊戰場遺屍600多具，大多是第25師的，而第112師在撤退前曾大量運回死傷官兵，因此具體死傷情況不詳。而日軍公布自己的傷亡數字為第17聯隊戰死軍官1名、士兵4名，戰傷20名；第32聯隊戰死軍官2名、士官1名、士兵10名，戰傷40名；騎兵第8聯隊戰死士兵3名，戰傷10名；工兵戰傷3名。共計戰死21名，戰傷73名。第32聯隊聯隊長田中清一也曾負傷但未退出戰鬥。而中國軍隊宣稱自己傷亡四千人，團長傷亡各一，營長死傷6人，連排長死傷四分之三，但殺傷日軍兩千多人。

述評

古北口抗戰在當時並沒有多少人瞭解，普通大眾都只知道第29軍的喜峰口抗戰。但是今天古北口抗戰卻有了很高的知名度，主要原因就在於第25師日後出了很多名將，溯本求源，為了歌頌英雄，古北口抗戰的功績自然就傳播開了。古北口之戰確實打出了中國軍人的尊嚴，但是回過頭看此戰還是有很多地

■ 進入古北口的日軍「骷髏隊」。

方值得後人反思。

中國軍隊在兵力上倍於日軍,又先敵佔據險要,在輕武器上雙方差距並不大,第112師、25師的機槍、迫擊砲並不少。而在重武器方面,10、11日中國軍隊配備有山砲,而日軍野砲兵主力尚未到達,還面臨砲彈短缺的窘境;空中支援方面日軍也沒有投入轟炸機集群,雙方差距雖有,但也沒到懸殊的地步。只有在12日日軍砲兵聯隊和轟炸機大隊趕到,雙方才真正出現火力相差懸殊的情況。然而在10、11日,中國軍隊已經處於劣勢,若是一味推託裝備不好,就是在找藉口了。關鍵還在於中國軍隊在整體素質上也確實不如日軍。

最大的問題在於指揮不統一,第25師和第112師完全是各自為戰,互不溝通。結果日軍攻擊重點是在國軍左翼的第112師,第25師卻還在向右翼增兵。第112師開始撤退也根本不通報第25師。各部隊不能同舟共濟,河西方向甚至出現中央軍射擊東北軍的事件,反而使日軍乘機突破。反觀日軍,騎兵第8聯隊等部並不隸屬於第16旅團,在得不到師團指令的情況下,各部隊都能服從旅團長川原侃的統一指揮,表現出相當強的團隊

■ 日軍佔領古北口時日本報刊的報導。

協作意識。

其次指揮水準有差距，中國軍隊指揮上有很多地方值得商榷。如第112師中以第636團戰鬥力最強，但該團卻置於河西，無用武之地。而第25師主官一再錯判形勢，直到戰線崩潰還執著的認為日軍攻擊重點在龍王峪口的第145團，也讓人瞠目。此外，11日夜間第25師主官認為一線部隊無法脫離接觸，沒有斷然撤軍，結果第二天第25師在幾個小時潰逃中的損失竟高達戰鬥傷亡的數倍。反觀日軍的指揮則幹練果斷，第16旅團旅團長川原侃在與指揮部通訊中斷時毫不拖延，不失時機的完成攻擊計劃。具體部署上以兩側牽制，而最大限度集中兵力（2/3以上）於主攻點，得到良好戰果。而日軍指揮部的位置也遠比中國軍隊指揮部更接近前線。

其三，部隊整體戰術素養、訓練水準有差距。日軍指揮部靠前，在中國軍隊山砲射程之內，但日軍指揮所附近在整個戰鬥期間只落下幾發砲彈，沒有對其造成任何影響。反觀日軍，10日晨六點開始日軍各部才陸續抵達戰場，到午前日軍就攀爬至距長城不足數百公尺的出發陣地並完成出擊準備，其效率和戰鬥素養非常高。尤其是其砲兵，無論是長山峪還是古北口，都在步兵陷入苦戰時，用準確有力的砲火推動了戰局。古北口之敗，與其說因為器不如人，倒不如說是因為技不如人。

結局

此戰結束之後，第112師即脫離古北口戰場，該師在戰鬥中表現還是比較頑強的，絕談不上以少量兵力敷衍，但師長張廷樞沒有通報第25師即率部擅自撤退，給戰局造成重大不利影響。不過南京政府因長城抗戰頒發的「青天白日」勳章，他倒是有份。比較有意思的是參加古北口方向戰鬥的東北軍第107師師長張政枋、第112師師長張廷樞兩人抗戰開始後還聯袂投向八路軍，組織東北軍潰兵成立八路軍游擊部隊，結果遭川軍偷襲覆滅。此後張廷樞回延安入抗大學習，1940年去香港治病從此離開八路軍，後又輾轉平津，1949年病故。而第636團團長李德明以後出任第112師第336旅旅長，參加過江陰、淮北保衛戰。而第634團團長賀奎其後的官職最高，曾出任第115、109師師長、第67軍副軍長，1948年出任東北「剿總」錦州指揮所中將副主任、冀熱遼邊區剿匪中將副司令官，同時兼任遼西行政公署主任，解放軍攻破錦州時被俘。

第112師如同其他東北軍部隊那樣，命運不濟。之後霍守義繼任第112師師長，抗戰中該部在第57軍的編制內戰績彪炳，但作為一支雜牌軍始終得不到中樞重視，只能在魯蘇戰區的夾縫中生存。國共內戰中第112師所在的第12軍還曾與解放軍有密切聯繫，但因為首鼠兩端，最後第112師還是在淮海戰役中被解放軍消滅，

■ 古北口戰役陣亡將士公墓。

而結束其歷史。

尾聲

第112師走了，但第25師和第8師團

仍然處於對峙中。12日夜，潰敗到南天門的第25師陸續收攏殘部。而此時第17軍軍長徐庭瑤也趕到密雲，與杜聿明通電話後，即命令第2師（師長黃杰）星夜馳援。次日凌晨5點，第2師先頭部隊鄭洞國的第4旅到達南天門與第25師換防，不堪再戰的第25師退往密雲整補。此時，第8師團在攻取古北口後已轉入防禦，但第17軍主力的到來使得這一地區仍然處於緊繃狀態。一個月後，一場規模更大、時間更長的惡戰將在南天門轟轟烈烈的打響。

■ 歷盡滄桑70年後的將軍樓。

長城抗戰之古北口
苦守南天門

前言

1933年春，古老的長城正經受著一場前所未有的劫難。這次從北方呼嘯而來的不再是驍勇善戰但武器簡陋的遊牧騎兵，而是無論是裝備素質都遠勝防禦者的現代化軍隊。從遼西一帶侵入熱河的日本關東軍各部以迅猛的進攻擊破了熱河境內的中國軍隊，僅僅十幾天時間就佔領了熱河首府承德。得手的日軍各部迅即向處於熱河、河北交界的長城一線南進，企圖佔領長城各主要關口，藉此封閉熱河、河北交通，保證其對熱河的完全佔領，佔據可攻可守的主動地位。但是，對於防守的中國軍隊來說，丟失長城各關口卻意味著華北廣大地區從此將無險可守，時刻處於敵人的威脅之下。為此，中國方面急忙抽調了各處兵力趕來參戰，參戰的包括中央軍、東北軍、西北軍、晉軍等各派系的軍隊，從察哈爾到灤東，一時間長城各主要關口戰火彌漫。

而在這些關口中，古北口位於熱河首府承德到北平的大道，位置最為重要，因而也成為雙方攻守的焦點所在。投入此地的日軍是第8師團（師團長西義一）主力，師團指揮部也一直處於該線。而中國軍隊也將實力最強的中央軍各師投到這裡，由此註定了古北口成為整個長城抗戰中最為慘烈的戰場。3月13日凌晨，應援的中央軍主力趕到離古北口僅8里的南天門，然而就在12個小時前，古北口守軍第25師（師長關麟徵）已經全面崩潰，進展神速的日軍已經搶佔了古北口。棋輸一著失卻天險的中國軍隊只能在古北口關下佈陣迎敵，所幸日軍本來就是打算封閉長城關口，並無深入關內的計劃，因此第8師團第16旅團（旅團長川原侃）在奪取古北口後立即轉入了防禦。中國軍隊總算在敵軍眼皮子底下站住了腳，其後中央軍後援部隊源源而至，南天門一帶一時重兵雲集。但是中國軍隊也並沒有立即發起反攻，而是抓緊時間構築工事。雙方在古北口-南天門一帶緊張對峙引而不發的狀態一直延續了近一個月。

戰場地理

說到這個南天門，其實之前一直名

■南天門舊影（20世紀初攝影）。

聲不彰。這裡原來是清朝皇帝去承德避暑山莊古御道上的一處山口，皇帝「巡幸熱河，息飲於此」，算是個皇上路上累了小歇的地方。康熙四十三年（1704年），在大臣學士們的奏請下，在此修築南天門，就是在兩山之間修一個高高窄窄的關口，不過兩邊沒有城牆，以山為牆。旁邊還建有供奉真武、關帝、二郎神君的道觀和觀音寺等。南天門距古北口4公里，當時被稱為「前拱神京，後臨古北口，崇山羅列，峻嶺迢遙，地雖無雁門之險，景亦若有劍閣之形」。從這段描述也可以看出，與古北口相比，南天門確實談不上有多險要，不過天險既失，趕來的中國軍隊也只能在這裡構築防線了。

而對於日軍來說，如果要從古北口沿平古大道去北平，那麼首先就要經過南天門。潮河從古北口流入關內，蜿蜒向東南流去。南天門及平古大道就在潮河右岸。南天門北近潮河，兩山夾峙著這個小山口，山口東邊是372高地，日軍報告上也將之稱為「富士」型山。此高地右鄰就是轉彎南下的潮河了。而在山口西邊則是425高地，再西就是421.3高地，日軍將這一片山地稱為駱駝山。再往西走，山勢迅速拔高，這裡就是著名的八道樓子。之所以取這個名字，是因為長城從此蜿蜒而過，雄踞此處山脊，險峻異常，在此處原本就有8個碉樓，也就是長城上的望台，八道樓子就是因此而得名。這些高地就構成了南天門防禦

地帶的第一線。而在這些陣地後面，分佈著稻黃店、大新開嶺、湧泉莊等居民點，地勢要平坦許多。此處山巒重迭，大多標高300公尺以上，左依八道樓子等處長城天險，右藉潮河為屏障，正面較小，但是地形複雜，隱蔽死角較多，便於敵軍接近，並不算非常理想的陣地。而潮河左岸直抵司馬台也是山巒不斷，不過由於並非交通要衝，所以重要性就要小不少，也一直沒成為雙方的關注重點。

中國軍隊態勢

此時在南天門摩拳擦掌準備作戰的是中央軍第17軍的部隊。這個軍本身就是為參加長城抗戰而剛組建起來的。下轄2個師——第2師和第25師。後來趕到戰場的第83師也撥由該軍指揮。軍長徐庭瑤保定三期步科出身，1925年起就一直在蔣介石嫡系第1軍任職，屬於蔣的基幹力量。1932年擔任第4師師長時又因圍剿鄂豫皖紅軍頗受賞識。不過等徐庭瑤趕到南天門時，

他手裡的兩個拳頭卻已經廢了一個，即先頭部隊第25師。

第25師是3月10日趕到古北口的，由於戰況不利，第25師副師長杜聿明11日就下令在南天門設立預備陣地（師長關麟徵已於本日即11日遭手榴彈炸傷，由杜聿明接替指揮，請參閱「突擊」第29期《血滿將軍樓》），留兵一連駐守。3月12日，第25師被日軍擊潰後，各部隊沿平古大道一路蜂擁而至南天門，此時第25師部隊建制已經完全混亂，師旅團長多人死傷，各級長官已經失去對部隊控制，一些潰兵甚至一直逃到了後方的石匣鎮。幸而日軍在達成既定目標後即轉入防禦，否則第25師也根本沒法依靠這個倉促設立的預備陣地抵擋日軍。鑒於第25師兩天戰鬥傷亡4千人，基本上失

■長城抗日第17軍部分將領合影。前排左起：黃杰、徐庭瑤、杜聿明。後排左起：劉嘉樹、鄭洞國、邱清泉。

去戰鬥力。3月13日，第17軍軍長徐庭瑤命令該師退到密雲整理，由剛剛趕到的第2師接手南天門防務。

而第2師在當時的中央軍中，歷史相對比較久。該部是在北伐結束後各集團軍編遣時以第3、第14、第54師及第9軍教導團等合編而成。顧祝同出任第2師首任師長。1930年又收編高桂滋一部，並在皖北招募新兵，擴充了3個團，該師在第1軍編成內參加了中原大戰。1931年上官雲相、樓景樾、湯恩伯相繼出任師長，1932年3月由曾任該師旅長的黃杰繼任師長。開赴古北口時下轄二旅五團（其中一個團為獨立團）。該部參加過討唐、桂、馮的中原大戰，也曾多次與紅四方面軍交手，在七里坪與徐向前部拼殺甚烈，屬於中央軍中的嫡系勁旅。而特別需要提到的是，該師兵員是長城抗戰各軍中兵員最足的，總計在17000人左右。不過在裝備上該師不如東北軍的骨幹部隊，第2師的步兵營仍然是1個營3個步兵連加1個重機槍連的傳統編制，輕機槍是戰前才臨時領取的。所屬第4旅旅長為鄭洞國，第6旅旅長為羅奇。1933年初，該部原駐潼關一帶，防範陝南紅軍及擔任護路。2月下旬接令後向洛陽集中，3月5日先頭部隊坐火車趕到通縣，3月13日凌晨3點由鄭洞國率先頭第4旅開始接替第25師南天門一線的防務。

另一個趕來南天門增援的則是第83師。這個第83師其淵源是老第45師衛立

中國軍隊參戰部隊序列

第2師 師長黃杰，副師長惠濟，參謀長李伯華，參謀處長史宏烈

第4旅 旅長鄭洞國，副旅長馮士英，參謀主任汪波

第7團 團長廖 慷

第8團 團長李 忠

第6旅 旅長羅奇，副旅長司徒洛

第11團 團長鄧仕富

第12團 團長黃翰英

獨立團 團長趙公武 師直屬部隊

特務連 連長謝廣樹

騎兵連 連長方殿斌

砲兵營 營長徐 達

工兵營 營長何 藩

輜重營 營長顧錫九 第83師 師長劉戡，副師長梁華盛，參謀長文朝籍

第247旅 旅長李楚瀛，副旅長余錦源

第493團 團長李紀雲

第494團 團長魏 巍

第249旅 旅長陳鐵，副旅長蔡鳳翁

第497團 團長李德生

第498團 團長楊光鈺

補充團 團長陳孝強 師直屬部隊 砲兵營 營長劉宏遠 騎兵連 連長李 征

支援部隊

騎兵第1旅 旅長李家鼐 第1團 團長黃士桐

第2團 團長譚輔烈

獨立砲兵第4團 團長孔慶桂

獨立砲兵第7團 團長張廣厚

重迫擊砲營 營長王若卿

煌系統的，1931年6月第45師改稱第10師，之後又以第10師獨立旅及第52師1個旅加砲兵營和特務、工兵、輜重各1個連編成第83師。黃埔一期生蔣伏生任首任師長，旅長為梁華盛、陳時驥。12月陳時驥他調，陳鐵任旅長。1932年12月劉戡繼任師長。該師成立後就與紅軍在鄂豫皖一帶多次交戰，在對鄂豫皖第四次圍剿中，該師在衛立煌縱隊編成內作戰，翻山越嶺率先攻取紅四方面軍根據地中心金家寨，憑藉此功，蔣介石將金家寨改名為立煌縣。1933年3月12日左右該師陸續由蚌埠、鄭州、洛陽等地向北平、保定集結。3月26日奉命趕到密雲。4月5日才進入一線陣地。第83師組建雖晚，裝備卻很好，據時任第494團第3營營長的趙平（廣東番禺人，黃埔四期政治科）回憶，全師都是德式裝備，有自動步槍。全師13000人左右。

除了步兵，中央軍還派來了2個砲兵團，孔慶桂的獨立砲兵第4團（1500人，裝備野砲）和張廣厚的獨立砲兵第7團（1200人），另外還有1個重迫擊砲營。此外，還有李家鼎的騎兵第1旅部2000人也趕來南天門。東北軍的第110師、第107師第619團、黃顯聲騎兵第2師也曾一度在南天門參與對峙。

日本軍隊態勢

而在日軍方面，自從3月13日日軍第16旅團攻取古北口後，該部隨即轉入防禦，位於其後的鈴木第4旅團未及投入古北口戰鬥，遂派出以第31聯隊主力為基幹的早川支隊向長城另一關口羅文峪進軍，古北口一線戰事進入對峙狀態後，日軍還從該地抽調野砲第8聯隊第1大隊等部返回承德待命。至3月21日，集結在古北口的日軍為川原第16旅團（轄第17、32聯隊）主力及配屬部隊，包括第31聯隊的1個大隊，野砲第8聯隊第2大隊，騎兵第8聯隊，1個戰車小隊，山砲第3、9中隊（欠1個小隊），臨時重砲中隊。承德地區留置1個大隊。到4月上旬，該地區兵力進一步減少，騎兵第8聯隊，第17聯隊第2、第3大隊等部均被抽走使用於其它方面，當地基幹兵力約剩4～5個步兵大隊和兩個砲兵大隊了。但第8師團的攻擊慾望並未因兵力減少而降低，只是礙於既定計劃，一時也不敢抗命進攻。正好此時，日軍積極在華北進行策反工作，天津特務機關告知關東軍，可以鼓動北方各派系軍隊組織反蔣活動，瓦解各部團結抗戰的局面，但需要關東軍從外面如南天門方向施加壓力，前湖南督軍張敬堯等人就可以趁機發難。於是4月18日，關東軍參謀長以「關參第112號電」告知第8師團，要求第8師團威脅南天門方向的中國軍隊。第8師團得令後如獲至寶，不顧現有兵力並不充裕的現狀，下令立即準備對南天門的攻勢。

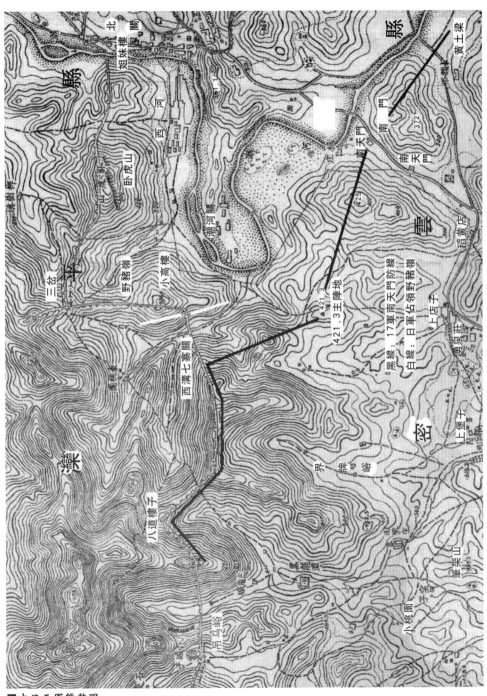

■中日兩軍態勢圖。

雙方部署

在對峙這一陣子，雙方部署變動頻頻。3月13日，殘破不堪的第25師逶迤南去，接防的第2師開始佈置防線。此時，尚留於此地的東北軍第110師何立中部及第107師（師長劉翰東）第619團被配置在戰線右翼，從灼香、頭道溝延伸到司馬台直到湯河東方高地。左翼則由騎兵第2師擔任半城子、白馬關一線防禦。第2師居中，佔領湯河、南天門、八道樓子陣地。4月上旬，灤東戰事吃緊，擔任右翼防禦的第110師及第619團被何應欽調去赴援，改以第83師接防。並將戰線縮短至曹路口、新城、司馬台一線。而在第2師的防禦正面，原先以鄭洞國第4旅擔任一線守備，至4月5日，第4旅與第6旅換防。由第6旅擔任潮河到八道樓子第一線防禦，獨立團則置於潮河左岸

北台，右接第83師等部。第4旅則後撤到大、小新開嶺一帶休整並構築工事。由於下雨，道路泥濘，兩部直到4月5日下午5點方才開始交防。羅奇以第12團為右翼，佔領右起黃土梁（372高地），越南天門，左至425高地左側鞍部，以第11團（第1營欠第2、3連及機槍連）從該地繼續向左延伸至八道樓子一線，與左翼師屬騎兵連、別動大隊相接。旅部與第11團第1營主力駐大新開嶺。同日，在第2師右翼，第83師也接防完畢。經過整補的第25師也到達石匣鎮以南擔任軍預備隊。由於離古北口失守將近一月，第2師利用這個戰鬥間歇大力構築陣地，為便於砲兵運動還搶築了道路。第2師防禦正面5公里，中段以421.3高地為據點，以抵抗巢為核心作縱深配備。

而日軍的部署則以平古大道為界，第17聯隊擔任左翼，擔負大道東側至將軍樓一帶長城線的防禦，兵力較強的第32聯隊則位於右翼，擔負大道西側直達八道樓子對面的臥虎山一帶防禦。砲兵陣地則設置在河西鎮北及古北口北關一帶。但在18日準備進攻時，第8師團調整了部署，將第17聯隊大部也調到潮河右岸，右接第32聯隊。自西

■第4旅旅長鄭洞國在南天門前的留影。

向東，也就是從日軍最右翼算起，首先是第32聯隊第2大隊（欠第6、7中隊，加強機槍中隊），面對八道樓子西側，過來則是第32聯隊第3大隊，面對八道樓子正面。再過來則是第32聯隊第1大隊。過駱駝山則是第17聯隊的作戰區域，第17聯隊第1大隊及第2大隊（欠第10、11中隊，配屬第31聯隊第10中隊）隔潮河面對南天門正面陣地。再往東，潮河左岸第17聯隊機槍中隊駐守黃瓜峪高地擔任守備，第32聯隊的第6中隊等部編成關門守備隊，防禦將軍樓等處長城一線。第32聯隊第7中隊配置於古北口市街內。師團指揮部及旅團指揮部均開設在潮河關東北側的361.1高地。從那裡南望，就是南天門了。

別動隊夜襲

其實自從開始對峙以來，兩軍最初都比較沉默。中國軍隊派遣偵哨深入日軍前線後方的事情時有發生，畢竟日軍兵力不足，滲進去撈一把的小接觸自然較多，但都是淺嘗輒止。然而到了4月中旬，原本緩和的南天門戰線卻開始緊張起來。此時由於中國軍隊在灤東戰場處境非常被動，4月11日，北平軍分會代委員長何應欽下達命令，要求古北口方向的第17軍「酌派一旅以下部隊由古北口兩側向敵襲擊以行牽制」。第17軍軍長徐庭瑤接令後，迅速做出部署。要求第2

師、第83師各組織一支別動隊，於4月11日晚20時後向古北口之敵側後襲擊。第2師別動隊從左側出八道樓子北出長城，經陳家營子繞攻古北口敵後背；第83師別動隊則由右側出長城小口，在花樓子溝偏橋間遵定道路閉塞點，以一部破擊灤平大道並放出警戒，另一部襲擊巴克什營，威脅古北口敵側後。在敵後槍聲響起時，各師正面部隊均需同時向敵出擊。

第2師接受命令後由獨立團第3營加強別動大隊組成別動隊〈大隊長禹治〉出擊，而以第6旅在戰線左右兩翼各抽出2個連作為正面攻擊策應部隊。4月12日，各部隊遵令行動，第2師別動隊出長城後於22時40分進抵趙家營盤，但遭到該處日軍頑強抵抗，攻了五、六個小時攻不動，被迫於13日凌晨4點後撤。反倒是正面出擊的部隊略有進展，第11團第1營2個連從左翼渡潮河攻擊潮河關，第12團第3營2個連由右翼北甸子出擊黃瓜峪，4個連於22點同時出擊，略有進展，與敵周旋一夜後方退回原防。而第83師別動隊由第494團團長魏巍帶隊，也一度攻至古北口北關，並對承德-古北口大道進行了破壞。

此次進攻雖然對日軍殺傷不大，但一週後日軍就在該處發起進攻，所以不少國軍將領都猜測是本次大規模夜襲引起了日軍報復，但其實4月18日午後4點日本關東軍參謀長向第8師團發來「關參

第112號電」，在該命令中指出為配合反蔣謀略，要求師團採取有力措施消除來自古北口南方的威脅。第8師團本來就有很強的攻擊慾望，隨即準備以現有的4個多大隊加強2個野砲大隊，實施攻擊。師團隨即命令川原侃指揮第16旅團主力及野砲第8聯隊主力及臨時重砲中隊、工兵第8大隊主力擔任進攻任務，要求20日夜間襲擊第2師八道樓子陣地的三個碉堡，21日向南天門東西一線發起攻勢，作攻擊新開嶺第4旅陣地的準備。同時命令第31聯隊島村第3大隊主力進兵興隆縣，準備向黃崖關推進。坪島少佐組織第16旅團及第31聯隊的其餘部隊以及山砲隊、機槍中隊迅速向古北口靠攏。飛行第1中隊負責空中支援。

八道樓子爭奪戰

4月19日夜，天降大雪，道路泥濘，這給日軍的機動造成很大困擾。原定的夜間攻擊因此也難以進行。旅團指揮部遂改變決心，要求20日夜，擔任對八道樓子攻擊的第32聯隊相田少佐指揮的第3大隊在河西鎮以西2公里的高地，即八道樓子對面展開，完成攻擊準備。21日晨5點30分，天色微明，日軍砲兵開始砲擊，9點30分，第一線步兵開始衝出出發陣地，向第一個碉樓衝去。第32聯隊第3大隊從正面主攻，第2大隊一部則繞行龍潭溝西北攻擊八道樓子西側。防守八道樓子陣地的是第11團第1營，第一個承受

■長城抗戰南天門高地上的我軍掩體。

衝擊的是第1連。第1營急忙派遣營附李官印率第2連增援第1連陣地。同時早在16日，徐庭瑤已命令將獨立砲兵第4團第2營配屬給第6旅，加上配屬給第11團的山砲連，中國軍隊的火力也不弱，另外中國軍隊還在陣地前敷設了地雷，擔任正面攻擊的第32聯隊第9中隊霉運不斷，全中隊衝進了雷區，連中隊長齊藤大尉在內被地雷炸死炸傷不少，日軍士氣大沮。

眼看形勢不妙。第3大隊大隊長相田少佐自己帶頭發起了衝擊。而對面的第11團第1營也毫不示弱，不斷向日軍發起反衝擊，但在日軍的火力殺傷下死傷慘重，第2營營長聶新（廣東博羅人，黃埔潮州分校一期）急率第6連趕來增援，但沒多久，聶新就陣亡了，而第1營營副李官印及第1連王道遠連長、第6連唐啟才連長也負了重傷。日軍好不容易於11點30分拿下了第一個碉樓，隨即向第二、第三碉樓發展戰果，但中國軍隊並不退縮，往往是日軍一個衝鋒殺進去，立馬又被中國軍隊的反衝擊打了出來，相田少佐自己也在激戰中左肩中彈，但相比之下，中國軍隊的傷亡更加嚴重。打到中午，日軍方才控制了3個碉樓。第11團團長鄧仕富急忙派團附吳超征（浙江永嘉人，黃埔三期步科）代理第2營營長，再度率第4連前去增援，暫時穩定了戰局。但雙方並沒有沉默太久，考慮到八道樓子山勢高峻，足以瞰制古北口、南

天門，此地不守，則第2師左翼陣地將受敵瞰制及側射，因此師長黃杰派第4旅第7團第1營及獨立團第3營趕來增援。命令第6旅必須於黃昏前恢復陣地，於下午1點限令第6旅黃昏後奪回八道樓子失守陣地，並以第7團第3營從敵右側發起策應反擊，砲兵全力支持。鄧團長接令後，親率第5連及第7團第1營趕往馳援，雙方的戰鬥在午後3點達到了高潮，兩軍戰線膠著，拼死相鬥，惡戰到下午4點多，中國軍隊參戰各部傷亡過半，被迫中止進攻。黃昏後，鄧團長再度率第2營2個連及第7團第1營發起猛攻，第7團第3營也再度從側翼進攻，然而部隊傷亡慘重被迫於午夜停止了反攻。代理第2營營長吳超征及第5連連長李宗法〈湖南宜章人，駐豫軍官團1期〉陣亡，一天下來，第2師就傷亡1500多人。為策應第6旅，晚上8點半，徐庭瑤軍長下令將第4旅第8團及第7團第1營調至大新開嶺陣地。

而在戰線東側，日軍左翼聯隊以1個中隊（第2中隊）對砲石口南方471高地等處的第83師發起了牽制性攻擊。師團、旅團指揮所均開設在潮河關東北361.1高地就近指揮。下午3點，坪島少佐指揮的增援部隊趕到了古北口。第31聯隊第7中隊在古北口擔任預備隊並擔任攻擊部隊左側背的掩護。這一天激戰下來，日軍報告，在八道樓子正面攻擊的第32聯隊，茨木中尉以下21名戰死，戰傷34名。而左翼第17聯隊戰死1名，戰傷

5名。工兵第8大隊也有5人戰傷。共計全天戰死23名，戰傷41名。

22日，日軍繼續展開進攻，上午11點，在砲火掩護下，日軍向八道樓子其餘幾個碉樓發起進攻。同時在上午5點還以一部兵力從中國軍隊側翼實施迂迴。上午11點多，中國軍隊接連丟失了八道樓子最後的幾座碉樓，防線後撤到了界牌峪、上堡子東端高地。但第11團左翼陣地在下午擊退了日軍的攻擊。到下午4點，戰事趨緩。鑒於兵力損失巨大，第2師將獨立團主力移動到下河莊一帶歸第6旅指揮。下午1點日軍主攻部隊與迂迴部隊會合。而左翼第17聯隊則繼續進攻，並奪取了潮河西南岸高地一角。日軍砲兵繼續保持在原陣地上，主要對其右翼，即八道樓子方向實施火力支持。日軍飛行中隊也積極支援了其右翼的進

攻。不過上午10點，中隊長藤田大尉的座機被中國軍隊擊中，迫降於古北口潮河河灘。鑒於中國軍隊陣地堅固，防守又意外的頑強，師團認為以現有兵力難以全線突破，為此下令向古北口方面調集增援部隊。這一天，日軍第32聯隊戰死8名，戰傷35名，總計43名（日方資料）。

郝家台、駱駝山拉距戰

23日，戰鬥進入第三天，日軍攻擊依然集中在其右翼，日軍首先向南天門正面陣地展開猛攻，中國軍隊傷亡500多人，終將敵軍擊退，而日軍迂迴部隊則自左翼首先擊退龍潭溝騎兵連，進佔小桃園及田莊子一帶，向筆架山急進。黃杰急忙將第4旅第8團調往該地，第8團團

■圖中畫圈處為八道樓子。

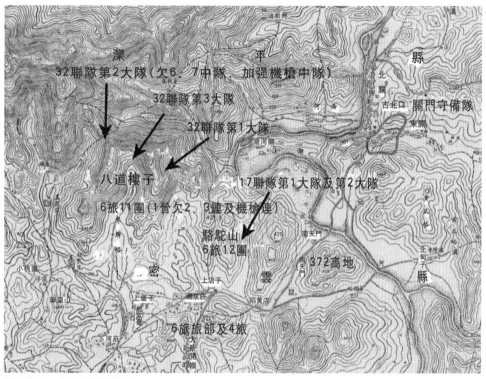

灤　　　　　　平　　　　　　縣

32聯隊第2大隊（欠6、7中隊，加強機槍中隊）

32聯隊第3大隊

32聯隊第1大隊

北關

古北口　關門守備隊

東關

潮河關

八道樓子

17聯隊第1大隊及第2大隊

6旅11團（1營欠2、3連及機槍連）

駱駝山

6旅12團

372高地

南天門

北甸子

縣

密

雲

小桃園

上店子

勝泉莊

稻黃店

6旅旅部及4旅

■4月21～23日戰鬥進程。

第1營及迫擊砲連反擊，奪回了郝家台、上甸子陣地。第8團第3營也擊退迂迴之敵，奪回了小桃園。到黃昏第8團還組織部隊輕裝，單以大刀、手榴彈突襲，又奪取了兩個陣地，交由別動大隊〈大隊長禹治〉防守。直到上午10點，雙方還在郝家台、上甸子北方高地激烈戰鬥。而左翼日軍攻勢也開始兇猛起來，22日夜10點半，新井少佐指揮的大隊越過潮河攻擊，但是當面中國軍隊陣地堅固，不少都是加蓋機槍工事，還設置了側射火力，日軍的攻擊非常艱難。日軍繼續派來了第32聯隊第1中隊增援，並加強

了砲火支援，飛行中隊也趕來支援，一線戰鬥分外激烈，中國軍隊不斷組織反擊，雙方還發生了肉搏戰。最終日軍攻取了潮河西南岸高地的一部分。因為兵力不足，日軍將留置在承德的第17聯隊第9中隊及第31聯隊第10中隊等部也用汽車運抵古北口，歸坪島少佐指揮。這些部隊預定用於第二天對南天門北方600公尺高地的攻擊。在這一天的激戰中，日軍第17聯隊戰死2人，戰傷9人；第32聯隊戰死11人，戰傷18人；工兵第8聯隊戰傷1人。總計戰死13人，戰傷28人（日方資料）。在古北口戰鬥中率先突入山城

的池上少尉戰死於郝家台一帶。

　　24日，5時，日軍第17聯隊首先在南天門正面發起進攻，421.3高地是核心陣地，該處由第11團第3營駐守，激戰中部隊傷亡重大，第7連陳瑞雲連長、第9連黃鼎連長負重傷。獨立團第1、2連急忙增援方將敵軍擊退。鑒於第11團第3營傷亡大，黃杰將第7團第3營也撥歸6旅指揮。而在界牌峪一帶，第32聯隊一部日軍迂迴到側翼攻擊，獨立團第6連損失慘重，連長熊宗培〈湖北沔陽人，黃埔七期步科〉陣亡，經第8團第2營反擊方將其擊退。待機的坪島少佐部隊於下午3點15分突然對南天門北600公尺的高地發起進攻並攻取之。在坪島實施突擊時，得到了砲兵和飛行隊的全力支援。在這一連串激戰中，第11團第3營傷亡殆盡。黃杰被迫將第7團一部加入該線，團主力集結於大新開嶺隨時應援。第12團及獨立團傷亡400多人。而日軍右翼隊最左翼的第1中隊在郝家台東北方高地從下午3點起到6點接連遭到中國軍隊反擊，雙方交戰激烈。15時，劃歸第2師指揮的第83師第497團及第25師第145團均趕到大新開嶺及搖亭地區。黃杰以第497團佔領大新開嶺預備陣地，而以第145團替下筆架山的第8團。當日，日軍參謀乘飛機對中國軍隊後方偵察，結果久保木中尉搭乘的飛機冷卻機中彈，又在潮河河灘迫降，機體損壞嚴重。此時在冷口方面協同作戰的第17聯隊第2大隊及山砲1個中隊奉命向古北口歸建。入夜，羅奇命令第7團換下第11團擔任南天門主陣地防守，第11團就近整理，以備策應。22時兩部交

■中國軍隊堅守在長城上。

防完畢。在這一天的戰鬥中，日軍第31聯隊戰死1人，戰傷4人；第17聯隊戰死8人，戰傷14人；第32聯隊戰死3人，戰傷6人；工兵第8聯隊戰死1人。總計戰死13人，戰傷24人（日方資料）。

25日，日軍傾全力猛攻南天門正面，砲兵向前轉移陣地，砲火強度為開戰來僅見。但中國軍隊的抗擊卻是異常頑強，日軍在全線都受到強大阻力，一線部隊紛紛要求逐點進攻，喪失了全線進攻的銳氣。14點，徐庭瑤下令，由第25師（附第4師砲兵營）接替第83師防禦曹路口至潮河的綿長陣地。第83師（附重迫擊砲營）於當日夜全面與第2師換

防。第2師撤下來以後在金扇子一帶整理，以1個團在北莊歸第25師指揮，以1個團在牆子路向興隆方向警戒。砲4團等部分佈在大小新開嶺、石匣及黑溝沿，分別由第83師及第25師指揮。第83師接防後，以第249旅第497團附補充團第1營擔任南天門正面防禦，以第247旅防守下會北端經筆架山與騎兵第1旅相鄰。這一天，日軍第31聯隊戰傷1人；第17聯隊戰死1人，戰傷5人；第32聯隊戰死2人，戰傷8人；野砲第8聯隊戰傷1人。共計戰死3人，戰傷15人（日方資料）。

26日，日軍第16旅團長川原侃決定改變攻擊方針，放棄以往全線猛攻的做

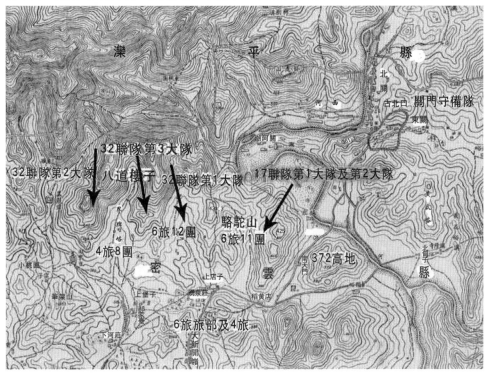

■4月24～26日戰鬥進程。

法,而是以攻擊築壘地區的手段,逐點逐次實施重點攻擊。第17聯隊第1大隊在強大的砲兵和航空火力支援(飛行中隊全部7架飛機)下,依靠煙霧彈掩護,於早上6點在南天門正面發起突擊,在駱駝山等地區500公尺長地段上一舉突破,421.3核心高地就此失守。這次進攻得到其右翼的第32聯隊第1大隊的火力側射支援。師團決心最大限度集中兵力實施突擊,為此命令從冷口方面歸還建制的第17聯隊東矢第2大隊撥歸第16旅團指揮(上午8點用汽車輸送到達),島村大隊一部在黃崖關一帶向石匣進軍,威脅中國軍隊的右側背。命令還在凌源、朝陽、三十家子等地擔任警備的部隊在早川大佐指揮下集中,並向古北口增援。獨立混成第14旅團一部向承德集結。這一天,日軍第17聯隊戰死1人,戰傷13人;第32聯隊戰傷2人。共計戰死1人,戰傷15人。

大夜襲

27日,戰線全面寂靜。日軍各部都在為即將到來的夜襲作準備,全面偵查地形、敵情。日軍各級指揮官均親臨前線觀察,川原侃亦直達第一線觀察,隨行的廣安副官還腳部中彈負傷。這一天,日軍共計3人受傷。

28日,日軍決心在天長節(編者註:日本在位天皇的誕生日)前擊破當面中國軍隊,為此命令在右翼的第32聯隊(欠1個中隊)以主力保守現有陣地,以一部配合左翼實施進攻。左翼是主攻方面,以步兵第17聯隊(欠2個中隊)、步兵第31聯隊第10中隊及步兵第32聯隊約1個中隊,加強山砲第3中隊及工兵第2中隊(欠1個小隊),28日晨在全部砲兵火力支援下,從左翼隊發起猛攻。第17聯隊聯隊長長瀨武平大佐以新井少佐指揮的第1大隊為最右翼,在駱駝山方向攻擊;坪島少佐的部隊(2個中隊、機關槍中隊、山砲分隊)擔任中央突擊,重武器,包括繳獲的中國機關槍都集中在南天門北方高地掩護射擊;新到的東矢大隊等部擔任最左翼的攻擊。

進攻首先由東矢大隊的夜襲開始,在3點30分該部發起猛烈進攻,在黑暗中擊破了第83師部隊的頑強抵抗,於4點10分一舉攻取了最左翼的372高地,坪島少佐部的重武器隨即開始向中國軍隊正面猛烈射擊,4點半,坪島部主力開始猛攻南天門西側高地。5點30分,新島少佐的第1大隊在擊破中國軍隊反擊後也向駱駝山地區進攻,5點40分攻取駱駝山東側高地(425高地)。5點30分,日軍以全部砲火及兩架飛機進行壓制,6點40分至7點,日軍在南天門正面全縱深突破。第497團三個營長全部重傷,第83師被迫退守至磨盤山、大小新開嶺一線。這一天,日軍戰死鹽田少尉以下12人,戰傷古谷大尉以下61人(日方資料)。

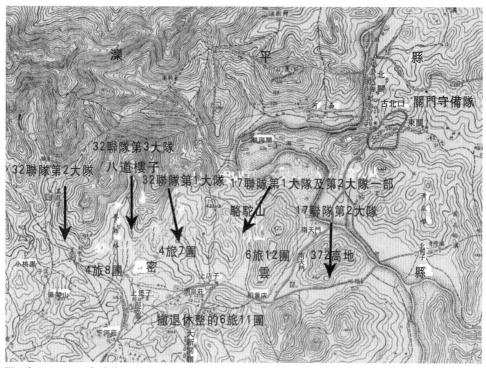

32聯隊第3大隊
32聯隊第2大隊
八道樓子
32聯隊第1大隊　17聯隊第1大隊及第2大隊一部
駱駝山
17聯隊第2大隊
4旅7團
4旅8團
6旅12團　372高地
雲
撤退休整的6旅11團

■4月27～28日戰鬥進程。

南天門戰鬥，從21日上午開始，激戰至此，戰場再度恢復了平靜。7天7夜的交戰使中國軍隊付出了慘重代價。根據《陸軍第2師長城抗戰專輯》統計，僅5晝夜之內，第2師陣亡軍官38人〈陣亡營長2人、連長8人〉，士兵902人；受傷軍官131人〈受傷營長3人，營副1人，連長11人〉，士兵2033人，合計傷亡3104人，加上其它各部的傷亡損失共計5000多人，中國方面認為日軍傷亡也有5000多人。但日軍戰報稱此一階段總計戰死74人，戰傷232人，戰傷者中入院後又死亡9人。其中第32聯隊傷亡最大，陣亡46人，戰傷114名，佔了全部戰死傷者的一半以上。

述評

南天門之役在國內的知名度也是比較高的。然而因為各種因素，南天門之役不少情況卻鮮有人知，很多流傳的故事其實也並非真實。比較著名的如八道樓子失守，鄭洞國回憶說八道樓子守軍麻痺，被日軍偷襲得手，這個版本流傳甚廣。但其實這根本就是誤傳。日軍自上午5點半開始砲擊，11點發起步兵攻擊，怎麼都談不上夜襲。而守軍第11團第1營也絕沒有像傳說中那樣賭博喝酒，

而是頑強地面對日軍進攻，反覆逆襲，表現出了很強的戰鬥精神。事實上，對此戰中中國軍隊的戰鬥意志，日軍評價也非常高，認為中國軍隊士兵非常勇敢，能堅定連續的發起反衝擊，前仆後繼而不退縮。不過在另一方面，日軍對中國軍隊的指揮卻評價不高，直指中國軍隊指揮缺乏機動性。

從此戰來看，中國軍隊問題依然非常突出，首先是中國軍隊的防禦部署就有很大問題。從軍的層面來說，配屬第17軍的有一個完整的野砲團——獨立砲兵第4團，但血戰一週，在第一線的卻一直只有1個砲兵第2營，加上師砲兵連。本來以第17軍全部砲兵配備，也不會遜色於日軍（2個野砲大隊、1個不足的山砲中隊）。日軍把手裡能用的砲兵全部用上了，中國軍隊擺在第一線的這點火力因此無法與敵軍抗衡。而另一方面，日軍幾乎把當面所有的兵力都集中在第2師正面，而左右兩翼幾乎完全放空。第83師防禦線從潮河左岸一直要拉到司馬台一帶，看似戰線漫長，其實對面根本就沒多少敵人。日軍幾個小隊就承擔著從古北關口到將軍樓、砲石台一線的長城防禦，而同一地段當初第25師使用了2個團。更多的地段根本就無敵情，左翼的白馬關也差不多。而左翼的騎兵第1旅及右翼的第83師沒有採取一點積極的行動。既沒有正面出擊配合，也沒有繞擊敵後，在前5天的血戰中無所事是當看客，直到第2師頂不住了，才由第83師頂

■日軍佔領長城的關隘後正在拍照留念。

上去，白白給對手逐個擊破的機會。

其次，八道樓子失守影響太大。第2師部署上對八道樓子確實也不重視，在右翼南天門正面將第12團全部使用上去，重點守372及425高地。而左翼從421.3高地到八道樓子只使用了一個不滿員的團——該團第1營2個步兵連及1個機槍連被羅奇用作預備隊。在八道樓子第一線只有1個連，高級指揮官過於麻痹大意。同時八道樓子的陣地構築顯然也沒有被重視。日軍最猛烈的砲擊並不是21日對八道樓子的攻擊，但對八道樓子的砲擊能讓「工事全毀」，對駱駝山421.3高地更猛烈的砲擊卻不能奏效，只能說明八道樓子陣地不如421.3高地構築堅固。反之，日軍卻認為八道樓子關係重要，認為攻取此點從根本上奠定了戰局發展，在該方面集中了一半以上的步兵以及全部砲兵，指揮上高下有別。在八道樓子一地，僅僅開戰第一天第2師就傷亡了1500多人，幾乎佔了第2師5天傷亡的一半。之後日軍自八道樓子居高臨下攻擊，國軍部隊傷亡慘重，一直要後退到郝家台才能立足，正面延長，大批預備隊被用於應付來自左側後的攻擊或射擊，可以想見此地失守對我方影響有多深。

但另一方面，日軍的行動也並不算很明智。日軍以不足5個大隊的步兵加強2個砲兵大隊就對擁有2個多師的中國軍隊構築一月的堅固陣地發起攻擊，雖然強攻得手，但也存在很大的賭博味道。日軍事先對中國軍隊工事堅固程度和戰士抵抗意志都非常輕視，以致進攻數天後陷入拉距，被迫中斷進攻，調集援軍，重新偵察。日軍的輕敵也使其一度陷入了僵局。但另一方面，日軍的不少東西卻遠值得中國軍隊學習。戰鬥打得那麼激烈，日軍高級指揮官都盡量靠近一線，師團、旅團指揮所都能目視中國軍隊陣地，川原侃甚至還直抵第一線陣地觀察，以致副官中彈受傷。而中國軍隊的軍長遠在密雲，師長在石匣，就是沒一個靠近前線的。與戰士們的勇敢相比，高級軍官們圖上作業的味道更濃。所以21日八道樓子打到最危急的時刻，軍長下的命令卻是將第2師獨立團主力及軍屬砲兵撥由無戰事的第83師第247旅指揮，強調要死守跟八道樓子八竿子打不到的下會。

結局

此戰，第2師官兵傷亡重大，然而第2師的業績卻傳遍天下，這除了他們自行撰寫《陸軍第2師長城抗戰專輯》宣揚戰績外，又跟第2師日後將軍輩出是有極大關係的。師長黃杰日後官運亨通，一直當到了陸軍總司令、國防部長、一級上將。第6旅旅長羅奇則官至總統府參軍長、陸軍副總司令。而第4旅旅長鄭洞國雖然只當到第1兵團司令、東北剿總副

■今日南天門遺存現狀。

司令就向解放軍投誠了，但正是其文章才使得南天門之戰為內地廣大讀者所熟知。下屬幾個團長中，趙公武後來出任包括第2師在內的第52軍軍長，鍾松（編者註：前任第12團團長，此時以師部附員隨部參加長城抗戰）則是西北戰場（編者註：國共內戰）的明星人物。將星璀璨的第2師在之後還將在一系列的戰鬥中亮相，直至退防臺灣。然而對於此時後撤整理的第2師來說，戰鬥還遠沒有結束。

攻取南天門後，第83師左翼陣地依然掌控在中國軍隊手中，但日軍卻停止了進攻，這並非是其不想，而是依靠東矢大隊這些新銳軍突破之後已經是強弩之末，已然無力組織追擊。攻下南天門對各方面都能有所交待，所以急於先喘喘氣，以利再戰。而這邊，第2師苦守數日的陣地，第83師接防未久就接連丟失，劉戡也是非常想挣回這口氣，忙於部署在大、小新開嶺的新防禦陣地。南天門之戰是結束了，但雙方都不甘心，在短暫的中場休息後，又一場激戰馬上就要在距離南天門不過幾里地的區域再次打響。

盧溝曉月
第29軍和七七事變的那些事

編者按：

　　今年，正是「盧溝橋事變」70週年（註：本文原刊於突擊2007年7月號）。說起盧溝橋事變，幾乎沒有人不知道，但真正能說清楚這個事件來龍去脈的，卻很少很少。這不能不說是一種歷史的悲哀，因此在這個值得紀念的日子，我們特意邀請對這段歷史頗有研究的逢凡先生撰寫本文，詳盡介紹「盧溝橋事變」的前因後果，以史為鑒。

　　1937年7月7日，北平（今北京）熱浪襲人，連續的陰雨使永定河水略有上漲，晚上22時30分左右，盧溝橋附近響起的槍聲劃破了仲夏寧靜的夜空。23時許，日本特務機關長松井太久郎稱參與日軍演習的一名士兵失蹤，向冀察政務委員會提出交涉，要求進入宛平城內搜查。中國方面表示日軍演習未經許可，士兵下落不明中方不負責任，因此拒絕日軍入城。8日晨5時，日軍一個中隊從

■盧溝橋事變前夕守衛盧溝橋的29軍士兵。

鐵路北側地區向宛平城進攻。中國守軍第29軍第37師第219團在團長吉星文帶領下奮起抵抗。盧溝橋畔的槍砲聲揭開了中華民族神聖抗戰的序幕。

【註】盧溝橋亦稱蘆溝橋，今通用。但據學者考證，永定河以其流經地形特性，至下游時河床升高，所挾泥沙淤積，河水混濁黑黃，經常泛濫，故有無定河、渾河、小黃河等的俗稱。而古代當地燕人往往「呼盧為黑」，所以永定河在歷史上也有稱盧溝河、黑水河的記載，且永定河在進入北京的平原前曾經穿越北京西山的「盧師山」。再證以清高宗為燕京八景之一御筆親題「盧溝曉月」之碑，似以稱「盧溝橋」為妥。

晉南改編

提起第29軍，要先從宋哲元說起。宋哲元是馮玉祥部西北軍的幹將，與張之江、李鳴鐘、鹿鍾麟、劉郁芬，為時人並稱為「五虎將」。

1930年4月，閻錫山、馮玉祥、李宗仁等結盟反蔣，宋哲元指揮第4路軍在豫東與中央軍對壘。9月18日，張學良通電擁護南京，勝利的天平立即倒向了蔣介石，宋哲元奉命抽調部隊回防洛陽，掩護主力退卻。隨著反蔣軍的節節敗退，馮部將領吉鴻昌、梁冠英、張印湘、王修身、孫連仲、張維璽等紛紛接受蔣介石改編或被迫繳械。據說宋哲元在洛陽

時，也收到過蔣介石派飛機空投下的第24路軍總指揮委任狀，但宋哲元看過後就撕掉了。面對嚴峻局面，宋哲元主張將所有能夠掌握的部隊，分頭從鄭州以西搶渡黃河，佔據晉南，再作進一步打算。馮玉祥則堅持要沿隴海路交相掩護，全軍向陝西撤退。9月27日，宋哲元僅率田春芳、趙登禹、呂秀文等部，由洛陽突圍西去，孤軍轉戰數天後，於10月6日退駐潼關。因咸陽以西的陝甘地方武裝群起反馮，再要西去已不可能。18日，宋率部撤離潼關，連夜強渡渭河，向朝邑、韓城一帶集結，計劃和劉郁芬部會合後再渡黃河。怎奈晉軍將渡船悉數扣留東岸，拒絕西北軍進入山西。宋哲元一再電請閻錫山放行，但閻錫山不作任何回應。這時大雨傾盆，兵士被服盡濕，饑寒交迫。好不容易才在韓城河岸找到3條小船，宋哲元只得拋下大部隊，率少數人馬倉皇渡河，輾轉到達晉南，第4路軍最後渡過河的只有趙登禹第25師、孫玉田特務團等千餘人。相較同樣潰退到晉南的張自忠、張人傑、鮑剛、張遂印、劉汝明、魏鳳樓等部，宋哲元所部損失最為慘重。上述各部，以張自忠第6師保存最為完整，計有2個旅又1個團，共約5000人。

宋哲元將殘部交給張維藩，任由劉汝明改編，自己北上太原會晤閻錫山。在山西大飯店，宋哲元遇到了聽說自己迷茫三晉大地後而急赴太原來出謀劃策

宋哲元

宋哲元，字明軒，1885年10月30日出生於山東樂陵縣。1907年考入武衛右軍隨營武備學堂，畢業後分配到第6鎮見習。1911年調任左路後補軍第1營哨長。從1913年起轉調馮玉祥第2團所部，歷任哨長、連長、營附、團附等職。1921年5月，因護送陝西督軍閻相文入陝討伐陳樹藩有功升任團長。1922年4月在第一次直奉戰爭中再建功勳，晉升旅長。1924年9月任國民軍第1軍第11師長。1925年兼任熱河都統。1927年馮部東出潼關，先是任北路軍總指揮，旋就第2集團軍（總司令馮玉祥）第4方面軍總指揮。10月出任陝西省政府主席。中原大戰中任第4路軍總指揮，戰敗後退居晉南地區，殘部被縮編為第3軍，任軍長。

1931年6月所部編為國民革命軍第29軍，任軍長。1932年8月任察哈爾省主席。1933年3月任第3軍團總指揮，率部參加長城抗戰，揚威喜峰口、羅文峪。1935年4月被授予陸軍二級上將。8月任平津衛戍總司令。11月任冀察綏靖公署主任。12月任冀察政務委員會委員長兼河北省政府主席。1937年11月任第1集團軍總司令兼第59軍軍長。1938年2月任第一戰區副司令長官，6月因病辭職，獲准後專任軍事委員會委員。1940年4月5日病逝於四川綿陽。5月18日追贈為陸軍一級上將。

張維藩

張維藩，字價人，1891年出生於直隸（今河北）豐潤縣。先就讀於保定東關陸軍小學堂、北京清河第一陸軍中學，1912年考入保定軍校第一期輜重科。1914年畢業後在北洋第3師歷任排長、連長、副營長。1919年考入陸軍大學第六期深造。1922年畢業後在馮玉祥陸軍檢閱使學兵團任軍事教官，1923年任馮部軍官教導團教育長。1924年任馮部第11師參謀長。1925年任熱河都統署參謀長兼熱河省軍務處處長。7月任國民軍高級軍官教導團高級教官。1926年任國民軍西路軍總司令部參謀長。五原誓師後任國民聯軍北路軍總司令部參謀長、國民聯軍駐寧夏司令部參謀長。

1927年任第2集團軍第4路軍參謀長，1928年任第4方面軍總指揮。1929年任陝西省政府委員、陝西省建設廳長，8月代理陝西省主席。1930年任第4路軍總指揮部參謀長。中原大戰失敗後，任第29軍參謀長。1933年任第3軍團參謀長，參與指揮長城抗戰。7月改任察哈爾省政府委員兼建設廳長，1935年任北平公安局長，1936年任第29軍部總參議兼平綏鐵路局局長、冀察政務委員會委員。「盧溝橋事變」後兼任北平城防司令。1937年任第1集團軍參謀長。1940年因病離職，在香港、上海賦閒。1949年移居北平，中共建政後任北京政協委員。1963年7月在北京病逝。

劉汝明

劉汝明，字子亮，1895年出生於直隸（今河北）獻縣。1912年參加馮玉祥左路備補軍，在馮部中歷任排長、連長、副營長、營長、團附、團長、旅長。1926年任國民軍第1軍第10師師長，1927年初升任國民聯軍第2軍軍長，後改任第2集團軍第4方面軍第2軍軍長。1928年3月任南京政府軍事委員會委員。1929年根據編遣會議第2軍縮編為第30師，劉汝明任師長，後改任第29師師長、特務師師長、第10軍軍長、第5路軍總指揮。1929年10月蔣馮衝突開始，劉汝明任「反蔣軍」第2方面軍（總司令鹿鍾麟）第1路軍副總指揮（總指揮張維璽）兼第12軍軍長。中原大戰後任第29軍副軍長、暫編第2師師長、第143師師長。

1934年7月進入廬山軍官訓練團受訓。1936年任察哈爾省主席、冀察政務委員會委員。抗戰爆發後歷任第7集團軍副總司令（總司令傅作義）、第68軍軍長、第28軍團團長、第2集團軍總司令，1944年進入陸軍大學將官班深造。1945年3月任鄂西方面軍左兵團司令，8月任第五戰區副司令長官。1946年後歷任第四綏靖區司令、鄭州綏靖公署副主任、徐州剿總副總司令、第8兵團司令、京滬杭警備副司令、閩粵剿總總司令，1950年退居臺灣，1952年退役，1975年4月在臺北病逝。

的蕭振瀛，他握住蕭振瀛的手，流著淚說：「只等你來，見面後即回天津，兵潰散僅餘千人已囑交劉汝明。」蕭說：「我們救國之志未達，何談解甲歸田，今天應該反思昨日之非，決定明日之計。」宋認為隊伍潰散，起事已晚。蕭則自信張自忠、馮治安、趙登禹等人可以共生死，並願去南京運動改編事宜。於是蕭振瀛連夜趕車運城張維藩處，過曲沃時，張自忠等正等候蕭來決定未來，張對擁護宋哲元存有異議，畢竟自己擁兵半萬，宋只餘千人。蕭對張說：「都是患難弟兄，弟等既然聽我，我擁戴宋哲元，皆為兄弟之義，你與馮治安分率部隊，趙登禹等依次，劉汝明若能來，另作安置。」張自忠聽了後，爽快地說：「只要大哥領導來作，我必服從到底。」蕭振瀛說服張自忠後，趕赴運城，張維藩也贊成擁宋舉事。趙登禹尤其表現爽直，對蕭說：「幹不幹由大哥決定，能報國，作團長營長都行。」見聯絡得差不多，蕭便在運城召集會議，張自忠、馮治安、張維藩、趙登禹等一致同意蕭振瀛的決定，將部隊合編成1個軍，宋為軍長，張、馮為師長，趙等為旅長。

一切就緒，蕭振瀛返回太原，向「聚義銀號」貸款2千元作赴京旅費。抵

達南京後，在于右任推薦下，得以謁見蔣介石，蔣原則上同意改編事宜，囑蕭具體找何應欽落實。但何應欽回答原有編制已經取消，只能容後安排。這一等就是2個月，望著南京的綿綿細雨，想到部隊在晉南風餐露宿，衣食無著，蕭振瀛焦急萬分，只好設法通過蔣介石的秘書高凌百，再次見蔣介石，蕭振瀛首先分析了華北形勢，進而指出山西為華北核心，張學良據有東北，如再得太原，勢必增加中央統一難度。然後提議以宋哲元等西北軍將領拒張，並策動晉軍將領反對東北軍入太原。這一方案深合蔣介石心意。因此蔣介石數日後又召見蕭振瀛，明確表態允按所請編成1個軍在運城整訓，並囑蕭向全權負責華北善後的陸海空軍副總司令張學良請派令。

蕭振瀛馬不停蹄，趕赴天津謁見張學良。此時孫良誠的代表鄭大儒也在天津，要求由孫良誠來改編在晉南的西北軍餘部。蕭振瀛經過東北同鄉萬福麟、劉哲、莫德惠的居間幫助，終於使張學良下令以宋哲元為軍長。1930年11月，晉南西北軍統編為第3軍，下轄2個師。宋哲元以劉汝明為副軍長。至於參謀長人選，宋哲元想到了秦德純——宋能出任軍長全賴秦德純委託陸大同學鮑文樾在張學良處活動——但秦德純以經年苦戰，心力交瘁為由，力辭參謀長一職，宋只得暫時將其安排為總參議。1931年1月，第3軍改番號為東北邊防第3軍，秦

東北邊防第3軍序列（1930年12月）	
軍長	宋哲元
副軍長	劉汝明
參謀長	張維藩
總參議	秦德純
軍法處長	蕭振瀛
第1師 師長	馮治安
第1旅 旅長	趙登禹
第2旅 旅長	王治邦
第3旅 旅長	李金田
第2師 師長	張自忠
第1旅 旅長	黃維綱
第2旅 旅長	佟澤光
第3旅 旅長	張人傑

德純改任副軍長，蕭振瀛以總參議兼任軍法處長。6月17日，陸海空軍總司令部重編駐晉部隊新番號，東北邊防第3軍改稱國民革命軍第29軍。9月，第29軍移駐平定、陽泉。經過蕭振瀛等人的努力，第29軍從此均能按月發餉，每次發餉隨發一張薪餉清單，官兵感到非常稀奇，以前跟馮玉祥幹了這麼多年，從來沒發過全餉，每月只能借支鞋襪費若干元。

1932年2月，閻錫山出任太原綏靖公署主任，極力策劃中原大戰後滯留山西的各路客軍離境。蕭振瀛在天津接到蔣介石電報，欲調第29軍到江西參加剿共。宋哲元等人對調軍離晉，都表示不願意。蕭振瀛、秦德純再度四處活動，說明閻錫山回歸太原有坐大之害，第29軍願借調動之機，進駐榆次、陽泉，以

蕭振瀛

蕭振瀛，字仙閣，1890年出生於吉林省扶餘縣。中學畢業後在其七叔創辦的燒鍋釀酒廠從事商業活動，後兼任商會董事。1912年，考入吉林省立法政專門學校。1916年畢業後投身奉軍，歷任吉林省督軍署軍法官、參謀、營長、團長等職。1920年任吉林省田賦管理局局長，主持開荒，大獲好評。1922年，當選國會眾議院議員，開始活躍在北京政壇。後成立「民治促進會」。後因指責吉林省政，不容於省長王樹翰而離東北。1924年秋，經李鳴鐘介紹，參加西北軍，歷任綏遠都統府諮議兼臨河縣縣長。1925年任包臨道尹兼五原縣縣長。在整治黃河河套水利和供應西北軍糧草方面卓有成績。後代表馮玉祥赴蘇聯商洽軍事援助，圓滿達成任務，為馮所器重。

蕭振瀛平時喜歡吹蕭和笛子，有次同僚詢問去蘇聯的情形，蕭說某次取道蒙古戈壁，沙漠無路汽車迷途，兩日未進食，差一點誤入敵陣被俘。眾人問蕭如果被俘將如何，蕭不答，只是舉笛吹奏一曲「蘇武牧羊」，眾人深為所感，第5師師長馮治安起身正色說：「大哥，我們要向你學習」。1926年任西路軍總司令軍法處長，旋隨宋哲元調北路軍軍法處長。1927年任西安市市長兼第4方面軍軍法處長，在「清黨」問題上與馮玉祥意見相左，私自下令釋放被捕的3000餘名青年。馮玉祥為此大怒，欲以違反軍令之罪殺之。因蕭為人耿介，性格豪放，待人誠懇，在軍中人緣極佳，幸得宋哲元等人從中說項，才調為第2集團軍總參議。1931年6月任第29軍總參議兼軍法處長。1935年任察哈爾省政府主席。1936年任天津市市長，後赴歐美考察。1937年任第一戰區總參議。此後離開軍政界，1942年任四川大同銀行董事長、合江大明酒精公司董事長。1947年5月病逝北平。

扼守太原咽喉。這個計劃得到了張學良的同意。3月，第29軍在調動中迅速佔領榆次、陽泉、和順。閻錫山氣極敗壞地派代表找到蕭振瀛，謂山西地界，不准任意駐紮。蕭回答說：「山西亦中國領土，我軍願駐此，即可駐此。」

長城禦侮

第29軍移駐晉東後，軍部及第37師（師長馮治安）駐榆次；第38師（師長張自忠）駐平定。和南方激烈的剿共戰事相反，第29軍在大山環繞中得到了一個安定的環境，宋哲元抓住這一難得的時機，從思想和軍事兩個方面開展練兵運動。面對「九一八事變」後日本侵華的步步緊逼，宋哲元特別注重愛國主義的教育，士兵在吃飯前，要唱《吃飯歌》：「這些飲食，人民供給；我們應該，為民努力。日本軍閥，國民之敵；為國為民，我輩天職。」每逢國恥日，開飯時饅頭上都印著「勿忘國恥」四字；或者令官兵禁食一天，反省國恥。還規定在每日的朝會中，帶兵官與士兵必須高聲問答：

問：東三省是哪一國的地方？

答：是我們中國的！

問：東三省被日本佔去了，你們痛恨嗎？

答：十分痛恨。

問：我們國家快要亡了，你們還不

秦德純

秦德純，字紹文，1893年出生於山東沂水。1916年保定軍官學校第二期步兵科畢業。曾任第5師見習排長、團部參謀，後調任皖系參戰軍第1師參謀。1920年入陸軍大學第六期學習。1923年畢業後，在豫東鎮使王文蔚處任上校參謀長。1924年12月改任國民軍第2軍第5師參謀長。1925年改任直系第47旅旅長。1926年5月升任第24師師長。1927年3月任河南自衛軍第1軍軍長。6月任第2集團軍第2方面軍副總指揮（總指揮孫連仲）兼第23軍軍長。

1930年4月參加中原大戰，任第2方面軍參謀長（總司令鹿鍾麟），兵敗後賦閒北平。1931年6月任第29軍副軍長。1935年6月任察哈爾省主席。11月任北平市長。第29軍擴編為第1集團軍後，任總參議。1938年3月調任軍事委員會戰區軍風紀第5巡查團主任委員，不久改任軍法執行總監部上將副總監。1944年11月任兵役部政務次長。1945年10月任軍令部次長。1946年5月改任國防部次長。1948年底任山東省主席兼青島市市長。1949年8月去臺灣。曾任「總統府」戰略顧問等職。1963年9月病逝臺北。

警醒嗎？你們應當怎麼辦呢？

答：我們早就警醒了，我們一定要團結一致，共同奮鬥！

另外，宋哲元利用相對比較充裕的財政條件，組織中上層軍官讀書，特別指示幕僚編寫《義勇小史》，收錄岳飛、韓世忠、文天祥、史可法等民族英雄的事蹟，以培養官兵的愛國思想。軍事上，宋哲元特邀綽號「鐵腳佛」的尚雲祥為武術教練，將「五行刀」中的招數傳授

軍中有武術根基之人，然後逐步向全軍教授，使西北軍時期的大刀拼殺技能得到顯著提高。此外，尚雲祥還在刺槍技術中融入中國傳統武術中的槍術，編成三套套路，包含刺、挑、撥、攔、撞等

■ 第29軍軍長宋哲元在北平西苑檢閱部隊。

技法，傳授全軍。

在此期間，全軍時常舉行長途山地野營拉練，馮治安、張自忠等率領全副武裝的官兵，按照戰爭狀態忽走忽停，以此鍛鍊耐力和應急能力。據佟澤光回憶，張自忠除了因公外出，每天總是來到操場督促訓練。張自忠的練兵方法，不是站在高高的土臺上，看著大家操練，而是按照訓練課程項目，找一兩個士兵做單人示範，召集幹部都來圍觀。另一方面，馮治安對第37師進行了人事調整，撤換作風懶散的參謀長黃維城，以張樾亭繼任，並以劉自珍、何基灃分別擔任第37師副師長和第109旅副旅長。

1932年8月，國民政府發表宋哲元為

第29軍序列（1932年12月）

軍長	宋哲元
副軍長	秦德純
參謀長	張維藩
總參議	蕭振瀛

第37師 師長 馮治安
　　第109旅 旅長 趙登禹
　　第110旅 旅長 田春芳
　　第111旅 旅長 王治邦
第38師 師長 張自忠
　　第112旅 旅長 李文田
　　第113旅 旅長 佟澤光
　　第114旅 旅長 黃維綱
暫編第2師 師長 劉汝明
　　第1旅 旅長 李金田
　　第2旅 旅長 李曾志

張自忠

張自忠，字藎忱，1891年出生於山東臨清。1911年在天津法政學校就學時秘密加入中國同盟會。次年轉入濟南法政專科學校。1914年未畢業即到陸軍第20師隨營學校當學兵，後升任司務長、師部參謀。1916年加入馮玉祥部混成第16旅，先後任排長、連長、營長、團長。1926年升任第15旅旅長。1927年5月任馮玉祥總司令部副官處長。8月任第2集團軍官學校校長。1928年7月任開封警備司令。8月任國民革命軍第25師長。1929年任「反蔣軍」第2方面軍（總司令鹿鍾麟）第2路軍（總指揮孫良誠）第2軍（軍長程心明）第6師長。

中原大戰後，1931年6月任國民革命軍第38師師長。1932年1月率部進駐察哈爾，兼任張垣警備司令。1933年3月率部參加長城抗戰，任第29軍前敵總指揮。1935年4月被授予中將銜，12月任察哈爾省政府主席。1936年6月任天津市長。「盧溝橋事變」後，代理宋哲元任冀察政務委員會委員長、北平綏靖公署主任兼北平市長。日軍進入北平後化裝逃出，11月任軍政部部附，12月經馮玉祥、宋哲元保舉任第59軍軍長。1938年2月率部參加台兒莊戰役，4月因功升任第27軍團軍團長。10月升任第33集團軍總司令。武漢會戰後任第五戰區右翼兵團總司令兼第33集團軍總司令。1939年5月加上將銜。1940年5月日軍集結重兵向宜昌發動進攻，親率總部手槍營和第74師（師長李益智）兩個團，從宜城東渡襄河（漢水在襄樊以南一段稱襄河或襄水）。5月16日，於南瓜店壯烈殉國。同年7月7日追贈陸軍上將。

察哈爾省主席。9月，宋哲元履任，將第29軍駐地作了調整。第37師第109旅移駐張垣（今張家口）、赤城、延慶，師主力駐和順、昔陽；第38師第112旅移駐張垣、蔚縣、陽原，師主力駐平定、娘子關、井陘；新成立的衛隊第1團駐張垣；衛隊第2團駐汾陽。不久，經過張學良同意，第29軍又成立暫編第2師，以劉汝明為師長，駐沁縣、武鄉。

1933年1月3日，日軍攻佔山海關。張學良命令第29軍所轄各部向三河、寶坻、薊縣、玉田、香河一帶移動。2月上旬，北平軍分會將第29軍編為第3軍團，任命宋哲元為總指揮。17日，第3軍團奉命移駐熱河接第4軍團義院口至喇嘛洞一帶防務。3月4日，承德陷落，長城各口告急。第3軍團改守冷口迤西至馬蘭峪止，長達300餘華里的長城各口，其中包括董家口、喜峰口、羅文峪等要隘。8日，宋哲元令第37師以三屯營為中心，守備城子嶺口至潘家口之線，並派有力部隊接替喜峰口、寬城第53軍（軍長萬福麟）陣地。馮治安當晚令第109旅急行軍馳援喜峰口，第217團打頭為前鋒。喜峰口位於遵化東北110華里，北距熱河的平泉190華里，係明代朵顏（「朵」小意

■ 正在長城下嚴陣以待準備迎擊日軍的中國軍隊。

也，音嘎）等三衛入貢之通衢。兩側群峰矗立，險要大成。9日，日軍混成第14旅團（旅團長服部兵次郎）一部擊潰第53軍抵抗，佔領喜峰口東北制高點。剛剛趕到的第109旅旅長趙登禹急令第217團王長海團長率部反攻，經數小時激戰，其間肉搏多次，才將制高點奪回。10日一整天，雙方在喜峰口附近來回拉距撕殺，幾處高地，得而復失，失而復得。趙登禹腿上被砲彈片擦傷，仍舊督戰不退，直到日暮後，戰勢稍緩，才回三屯營醫傷。

■ 在長城抗戰中大顯神威的第29軍大刀隊。

受宋哲元差遣，趕赴前線的蕭振瀛與趙登禹通了電話。蕭問：「聽說你腿部受傷？」趙說：「不礙事，沒有關係。」蕭說：「希望我們都能死於前線，為國盡忠。」趙豪邁地回答說「好！」

為出敵不意，爭取主動，宋哲元與馮治安、張自忠等人商定，決定對日軍進行夜襲。已經掛彩的趙登禹自告奮勇帶隊殺敵。宋哲元遂命趙登禹率第217團、第224團和第218團1個營與第220團手槍隊，從左翼出潘家口，繞攻敵右側背；佟澤光旅長率第226團和第218團一部，從右翼經鐵門關出董家口，繞攻敵左側背；王治邦旅長率第219團和第218團一部，待趙、佟兩路得手後，相機出擊，以為牽制。11日夜11時，趙旅夜襲隊悄然疾進，官兵們在冰雪中急行軍，情緒非常高漲。12日凌晨，第224團到達三家子、小喜峰口；第217團到達狼子洞、白臺子。日軍萬萬沒有料到中國軍隊竟會雪夜奔襲，不少人還在睡夢中即被第29軍官兵的大刀砍去頭顱。次日晨4時，趙旅攻佔小喜峰口、蔡家峪、西堡子、後杖子、黑山嘴等十餘處日軍據點，摧毀了駐白臺子的日軍指揮所及砲兵陣地，繳獲大批作戰地圖和機密文件。佟旅夜襲隊出鐵門關後，接連襲破跑嶺莊、關王台之敵，與趙部第217團在白臺子會合，攜手南攻喜峰口東北高地日軍。王治邦旅長也指揮所部躍出陣地

攻擊當面之敵。天明後，日軍以火力居高瞰射，第29軍官兵仰攻至為艱難。激戰到下午3時，兩路夜襲隊和正面攻擊部隊一起撤回。

日軍援兵第6師團（師團長 本政右衛門）等部陸續趕到，以第4旅團（旅團長鈴木美通，屬第8師團，師團長西義一）及騎兵第8聯隊，直撲羅文峪。羅文峪在遵化北18華里，東北距喜峰口110華里，地處喜峰口與古北口之間的長城凹入處，倘被敵佔，則喜峰口的左後方將受到威脅，勢必無法立足。暫編第2師從逃難民眾中得知日軍南犯，嚴陣以待。

16日拂曉，日軍先頭沿半壁山向羅文峪迫近，企圖奪取三岔口高地。第38師第228團跑步繞出黃崖口，截擊日軍，迫敵退去。17日上午8時，日軍分向山楂峪、羅文峪進攻，暫編第2師力戰不退，多次與日軍肉搏衝鋒，陣地得失數次。師長劉汝明當晚抽調王合春營自左翼夜襲敵後，以減少正面壓力。18日晨，劉汝明親率手槍隊督戰，日軍傷亡甚重，被迫後退。是夜，暫2師第1旅第1團和第228團分別潛出沙坡峪、于家峪，日軍陣地動搖。劉汝明急令正面防守部隊全線出擊，前後夾攻。戰至19日天明，日軍撤

■ 長城抗戰以後，第29軍的大刀隊名震中外，圖為第29軍大刀隊正在為從廣東遠道北上前來慰問的廣東女子師範學校的師生代表進行刀術表演，請注意，在大刀隊員身後的地上堆積的是廣東女師用募捐來的錢購買的大刀、鋼盔等裝備。

■ 誓師出征的第29軍官兵。

退，暫2師向羅文峪北推進10多公里。

第29軍以冷兵器對抗現代化武裝的日本侵略軍，實在是有些悲哀和無奈。但在傳媒眼裏這太富有驚險傳奇性了，當時的全國報章爭相報導，其中不免渲染描繪，說什麼日軍為了防止刀刃砍斷自己的脖子，靈魂不能升天，紛紛特別訂製「鐵圍脖」，來保護自己的頭顱不被砍掉。《大公報》則在3月16日的社評中指出：「連日宋哲元部在長城喜峰口血戰，已達一星期。砍殺之眾。擄獲之多，打破中日軍隊接觸以來之紀錄，而論其軍械設備之不充足，後方組織之不完全，視第19路軍在上海抗日時之環境，直不可以同日語。在此艱苦困苦中，竟能使驕妄氣盛之日軍，受偌大打擊，此誠足為中國軍人吐氣。」20日，宋哲元在北平向新聞界通報所部在喜峰口、羅文峪一帶作戰經過，聲稱日軍傷亡在6000人以上。

5月31日，中日雙方在塘沽簽訂停戰協定。根據協定，中國軍隊退至延慶、昌平、高麗營、順義、通縣、香河、寶坻、林亭口、寧河、蘆台所連之線以西、以南地區，爾後也不能越過該線；日本軍隊為確認第一項實行情形，則可用飛機或其他方法施以偵察，中國方面應加保護並予以各種便利；長城線以南及第一線所示之線以北、以東地區之治安維持，以中國員警機關擔任。員警機關不可用刺激日軍情感之武力團體。

《塘沽協定》使中國失去了河北19個縣與2個設治區的完全治權。中國軍隊不得進駐所劃定的停戰區域，即使地方員警，也必須於事實上，仰承日方鼻息，否則將受「刺激情感」的指責，蒙「破壞協定」之罪。國民政府軍事委員會北平分會兼代委員長何應欽對此解釋

■ 在長城上與日軍激戰的第29軍大刀隊。

說：「若在平津附近背水一戰，其結果平、津亦難保守，彼時日人必助叛逆，組織又一傀儡政府，更難保其不沿黃河、長江流域以侵略中原。且華北全部軍費，所持者為平、津兩地之稅收；萬一平、津有失，糧餉無著，後果堪憂。有此三種原因，一切正在秉承中央意旨，妥慎辦理，與淞滬停戰，同一萬不得已之辦法。」日本方面為此沾沾自喜地說：「《塘沽停戰協定》的成立，暫時結束了滿州事變的軍事行動。但日軍越過長城線，在關內河北地區設置有力據點這件事，意味著作為將來進入華北的第一步，也可以看作邁上了中國事變的路程。」

冀察風雲

　　1933年5月26日，馮玉祥在張垣組織抗日同盟軍。以警務處處長佟麟閣代理察哈爾省主席；吉鴻昌代警務處處長兼張垣警備司令；張允榮代財政廳廳長。宋哲元因此無法回任察哈爾省主席，只得將總部暫設北平朝陽門外的東岳廟內，部隊駐於通縣南郊一帶。6月15日，馮玉祥召開同盟軍軍民代表大會，組織抗日同盟軍軍事委員會。21日，同盟軍移師東進，至7月中旬，先後收復沽源、寶昌、康保、多倫等縣。南京政府對馮玉祥擅自組軍、委任地方官員大為不滿，指責其妨害政令統一和中央邊防計劃。宋哲元等人則表示不願與馮兵戎

■ 1936年5月30日，宋哲元（右三）陪同駐華英軍司令巴索勞密（右四）赴北平近郊的長城參觀遊覽。

相見，但也不跟著他亂來。8月4日，南京頒布明令，由宋哲元即日馳抵沙城，接收察省政權，處理一切軍事。5日，馮玉祥通電政權歸之政府。宋哲元重入察省，將馮禮送至豐台，由韓復榘接往泰山舊居。不久，第29軍軍部與第37師移駐張垣；第38師移駐宣化；暫編第2師改番號為第143師，駐下花園和涿鹿縣；隨又增編第132師，以趙登禹為師長，1934年4月，第132師由石門（今石家莊）、正定、井陘調入察省，駐在張北縣二臺子一帶。

對於察省軍事善後，宋哲元秉承南京「少編大遣」意旨，對同盟軍進行了大刀闊斧的改編。經過半年多的整編，第29軍不僅補充了傷亡缺額，第37師和第38師還分別增編了第110旅和第114旅。另外尚編有以下部隊：察省騎兵第1、第2團，歸騎兵司令張允榮指揮；警備隊第1、第2團，歸寶昌警備司令姚景川指揮；察省暫編第1旅（旅長阮玄武）、暫編第2旅（旅長夏子明）、第31旅（旅長劉景山），歸第132師指揮；暫編第1團（團長胡文鬱）、暫編第2團（團長彭秉信），歸第37師指揮。在這次編遣中，佟麟閣被任命為第29軍副軍長。

1934年7月，張自忠帶領第29軍營以上軍官40多名，到廬山訓練團受訓。途經漢口時，受到武漢行營陸、海、空副總司令張學良的熱情招待。包租最好的飯店供給食宿，上下火車都有汽車接送，從漢口到廬山派有專輪。應該說這次廬山之行，拉進了第29軍與南京政府的距離，一個月之後，宋哲元保送第225團團長劉振三、第219團團長吉星文等中下級軍官多人，到南京中央軍校高教班第三期受訓。

10月27日，日本天津駐屯軍參謀川口清健、外務書記官池田等八人，不遵事先報告中國的約定，由張垣前往多倫旅行，途經張北南門時，第132師衛兵要求檢查護照，川口等無理拒絕，雙方為此發生爭執。日駐張垣領事橋本以中國士兵侮辱日本外交官為由，向第29軍參謀長張維藩提出抗議。30日，北平日本大使館武官高橋坦也向宋哲元交涉。宋為了息事寧人，令趙登禹向日方道歉，並將守備張北南門的連長張書林免職。儘管趙登禹內心有千萬個不願意，但宋哲元反覆強調「小不忍則亂大謀」，只得強忍心頭怒火，對日方道歉。可是日方得寸進尺，駐張垣特務機關長松井源太郎乘機要求察東劃界及中國軍隊退到長城線以西以南。宋哲元回覆日方此問題應向中央政府交涉。

11月3日，蔣介石偕宋美齡從北平乘車西行察省巡視，張自忠、馮治安、劉汝明、趙登禹等人在宣化車站迎接。4日晨7時許，四人登上專列，陪同蔣介石前往張垣。在列車上，蔣介石與張自忠等四人共進了早餐。9時許，專列抵達

張垣，宋哲元在車站恭迎。蔣介石到張垣後便隨即前往張北第132師師部視察，當天日落時分返回張垣。5日上午，蔣介石親自主持察省黨政軍擴大紀念週，下午攜宋美齡等經大同、歸綏（今呼和浩特）轉回南京。

沒過多久，熱河豐寧縣偽保安大隊數十人入侵察東獨石口，被第37師劉自珍團擊潰，繳獲步槍30多枝，子彈千餘發。為防止日軍窺犯，宋哲元令第38師第112旅由懷來經雕鶚堡向龍關、赤城及龍門所推進。1935年1月2日，熱河日軍飛機向龍關、赤城一帶我軍投擲炸彈。15日，日軍提出無理要求，要求龍門所駐軍撤退。張自忠指示黃維綱旅長說：「龍門所係察東門戶，決不能後退一步，並應加強守備力量。」次日，日軍約2000人向龍門所陣地發起攻擊，第112旅官兵憑藉險要地勢，居高臨下，沉著地擊退日軍多次進攻。這時，熱河大灘附近的日偽軍2000餘人亦向察北沽源移動，宋哲元深感事態嚴重，將情況報告北平和南京。2月2日，中日雙方在大灘舉行會商，我方代表為第37師參謀長張樾亭等三人；日方代表為第7師團（師團長杉原美代太郎）第13旅團旅團長谷實夫等三人。根據中國公表文件記載，當時達成解決辦法為：察東事件，原出誤會，現雙方為和平解決起見，日軍即返原防，第29軍亦不復侵入石頭子城、南北柱子、東柵子之線及其以東之地域，

所有前此第29軍所收熱河民團之槍枝子彈，准於2月7日由沽源縣長如數送到大灘，發還熱河民團。

幾個月過後，張北再起事端。日本特務大月桂等4人，乘汽車自多倫經張北赴張垣。6月5日，車抵張北縣北門，第132師衛兵要檢查護照，日人堅持要通過，衛兵上了刺刀，阻車前進，守衛排長將4人帶至城內師部。趙登禹一面用電話通報省政府，一面將日人送到師部軍法處候審。省政府打長途電話到北平，向宋哲元請示處理，宋與秦德純商量，此次姑且放行，以後不帶護照，一律不准通過。日本人顯然是要借題發揮，橋本、松井之流以日本軍官受到中國衛兵恐嚇，要求懲辦直接負責人；第29軍軍長親自道歉；保證將來不再發生同類事件。

此時身處北平的何應欽可是焦頭爛額。5月2日夜和3日凌晨，天津日租界親日報刊《國權》、《振報》社長胡恩溥和白逾桓相繼被殺，日本指責此係國民黨排日行為，向北平軍分會施加壓力。15日，在熱河南部活動的抗日義勇軍孫永勤部退入長城以南的非武裝區，日本指責中方破壞《塘沽協定》，中國駐屯軍參謀長酒井隆向國民政府提出交涉。6月11日，日本方面將一份由中國駐屯軍司令官梅津美治郎簽署的備忘錄送到北平軍分會，要求中國方面照抄一份，並由何應欽簽章後送交梅津美治郎。備忘

錄的主要內容是：取消國民黨在河北及平津的黨部；撤退駐河北的東北軍、中央軍和憲兵第3團；撤換河北省主席及平津兩市市長；取締河北省的反日團體和反日活動等等。7月6日，何應欽覆函表示：備忘錄「所提各事項均承諾之，並自主期其遂行。」這就是所謂的《何梅協定》。

在《何梅協定》之前，行政院於6月18日討論決議免除宋哲元察省主席職務。19日，宋哲元同意秦德純代理主席。蕭振瀛將察事執筆疾書報告蔣介石，並在指責行政院長汪精衛等人的通電中指出：「藉口日本要求免宋哲元職，措施之荒謬，使世界側目，國人寒心，今後中國官吏將只知有日本矣。」數日後，蔣介石電召宋哲元赴成都，宋稱病不往，認為：「事處此狀態中，怎能輕易前往，自縛手足，任由處置。」並指示蕭振瀛，只要設法使第29軍不南下參加「剿共」，就能在華北站住腳，以後的事，「逆來順受」便可運用自如了。

宋哲元被免職後，日本人將交涉對象轉向秦德純。華北特務機關長土肥原賢二找到秦德純，土肥原趾高氣昂地對秦說：「張北事件有關人員，從軍政首長，以至駐守張北縣的趙師長、軍法處長、北門守衛官兵，都要向皇軍道歉，並且應該受處分。」據秦德純回憶，土肥原還一字一句的說：「秦將軍，你知

道外交的後盾是什麼？」秦十分憤慨，當即說：「那就由你們派軍隊進佔我們的察哈爾！第29軍就是剩一兵一卒，也要拼戰到底。」動了肝火的秦德純說完後，心中一熱，當場吐起血來。後來得到南京「在不妨害我國領土主權的範圍內，可以酌情辦理」的指示，秦德純於6月27日與土肥原達成所謂的《秦土協定》。主要內容為：張北縣北門守備的團長免職；第132師軍法處長免職；第29軍部隊撤出沽源、寶昌、康保、商都，以地方保安隊維持秩序；中國政府不向察省屯田移民；撤銷察省境內國民黨黨部。

就在《秦土協定》簽署當晚，由天津開往北平的火車駛抵豐台車站時，有匪徒百餘人下車，於28日0時40分將車站

■ 土肥原賢二，日本華北特務機關長，正是他積極策劃了一系列蠶食行動。

佔據，聲言組織「正義自治軍」，推白堅武為總司令。這群烏合之眾脅迫停於豐台的鐵甲車向北平開動，1時許抵達永定門東缺口，企圖闖入城內，被第116師（師長繆澂流）擊敗，向通縣方向潰退。蕭振瀛意識到這是第29軍進駐北平的好機會，乘何應欽不在之際，以軍分會委員的身份，指出北平防務空虛，治安可慮，向軍分會緊急建議，先調第29軍一部增防。軍分會辦公廳主任鮑文樾點頭同意，蕭即以電話通報軍部，派第37師火速進入北平。不到十個小時，部隊陸續到達清華園西直門一帶，很快控制了北平城郊。

忍辱負重

1935年7月底，秦德純奉蔣介石之命前往廬山匯報華北態勢，並請示機宜。據秦德純回憶，當時蔣介石指示說：「日本是實行侵略的國家，其侵略目標，現在華北，但我國統一未久，國

藍衣社

「藍衣社」，在30年代非常有名，但其實國民黨內部根本沒有這樣一個組織。其來源是當時力行社第四任書記劉健群的一本小書，書名為《貢獻黨的一點意見》，主旨為對國民黨內部反對腐化墮落，對外主張反共抗日，書中還建議黨員應該勤儉刻苦，主張穿著藍色的陰丹士林布衣服，而劉健群身為秘密組織的重要成員，在共產黨影射其組織為法西斯「黑衫隊」及李濟琛、陳銘樞等反蔣勢力的宣傳下，一個帶有神秘色彩的「藍衣社」組織即被人廣為所知，並沿用至今，力行社反而少有人知了。

1932年2月29日，蔣介石第二次復出前，在南京黃埔路勵志社成立了「三民主義力行社」（簡稱力行社，取自中庸裏的「好學近乎知，力行近乎仁，知恥近乎勇」）。此後以力行社為核心成立了「革命同志會」及「中華復興社」（簡稱復興社）。在組織層級上力行社是中央總社，負責決策、指揮、監督；「革命同志會」是中層機構，分為分社（省）、支社（縣市）兩級，負承上轉下之責；「復興社」是最基層（區）的小組。組織內人員的晉升也是依此三層逐次遞升。

力行社開始成員主要是各期黃埔畢業生，尤以第一期生居多，其最高權力機構為幹事會，首屆中央幹事為滕傑、賀衷寒、胡宗南、康澤、桂永清、潘佑強、蕭贊育、鄧文儀、酆悌、孫常鈞、鄭介民、丘開基、葛武棨等13人，即外傳的「十三太保」（資料來源為勞政武輯註滕傑口述歷史，坊間出版物所刊首屆幹事13人名單多有錯誤者）；滕傑、賀衷寒、康澤3人為常務幹事，滕傑因是組織的計劃者及推動者，被蔣介石指定為第一任書記，書記之下設總務處、組織處、宣傳處、軍事處、特務處。首屆監事為田載龍、周復、李秉中，田載龍為常務監事。社長為蔣介石。

1938年4月力行社解散，其成員尤其是青年成員大多併入三青團。

防準備尚未完成，未便即時與日本全面作戰，因此擬將維持華北責任，交由宋明軒軍長負責。務須忍辱負重，委曲求全，以便中央迅速完成國防。將來宋軍長在北方維持的時間越久，即對國家之貢獻愈大。只要在不妨礙國家主權領土完整大原則下，妥密應付，中央定予支持。此事僅可密告宋軍長，勿向任何人道及為要。」

第29軍進駐北平已是既成事實，南京遂於8月28日正式任命宋哲元為平津衛戍司令，秦德純兼察哈爾省政府主席。到了9月，日本大搞「華北自治運動」，日本參謀本部認為宋哲元「一方面屬於反蔣的系統，一方面又是熱河抗日戰爭和察哈爾事件的當事人，是反日系統的突出人物。可是，隨著帝國堂堂正正的主張和滿洲國的日益發展，在自己的背後感到了寂寞，他正處於這樣的立場，將來不得不和日滿提攜，建立打開局面的策略。而他在一覺察華北形勢的變化，就不失時機地就任平津衛戍司令，同時收攬華北民心，企圖擴大強化自己的勢力。」因此游說宋哲元脫離南京實行「自治」，由日本予以軍事和經濟援助。據日本參謀本部的史料披露，宋哲元曾經有過同意發表「自治」宣言的表示，但實際上宋哲元一直是採取拖延政策。日本又改變方式，提出各種無理要求，諸如建築滄（州）石（門）鐵路；開發龍（關）延（慶）鐵礦；開發

塘沽新港；冀、察二省，平、津二市，重要行政人員任免須徵詢日方同意；日本在華北駐兵不受限制。秦德純出面答覆：築路、開礦等須呈中央核示；至於行政任免及駐兵等項，事關國家主權，無法研討。11月6日，行政院會議通過，蕭振瀛繼任察哈爾省政府主席，秦德純調任北平市長。面對日本步步緊逼，宋哲元致電出席中國國民黨第四屆六中全會的何應欽說：「華北情形，不言我公均甚明瞭。我國雖弱，係自主國家，求平等，求自由；侵佔我土地，干涉我內政，決不能認為友邦。此次大會諒決定辦法，望對華北亦早指示方針。哲元能維持暫時，不能永久。」

進入11月，日本人對「華北自治運動」絲毫不見放鬆。平津兩地軍政界、教育界中被日本視為「抗日分子」的人士接二連三被拘捕。其中包括南京派駐第29軍的政訓處長宣介溪——南京政府為了控制第29軍，於1933年在該軍成立特別黨部，同時設立政訓處替代政治大隊。第29軍高層對南京派遣政工的做法表現相當抵觸，政訓處長宣介溪到職一個多月，還未能與宋哲元見上一面。宣介溪不得不直接寫信給宋哲元，要求與宋會面，並作一番暢談。宋哲元始帶著秦德純、趙登禹與宣介溪在一間密室約談3小時。談話細節不為人知，但宣介溪後來回憶說：「我把國家情勢、委員長計劃、我們政訓處來的主旨、委員長

要我們做的以及我們絕不會做的種種，詳明報告。他也很坦誠且非常高興的同我暢述一切，最後他即叫我將各師政訓處、各團辦公廳人員，分別派往，並邀我本人每日上下午與他一起吃飯，以便朝夕相見。」

日本對南京政工人員進入第29軍，感到鋒芒在刺。11月9日，日本憲兵將宣介溪等人綁架，企圖獲取「藍衣社」的內幕及所有留在華北的中央人員的姓名、住址和任務。宋哲元聞訊後勃然大怒，拍著桌子說：「限他時間給我放出來！不放出人來，我先搜他的特務機關，再把平津所有的日本人都給抓起來！」宋哲元一面叫秦德純去跟日本人交涉，一面命令第113旅旅長劉振三，必要時在廊坊破壞鐵路和公路，阻止天津日軍增援。宋哲元一反常態的強硬，最終迫使日本放人。

在遭到宋哲元等人的虛與委蛇之後，土肥原改向殷汝耕入手。殷原為灤榆公署專員，在日本指使下，於通縣成立「冀東防共自治政府」，宣布冀東22個縣獨立於國民政府管治之外。冀東風雲變色，何應欽等人再次北上。蕭振瀛表示：「中央如能相信我們，我們就可支撐這個危局，決心死守華北，一切聽命中央。」同時建議改組行政院駐平政務整理委員會，轄五省三市，以宋哲元為委員長。12月7日，何應欽向南京請訓，在保持中央體面的範圍內建立適合於地方環境的政治組織。經蔣介石同意，設立冀察政務委員會，任命宋哲元為委員長，兼任河北省主席；秦德純為

■ 中日雙方代表正在就衝突進行協商。

北平市市長；蕭振瀛為天津市市長；張自忠任察省主席。管轄冀察兩省和平津兩市，冀察政務委員會名義上隸屬南京，用人行政的權利則完全掌握在宋哲元手中，算是一個半獨立狀態的政治組織。委員會人員魚龍混雜，包括西北軍、東北軍系統的軍政要人，也包括親日分子齊燮元、張允榮、陳覺生等人。冀察政務委員會成立後，宋哲元一躍成為華北首屈一指的實力人物，第29軍也隨即成為華北最大的地方武裝集團。北平愛國學生強烈反對冀察政務委員會的成立，爆發了「一二九」運動，抗日怒潮席捲全國。蔣介石後來手諭蕭振瀛指出：「倭寇侵略，逼此城下之盟，今後華北危難方殷，明軒此次拒絕內調，不肯相商，更與日方聯繫等事態，實甚隱憂；今後二十九軍居華北前線，全軍動向，關係大局，切望兄肩此重任，不負所託；我與日寇終將一戰，請努力與日周旋，在維護主權之下，為我國備戰盡力爭取時間。」

冀察政務委員會作為當時內外矛盾複雜交錯情況下的產物，宋哲元對日方的基本態度是：表面親善，實際敷衍，絕不屈服；口號是：不說硬話，不作軟事。對南京是絕對擁護，大事絕對服從命令，小事自己可以權變處理的就權變處理。蕭振瀛曾對秘書說：「如真躺在日本懷裏，不但子孫後代都要挨罵，也被日本輕視，任意狎侮，勢將窮於應付。只能表面親善，決不真當漢奸。對於中央，雖是利用日本，迫使就範。但在逆取到手以後，必須順守，要儘量恭順，不使中央難堪，並可利用中央，作為應付日本的退步。這樣才能求得暫時苟安，積極擴充我們的實力。」

不久，宋哲元在擴軍經費問題上與南京發生了矛盾。南京按照軍政部原有規定發給軍費，駁回了宋哲元加發擴軍經費的請求。宋為此將華北的關稅、鹽稅、統稅和鐵路郵電等收入截留，作為擴軍所需。何應欽約見第29軍派駐南京的代表李世軍，希望李世軍勸說宋哲元不要隨便截留國家稅收，也不要隨便擴充軍隊，應和中央商量辦理，如果經費不夠，財政部（部長孔祥熙）可以派人研究，再按規定手續撥發。蔣介石在陵園官邸對李世軍說：「宋主任替中央在華北撐持危局，他的困難很多，他的困難，就是我的困難，一切我完全諒解。關於軍隊擴編和經費問題，我已經告知何部長、孔部長好好研究解決，中央一定會全力支援他的。」

1936年1月，張維藩調任平綏鐵路局局長，第29軍參謀長出現空缺，宋哲元為了擴軍的事，指派第37師參謀長張樾亭赴南京見蔣介石。蔣表示不反對第29軍擴編，問張樾亭：「宋軍長有什麼困難沒有？」張說：「沒有什麼困難，只是覺得任重力薄；雖然如此，還是要對國家，對中央負責。」至於具體擴軍事

宜，蔣指示找何應欽接洽。張樾亭後來在回憶錄中記載了他向何應欽闡述部隊擴編的一席對話：

何說：「聽說明軒想新成立8個團？」我說：「是的，8個團不夠，還想成立8個保安旅。因為第29軍有4個師，不到4萬人，再加上8個團，每團按2000人計，也不到2萬人，共計不到6萬人。日本關東軍的力量，部長是知道的。日本前首相田中奏議，先掠奪我東三省，再奪我華北。根據現在關東軍的情形判斷，日軍能進山海關的兵力至少有3個軍，每軍按兩師編制，每師2萬人，計約有12萬人左右。日軍裝備比我們好，兩相比較，按人數還差6萬多人。因此想成立8個保安旅，計河北4個，察哈爾2個，平津各1個。每旅按4000人計，共3.2萬人，連同4個師4萬人，8個團1萬多人，共不到10萬人，與日軍可能進關的12萬人相較，還差2萬多人。」

兩天後，何應欽正式批准第29軍擴編計劃，8個團編為4個旅，裝備和餉項由中央籌給；保安旅由地方籌給。張樾亭南京之行不負使命，返回北平即升任第29軍參謀長。3月，張樾亭再度赴南京，向蔣介石報告平津情況，並要求核發4個旅和保安旅的裝備和軍餉。

蔣對此大力支持，批給步槍2000枝、步兵砲8門、步槍子彈400萬發；每月補助軍費80萬元，並同意宋哲元籌款向國外購買武器。宋哲元便從國外購回捷克式步槍10000枝、高射砲12門及自來得（即著名的駁殼槍）手槍400枝。

宋哲元對擴軍非常重視，但在修築國防工事上卻表現糟糕。5月，何應欽致電宋哲元，要其擬具冀察國防工事意見，派員攜來南京研究。宋哲元把這一任務交給張樾亭，張考慮到白河之線為日偽冀東政府所控制，通縣至北平間日偽往來頻繁、難以明目張膽構築工事，只好將冀察國防工事線向內曲折，形成口袋式，置北平於中間，吸引敵軍，以

■ 1936年2月，冀察政務委員會部分委員與日軍將領合影。

利夾擊。冀區以天津至齋堂永定河南岸為第一陣地帶；以惠豐橋（含減河）至保定（含其迤西山地）為第二陣地帶；以滄縣（含其迤東平地）至石門（含其迤西山地）為第三陣地帶。各陣地帶構築集團工事。北平為陣地前的據點，天津為第一陣地帶右翼據點，均按前進堡的要領構築工事。察區右翼連接冀區左翼齋堂，經居庸關、關公嶺及延慶、赤城迤東的山線和獨石口、萬全縣北神威壩至集寧之線，依山作壁，因地設碉，置重點於張垣、萬全、延慶地帶。何應欽對於這份國防工事計劃，僅將永定河陣地帶改為警戒陣地，其餘均表示贊同。並先撥款50萬元，用於修築平津、南口和永定河南岸要點的工事。宋哲元領到這筆國防工事費後，把20萬元分給劉汝明，馮治安、張自忠、趙登禹各分得10萬元。4位師長拿到錢後，均留為己有，國防工事寸土未動。

危局四伏

1936年春，田代皖一郎任中國駐屯軍司令官，松室孝良繼土肥原任特務機關長，繼續策劃華北獨立運動陰謀。日軍不僅向第29軍派遣所謂的顧問，還利用宋哲元的不良嗜好，教唆親日份子潘毓桂、張璧、齊燮元、邊守靖、齊協民等人，以酬酢、麻將天天包圍宋哲元，游說反蔣，蠱惑獨立。甚至將所謂的「自治方案」和「自治政府」的旗幟圖樣，作為禮物送給宋哲元，這群敗類一口一個「南蔣北宋」，好在宋哲元頭腦還清醒，看過禮物後就立即燒毀了。日軍看到此計不成，便提出修築津石鐵路、開發龍延鐵礦、修改海關稅則、開闢航空線路、收購華北棉花、長蘆餘鹽出口等一系列經濟侵略問題。宋哲元抱著「不說硬話，不作軟事」的既定態度，採取敷衍推委的辦法，實在拖不下去的時候，就把問題拋給南京，藉以減輕自己的責任。像長蘆餘鹽出口問題，就是得到南京點頭同意的。在收購棉花問題上，雙方大打經濟戰，日方企圖在壓低收購價格的情況下，實行壟斷政策。宋哲元採用天津商品檢驗局的建議發放大量棉農貸款，抵制日方的廉價收購。

事隔不久，宋哲元與蕭振瀛在「倒蔣」問題上發生了分歧。遙想當年晉南窮困潦倒，如今坐擁華北兩省兩市，幾個老弟兄也紛紛做了封疆大吏，權勢所集，吃穿不愁，矛盾亦隨之而來。蕭振瀛是公認的第29軍締造者，在取得地盤後，排場很大，據說他在北平的房子陳設豪華，有次為其母作壽，大擺宴席，北方軍政首要，以及京劇界四大名旦，悉數到齊，比宋哲元為母作壽，熱鬧數倍。用現代話來說就是「曝光率太高」。宋哲元身邊的親日份子乘機挑唆，說蕭是南京在第29軍的代理人。宋

開始還能保持寬容，可是最後連好友王錫三也對他說：「你雖當委員長，外邊卻只知有蕭，不知有宋。大權旁落，將來恐不可制。」宋哲元被這麼一說，漸漸對蕭有了看法。1936年初，桂系先後派戴靖宇、何益之、潘宜之、王季文等到北平拉攏宋哲元「倒蔣」。據蕭振瀛回憶，宋哲元曾對他說：「日本已答應只提供武器、錢糧，不派顧問；韓復　、兩廣、西南都已決定反蔣，現在只有你一個人存有異議。」蕭仍堅持擁蔣抗日，力避內戰。宋當時就惱火地說：「你不聽我的，難怪有人說你只聽蔣介石的。」話說到這份上，蕭也十分激動，對宋說：「既然如此，我當自裁，以全弟兄之義。」說完還真的拔出手槍。宋哲元見狀趕緊奪過，蕭不禁大哭起來，宋察覺到自己有些失言，也跟著掉眼淚，並表示大家再作研究。幾天後，宋哲元召集眾人，討論是否倒蔣。蕭振瀛第一個發言，仍然堅持擁護蔣介石抗日，指出「若陷國家於危亡，將羞見祖宗於地下」，說著說著又是淚流滿面。秦德純、張自忠、馮治安、劉汝明、趙登禹、張維藩等人顯然被蕭的苦楚所感染，一個個哭起來。會是無法再開下去了，宋哲元只得站起來說：「不要哭，改日再議。」

　　冀察內部鬧矛盾，日本人不會不知道，更不會閒著。松室孝良以蕭振瀛是南京在華北的代理人，進一步逼迫宋

■ 第29軍軍長宋哲元。

哲元採取行動，驅逐蕭離開華北。蕭振瀛為此在會議上表態，願意請辭，前往南京。宋哲元提出調蕭為河北省主席，蕭以日本不會善罷甘休而拒絕。宋又提出調蕭回北平整頓軍政事務，蕭婉言再拒，提議張自忠調津，劉汝明任察，馮治安主冀。秦德純這會有些拎不清，說什麼松室孝良每月收我方一萬元，本有相助之意，可惜他也身不由己。此話一出，張自忠就拍著桌子對秦說：「紹文你這是什麼謬論？若真如你所說，他還能當特務機關長嗎？」宋哲元、蕭振瀛等人趕忙打圓場，事後就傳出第29軍幹部分裂，蕭、張會場動手相打的流言。5月，張自忠接任天津市市長，察省主席改為劉汝明。蕭振瀛辭職後，移住北平

香山寓所，馮治安派了1個營擔負警衛。

鐵錚錚漢子哭哭啼啼，是不是蕭振瀛在胡編亂造，今日已無從考證，但透過李世軍的回憶，第29軍內部鬧意見還真確有其事。6月1日，兩廣發出以抗日為名，反蔣為實的通電。兩廣在此前對各派勢力極力拉攏，「六一事變」（即「兩廣事件」）後又放出宋哲元和韓復榘聯名通電反蔣的空氣。蔣介石對此非常關注，通過李世軍向宋傳達南京處理兩廣問題的精神，並希望宋哲元對兩廣問題不要發表任何不利於中央處理問題的談話或聲明。事情緊急，李世軍當夜即坐上開往北平的火車，開車前蔣介石的隨從秘書毛慶祥趕到車站，送來蔣致宋哲元、張自忠、馮治安、劉汝明等人的親筆信。西南多事，如何穩住華北局勢，對蔣介石來說的確是當務之急。

宋哲元見左右皆不贊同倒蔣，於是對兩廣代表的數次敦勸，以及陳濟棠的電報相詰，都不予置答。李世軍到北平後，開門見山地問宋哲元：韓復榘是不是準備對兩廣有所主張？是否和宋先生就兩廣問題交換過意見？宋哲元回答說：「自己家裏應辦的事，都辦不完，誰管他們這些閒事。韓向方（復榘字）曾派劉熙眾來過，我勸他最好少管閒事。你告訴蔣先生請他放心；我除了贊成中央和平解決的辦法之外，沒有任何其他意見，也不會隨便被人利用。」很明顯，宋所說自己家裏的事，就是指第

29軍內部的事，所謂「辦不完」，也可以理解為「搞不定」。

秦德純在回憶錄中也說到了宋蕭矛盾，只不過沒有提及「兩廣事件」給第29軍帶來的分歧爭吵。「蕭在軍中，手頭也很大，跟將領們拜把子、拉關係，因此宋頗不滿。一般帶兵將領，就怕自己的隊伍被別人帶走。宋當然不能例外。後來宋感到蕭言過其實，所以在1936年6月，將蕭的天津市市長免掉。我問宋，蕭的出處怎麼安排？宋說，讓他出國看看好了。」

蕭振瀛在奉召去南京開會之前，向宋哲元辭行，透露出想暫留南京的想法。宋不同意，要蕭出國一遊即歸，決不能留中央。蕭感慨地說：「是我該走的時候了，我的意思軍事交由仰之（馮治安）負責，這樣佈置我可安心。」宋表示認可。蕭最後說：「藎忱（張自忠）在前，子亮（劉汝明）在後，仰之主冀居中，準備應變，望多珍重，好自為之。」說完二人不禁痛聲大哭。如果說之前的眼淚多少帶些意氣用事，那麼這次的確是真情流露了。

蕭振瀛走後，宋哲元為了緩和緊張局勢，在北平中南海懷仁堂舉行聯歡宴會，招待日軍駐北平部隊中隊長以上軍官，並由第29軍駐平部隊團長以上軍官作陪。此外還邀請了當時在北平的北洋遺老和社會活躍人士，如吳佩孚、張懷芝等人。宋哲元、秦德純、馮治安和河

邊正三及松島、櫻井等顧問共坐兩席，其餘中日雙方的軍官，共分八席。每席有四、五位中國軍官坐主位，三、四個日本人坐客位。在兩張主座席旁邊，設有兩張空桌子，以備上下菜之用。聯歡會開始，宋哲元和松室孝良分別作了講話，內容無非是中日同種同文，應該力求親善之類的客套話。然後是照集體照。

酒至半酣，日本人耍起酒瘋來，一個軍官借著酒勁跳到空桌子上，唱起歌來。接著又有兩個日本軍官爬上桌子歌興大發。何基灃旅長不甘失落，立即上桌唱了一首《黃族歌》：「黃族應享黃海權，亞人應種亞洲田；青年青年切莫同種自相殘，坐教歐美著先鞭，不怕死，不愛錢，丈夫決不受人憐。洪水縱滔天，只手挽狂瀾，方不負石盤鐵硯、後哲前賢！」何基灃唱完，中國軍官報以震天的喝彩聲，一時氣勢奪人。又有日本軍官登桌大秀歌喉，這次第38師副師長李文田出馬，回敬了一段嗓音粗壯的京劇黑頭腔。隨後日方出來兩個人，一人唱，一人舞，一副陶醉的樣子令人作嘔。馮治安不動聲色地走到董升堂、李致遠這一桌上小聲說：「誰出去打套拳？」董升堂應身而起，打了一套西北軍所流行的拳術。日本人仍以歌伴舞作答。李致遠心情激動，在酒席前打起學生時代所學的花拳。比起董升堂那套拳，李致遠的花拳更具觀賞性，引起了不小哄動。當李歸座的時候，好幾個日本人笑嘻嘻地圍上來敬酒碰杯。這時有一日本軍官拔出倭刀，在席間揮舞起來，而且一個接一個，連續舞了兩三起。董升堂不知從哪兒找來一把大刀片，在席前劈起刀來。李致遠則急令傳令兵坐小汽車到永增廠，去取訂做好的

馮治安

馮治安，字仰之，1896年出生於河北故城，回族。1912年入左路備補軍馮玉祥部當兵，歷任排長、連長、營長。1924年10月任國民軍手槍第2團團長，不久升任手槍旅旅長。1926年9月任第5師師長。1928年初升任國民革命軍第2集團軍第2方面第14軍軍長。同年秋入陸軍大學深造。畢業後任第28師師長。1929年編遣會議後任國民革命軍第23師師長。1929年任「反蔣軍」第2方面軍（總司令鹿鍾麟）第4路軍（總指揮宋哲元）第11軍軍長兼第9師師長。

中原大戰後，1931年6月任國民革命軍第37師師長。1935年4月被授予中將銜。1936年任河北省政府主席。1937年11月任第77軍軍長。1938年初任第19軍團團長。同年12月任第33集團軍副總司令兼第77軍軍長。1940年5月張自忠殉國後，繼任第33集團軍總司令。抗戰勝利後任第3綏靖區司令。1949年任京滬杭警備副總司令。去臺灣後曾任戰略顧問、光復大陸設計委員等職。1954年12月病故臺北。

柳葉刀。不一會功夫，柳葉刀取到，李致遠立即換上傳令兵的布鞋，拿過刀就劈了一趟滾堂刀。看到李致遠又是拳術又是刀術，幾個日本人湊上來一邊敬酒，一邊稱李是「武術家」。李致遠武術還行，可是酒量不行，中國花雕和日本啤酒混著喝，到廁所中吐了好幾回，反正不能在日本人面前丟臉，吐了繼續喝。源遠流長的中國武術，遠非日本人所能比。松島想了點新花樣，赤膊上陣，將武裝帶捆在頭上，把大酒壺放到頭頂上，然後將點燃的香煙，口叼三支，鼻孔中塞兩支，兩個耳朵各插一支，肚皮眼上按一支，弄的一會冒煙，一會兒不出煙。隨後又提出比書法，這更是班門弄斧了。就在他對著自己的「傑作」沾沾自喜時，吳佩孚拿出看家本領，一手醉筆龍飛鳳舞，當眾揮毫寫了一個大條幅。

武壓不倒，文比不過，乾脆來點蠻的。幾個日本軍官衝出桌席，將宋哲元、秦德純抬到酒席前，吆喝著高高舉起。第29軍的旅團長們，也不約而同地把河邊正三拽出來，依樣畫葫蘆般舉起。這還嫌不過癮，彼此使個眼色，把河邊脫手往上拋，接住再拋起。馮治安生怕出意外，趕緊出面勸阻。宋哲元見氣氛不對，急忙開口，再次講了些中日親善的空話。河邊也做作地表示，今天的聯歡會很好，應當互相親善。

黑雲壓城

所謂「親善」的鬼話，很快被豐台的劍拔弩張所打破。豐台位於北平南郊，是連接北寧線和平漢線的交通樞紐，也是平津地區的重要戰略據點。第37師第220團第2營以豐台車站為中心，維護南北交通。日本中國駐屯軍步兵旅團第1聯隊第3大隊駐在豐台車站東側，與我軍相去不過400公尺。1936年6月26日，第2營有幾個士兵在鐵路一側遛馬，不想飛馳而來的火車突鳴汽笛，致使軍馬受驚，其中1匹奔入日軍尚未竣工的營房中，被日軍扣留。中國士兵追至日本軍營，與值勤的日軍交涉，要求歸還軍馬。日兵不僅拒絕歸還軍馬，還將中國士兵打傷。次日，一名朝鮮籍日本特務衝進第2營馬廄，荒唐地聲言馬廄是他的私產，被中國軍隊強佔了。糾纏間有數十名日軍趕來尋釁，與我軍發生械鬥，各有損傷。事後宋哲元迫於日方壓力，以道歉、賠錢了事，但拒絕撤兵豐台。

隨著新營房建成，日軍在豐台的駐軍驟增至2000餘人。8月底，日本浪人森川太郎無故擅闖我豐台軍營鬧事，與守衛士兵發生肢體衝突。日本人為此再度提出抗議，要求第29軍撤離豐台。宋哲元又是只答應賠錢、懲辦打人者，雙方形成僵持。9月18日下午，第2營第5連在營房外鐵道附近演習，回營途中與日軍1個中隊在豐台正陽街上狹路相逢。由於

■ 日軍飛機正從天壇上空飛過，1937年後，日軍經常以這種方式炫耀武力以此向第29軍施加壓力。

街面甚窄，兩軍不能交叉通過，日軍小隊長岩井帶領2名騎兵，衝入第5連隊列中，我軍士兵哪能讓其耀武揚威奪路，以槍托擊馬，場面一時混亂不堪。日軍迅將第5連包圍，並將與之交涉的孫香亭連長扣押。此時，第1聯隊聯隊長牟田口廉也親率1個大隊趕來增援。馮治安聞訊後，命令第220團團長戴守義率部跑步增援豐台，戴團長即以第1營2個連向敵左翼包抄，第3營向敵右翼包圍攻擊，迫使日方撤回原防。宋哲元為避免戰事擴大，將豐台駐軍撤至2公里以外。數年後，在日軍中以思想家、政治家著稱的石原莞爾認為，置兵豐台是「最終成為這次事變（盧溝橋事變）的直接原因。」

1936年11月，馮治安接替宋哲元擔任河北省主席，並將第29軍軍務很大一部分交由其主持。據說張自忠對此頗為不滿，當年晉南改編，就屬張部人馬最多，可是現在偌大的河北省旁落他人不說，連軍務也大都由馮做主。內部矛盾歸內部矛盾，張自忠在天津的防務可一點不含糊。根據《辛丑和約》，列強有權在天津駐軍，而中國軍隊反不能在20華里以內駐紮，只允許有少量的保安隊維持治安。張自忠為確保天津治安和應付非常事變，將師特務營改編成保安隊，拱衛市府。並大力充實加強保安隊裝備，補充了輕機槍120挺，手槍800

枝，裝甲車2輛，機槍摩托車10輛。第38師所屬5個旅，分別配置在天津外圍。第112旅旅部及第223團駐小站，第224團駐大沽、葛沽、鹹水沽；第113旅部駐廊坊，第225團駐北平南苑，第226團分駐武清、廊坊、楊村、河西務；第114旅旅部及第228團駐韓柳墅，第227團駐南苑；獨立第26旅旅部駐馬廠，第676團和第678團分駐馬廠和青縣；獨立第39旅旅部駐北平北苑，第715團及第717團駐河北通縣。

12月12日，震驚中外的「西安事變」發生，張學良當晚即電宋哲元速派代表赴陝共商大計。宋在睡夢中被秘書長王式九叫起，看過電報後，心情極為沉重。14日，發表聲明表示：全力維護冀、察、平、津地方治安，執行防共政策；不論蔣委員長是否在京，對中央一切命令，照常執行。與此同時，宋哲元立刻派人分門別戶地訪問東北軍在平津的眷屬，又是送錢又是送食物，囑咐他們切勿隨便出門，以免發生意外。「西安事變」和平解決後，宋哲元曾派秦德純代表他去南京見蔣表示慰問。

豐台重鎮被日軍控制後，從軍事態勢看，西起豐台，東至山海關鐵路沿線，有日本駐軍5000餘人；北平以東，是日本扶植的「冀東防共自治政府」統治區；北面和西北面，有日本豢養的偽蒙軍。只有北平的西南面，尚為第29軍防守。因此，位於北平西南15公里、永定河上的盧溝橋就成了北平通往南方及其他地區的唯一門戶。

1937年1月，河北省政府為便於對外

■ 1936年9月，日軍在豐台的新營房建成，使其在豐台的駐軍增至2000人。圖為正在增防豐台的日軍，據石原莞爾稱置兵豐台最終成為「盧溝橋事變」的直接原因。

久郎接任北平特務機關長。17日,田代皖一郎邀請宋哲元到天津司令部赴宴,酒席間突然拿出事先預備好的《中日經濟提攜協定》的繕本,逼迫宋在上面簽了字。這令人不得不懷疑,宋哲元那天是喝多了。據李世軍回憶,宋事後是懊喪不已,為此和馮治安約定:以後如果日本再請赴宴,宋去後如平安無事就打電話回來,說「我一會兒就回去」,若兩小時接不到宋的電話,馮就派兵將宴會場所包圍起來,以防日人再要挾。消息傳到南京,蔣介石十分震怒,嚴令宋拒絕執行,尤其是修路。北平各界對此也極為不滿,著名學者張奚若在胡適主辦的《獨立評論》上發表文章,指責宋哲元「一切設施都朝著獨立或半獨立的方向走」,說宋「以特殊自居」。日本方面可不管這些,白紙黑字,你簽了我就得找你兌現。宋哲元感到難以招架,只好三十六計走為上策。據秦德純回憶,宋哲元對他說:「日本種種無理要求,皆關係我國主權領土之完整,當然不能接受。而日方復無理取鬧,滋擾不休,確實使我痛苦萬分。日方係以我為交涉對象,如我暫離平津,由你負責與之周旋,尚有伸縮餘地,我且相信你有適當應付辦法。因此我想請

■ 殷汝耕(中)勾結日軍炮製「冀東防共自治政府」,從東面威脅第29軍駐守的北平。

交涉,劃宛平、大興、通縣、昌平歸河北省第三區行政督察專員公署管轄,署址設在宛平縣,縣治是盧溝橋。任命北平市政府參事兼宣傳室主任王冷齋為督察專員兼宛平縣長。宛平專署成立後,駐豐台日軍大隊長一木清直首先到專署表示祝賀,從表面上看這是禮節性拜訪,背後卻大有文章。一木清直外出向來都是騎著高頭大馬,可是這次到5華里之遙的宛平城,卻是兩條腿走來,令人感到奇怪。直到「七七事變」後才弄明白,日軍砲彈為啥能準確地擊中專署大廳,正是一木清直此行走步測量出的準確距離。

宋哲元沒有滿足日本提出的修築津石鐵路、開發龍延鐵礦等經濟項目,日方是步步緊逼,糾纏不休。3月,松井太

假數月,暫回山東樂陵原籍,為先父修墓,你意見如何?」秦德純當然不同意,心想字是你簽的,你倒想一走了事,當即說:「此事絕非個人的榮辱苦樂問題,實國家安危存亡所繫,中央把責任交給你,不論你是否在平,責任總在你身上,因此我決不贊成你離開北平。」宋哲元只好把回老家的想法暫時擱置了。

可是日本人這次沒得商量,交涉益頻,壓迫愈甚,並邀請宋哲元去日本參觀。宋哲元知道去日本後更沒有迴旋餘地,不去又不好辦,便派張自忠代他去日本。也有史料表明,張自忠去日本並非宋哲元所派,根據冀察政務委員會委員戈定遠回憶,張自忠不甘心久居宋下,墜入漢奸的奸計,應日本的邀請組織赴日參觀團,當時天津親日空氣濃厚,張自忠便成為日本人心目中的親日人物。那麼考察團在日本到底進行了些什麼活動?成員之一的張勃川回憶說:「在東京停留期間,只進行一般性應酬活動。如赴東京市長的宴會等活動,考察團全體成員參加;軍事方面的參觀活動,只有張自忠和4個旅長參加。一次最重要的活動是陸軍大臣杉山元的宴請,考察團全體成員參加了,並照相留念。飯後,張自忠和4個旅長留下與軍方會談,這是關係重大的一次會談,直至深夜張等才回飯店。4個旅長回來後,神色有些緊張,問他們談得怎樣,只是說

談得不好,未透露具體內容。」不管怎樣,可以肯定的是張自忠此行未經南京許可,因此回國時不敢在上海登岸,而是到青島上岸的。李世軍回憶說:「蔣介石認為『大夫無私交』,在中日關係緊張時,宋隨便同意張自忠訪日,蔣介石對此極表不滿。」

最終宋哲元還是請假回籍,把外交交給秦德純,軍事交給馮治安。臨行前對秦德純強調兩點:對日交涉,凡是有妨礙國家主權領土完整者一概不予接受;為避免雙方衝突,但亦不要謝絕。這也夠難為秦德純了,不能答應也不能

■ 日本中國駐屯軍旅團長河邊正三(左)與聯隊長牟田口廉也。

日本中國駐屯軍

日本在中國的駐屯軍，係由1901年清政府被迫與列強簽訂的《辛丑和約》而配置。其任務即條約所規定的第7條「分保使館」，第9條「以保京師至海通道無斷絕之虞」。實際上，早在《辛丑和約》簽訂前4個月，日本就以「護僑」、「護路」為名，宣布成立「清國駐屯軍」，司令部設於天津海光寺，兵營分別設於海光寺和北京東交民巷，兵力部署於北京、天津、塘沽、秦皇島、山海關等地。其數量在辛亥革命之前約2000人左右。1912年，日本將清國駐屯軍改名為中國駐屯軍。因該軍駐紮華北，通常被人們稱為華北駐屯軍，又因其司令部設於天津，也被稱之為天津駐屯軍。

30年代後為集結兵力完成臨戰準備，日本充分利用原有的駐屯軍大做文章。1936年4月，經軍部批准從國內各師團抽調步、砲、工兵等各類部隊編入駐屯軍，根據日本戰史記載，到6月增兵近兩倍。達到5774人，馬648匹。編制為軍司令部1個，步兵旅團司令部1個，步兵聯隊2個，另有駐屯軍戰車隊、騎兵隊、砲兵聯隊、工兵隊等部。受駐屯軍節制的尚有駐華北的航空大隊、各地守備隊以及近20個特務機關。據上海《申報》1936年9月的調查，增兵後的日本兵力達1.4萬人，還有人認為日軍兵力超過2萬。

「盧溝橋事變」前夕，其具體駐防情況是：中國駐屯軍司令官及直屬戰車隊、騎兵隊、工兵隊、通信隊、憲兵隊、軍醫院、軍倉庫駐天津。中國駐屯軍步兵旅團司令部率步兵第1聯隊第1大隊、電信所、憲兵分隊、軍醫院分院駐北平，第3大隊駐豐台，另有1個小隊駐通縣。第2聯隊的第2大隊和第1聯隊的第2大隊、砲兵聯隊駐天津；第2聯隊的第3大隊第7中隊駐唐山，第8中隊駐灤縣，第9中隊駐山海關；第1大隊第3中隊駐塘沽，另有1個小隊駐昌黎，1個小隊駐秦皇島。

拒絕，只能藉口進行調查研究等等延宕辦法往下拖。日本人不是傻瓜，到5月間局勢已達極度緊張階段，使用武力侵略的企圖，已成彎弓待發之勢。駐豐台的日軍不分晝夜進行軍事演習，5月下旬，中國駐屯軍的首腦及其幕僚齊集宛平城東沙崗村北的大棗園山檢閱部隊。在6月至7月初，日軍步兵學校教官千田大佐以普及步兵操典為名，在宛平城北實施演習。中國駐屯軍步兵駐屯旅團旅團長河邊正三和第1聯隊長牟田口廉也多次前往實地勘察。連日陰雨，久不放晴，有些地方泥濘過膝，行走非常不便。但日軍的軍事演習不僅沒有停止，反而規模越來越大。這時東京盛傳「不久華北要發生什麼事」；政界的消息靈通人士甚至私下傳著這樣的消息：「七七的晚上，華北將重演柳條溝（九一八事變）一樣的事件。」

事起宛平

面對日軍頻繁的演習活動，被日本人視為抗日中堅的馮治安採取了一系列

備戰措施。自6月26日起，北平實行夜間特別戒嚴，各城門增加了衛兵，並設流動哨；在長辛店北面高地，構築了新的散兵壕；自迴龍廟至鐵路線間堤防上以及其東面高地，改修或加固了原有的散兵壕；禁止日軍在龍王廟堤防及該處南面鐵橋附近自由行動。將駐防宛平城和盧溝橋的部隊第37師第110旅第219團第3營充實為加強營，計有步兵4個連，輕重迫擊砲各1個連，重機槍1個連，共約1400餘人。金振中營長以第11連部署於鐵路橋（平漢鐵路）東段及以北地區；第12連部署在城西南角至南河岔一帶；第9連駐宛平縣城內；第10連為營預備隊，駐石橋以西大王廟內；重迫擊砲連部署於鐵路橋西首，主要責任是殲

滅日軍的戰車和密集隊伍；輕迫擊砲部署於東門內，以便支援各左右鄰步兵作戰；重機槍連部署於城內東南、東北兩城角，便於支援前沿。完全是一派實戰部署。金營長還經常向士兵進行愛國教育，要求全營官兵在吃飯前、睡覺前都要高呼「寧為戰死鬼，不作亡國奴」的口號，以激勵官兵守土抗敵之志。

1937年7月6日，北平熱浪襲人，連續下著的陰雨使永定河水略有上漲。豐台日軍要求通過宛平城到長辛店地區演習，遭到駐軍拒絕，雙方對峙達十餘小時，至晚日軍才退回豐台。7日下午，日軍駐豐台的第3大隊第8中隊在中隊長清水節朗大尉指揮下進行戰鬥演習，地點選在盧溝橋北永定河東岸的迴龍廟附

■ 面對日軍咄咄逼人的態勢，第29軍也在積極備戰，圖為宛平守軍動員民眾修築工事。

何基灃

何基灃，字芑蓀，1898年出生於直隸（今河北）槁城。少年曾就讀於天津南開中學，與周恩來同學。1917年考入北京清河第一陸軍預備學校，畢業後再考入保定軍校第九期步兵科。畢業後參加馮玉祥部，歷任排長、學兵團教官、營長、團長。1928年入陸軍大學特別班深造。中原大戰後任第29軍第37師第109旅副旅長，1933年率部參加長城抗戰，因功升任旅長。1935年9月率部駐守豐台、宛平及平漢鐵路。1938年升任第179師師長，率部堅守大名，城破後舉槍自戕，幸未擊中要害而免於一死。離隊養傷時與老同學周恩來會面，並經周安排赴延安會見毛澤東、朱德，接受共產主義思想，並於1939年1月成為中共特別黨員。同年升任第77軍副軍長，因大力支援新四軍被第五戰區司令長官李宗仁舉報，被調重慶接受審查，但因準備充分而應付裕如。1943年9月任第33集團軍第77軍軍長，1947年任徐州剿總副總司令，1948年9月被授予中將銜。1948年11月與張克俠等組織第59軍（軍長劉振三）、第77軍（軍長王長海）於淮海戰場賈汪（位於徐州東北）陣前倒戈，隨即擔任由投共部隊改編的解放軍第34軍軍長，1949年4月任南京警備司令部副司令。中共建政後歷任國務院水土保持委員會副主任、水利部副部長、農業部副部長等職務，1980年1月病逝北京。

近。金振中營長百倍警惕，毫不懈怠，午後14時左右，金營長親自帶著兩個隨從，換上便服，扛著鐵鍬，化裝成農民前往鐵橋以東500公尺處的日軍演習場地觀察。剛過盧溝橋車站，金營長就看到日軍不顧雨淋和道路泥濘，正以盧溝橋為目標，進行「進入」演習，並配有砲兵和戰車，場面與平日演習迥異。根據日方戰史，當日演習分為兩個內容，一為利用黃昏接近敵主陣地；二為黎明衝鋒。金營長感到戰爭一觸即發，調頭返回營部，召開連、排長會議，與會軍官一致表示：如日寇膽敢發動進攻，我們就要堅決抵抗，誓與盧溝橋共存亡！何基灃旅長接到金振中報告後，立即上報正在清苑（今保定）的馮治安師長，馮

立刻趕回北平，與何等人商議決定，本著人不犯我、我不犯人的原則，不貿然開火，但若敵人啟釁，就堅決還擊。

當晚22時30分左右，日軍演習場上突然響起了幾陣槍聲。清水節朗的筆記記載：「我站起來看了一下集合情況，驟然間假想敵的輕機槍射擊起來。我以為是那邊的部隊不知道演習已經中止，看到傳令兵而射擊起來了。這時，突然從後方射來幾發步槍子彈，憑直覺知道的確是實彈。可是，我方的假想敵，好像對此還沒注意到，仍然進行落空彈射擊，於是，我命令身旁的號兵趕緊吹集合號。這時，從右後方靠近鐵路橋的河堤方向，又射來十幾發子彈，回顧前後，看到盧溝橋的城牆上和河堤上有手

金振中

金振中，字霜如，1904年出生於河南固始，1924年參加馮玉祥部，歷任排長、連長、營長、副團長，其間曾在西北軍幹部學校學習。中原大戰後，任第29軍第37師第110旅第219團第3營營長。1933年參加長城抗戰，因率部奪回煙筒山而受到嘉獎。1937年2月率部駐守宛平，7月7日率部堅守宛平及盧溝橋，打響了抗戰第一槍，本人也在戰鬥中負傷。戰後升任第219團團長。1938年第29軍第37師改編為第77軍，任第77軍第179師第673旅副旅長兼團長，率部參加徐州會戰、武漢會戰。1943年任第77軍軍部上校附員。1949年淮海戰役後被資遣回鄉。文革中曾受到不公正待遇，1980年任河南省政協委員，後兼固始縣政協常務委員，1985年3月病逝於固始。

電似的東西一亮一滅（似乎打什麼信號）。我正分別指揮逐次集合起來的小隊作好應戰準備的時候，聽到了一名士兵行蹤不明的報告，就一面開始搜索，一面向豐台的大隊長報告這種情況，等待指示。」

而事實又如何？七年之後，牟田口廉也升任第15軍中將司令時，常對人說：「大東亞戰爭，要說起來的話，是我的責任，因為在盧溝橋射擊第一顆子彈引起戰爭的就是我，所以我認為我對此必須承擔責任。」他在筆記中也寫道：「我挑起了盧溝橋事件，後來事件進一步擴大，導致盧溝橋事變，終於發展成這次大東亞戰爭。」

七七之夜，當時河邊正三在秦皇島檢閱步兵第2聯隊，職務由牟田口廉也代理。牟田口接到報告後命令第3大隊大隊長一木清直率大隊主力到達現地部署戰鬥，並向駐宛平城的第29軍交涉。松井太久郎致電冀察外交委員會，稱日軍1個中隊夜間在盧溝橋演習，彷彿聽見由駐宛平城內之軍隊發槍數響，致演習部隊一時呈混亂現象，結果失蹤日兵一名，要求進入宛平縣城搜索失蹤日兵。大約在23時40分左右，冀察政務委員會外交委員會主任魏宗瀚和負責對外交涉的林耕宇專員，將松井的電話內容報告了秦德純，秦答覆說：「盧溝橋是中國領土，日軍未經同意在該地演習，已違背國際公法，妨害我國主權，走失士兵我方不能負責，日方更不得進城搜查，致起誤會。惟姑念兩國友誼，可等天亮後，令該地軍警代為尋覓，如查有日本士兵，即行送還。」24時後，秦德純打電話給王冷齋，要王迅速查明以便處理。據王冷齋回憶，接到電話後，他就通知金振中營長切實查詢各守兵，經查明我軍並無開槍之事，而且每人所帶子彈並不短少一發。員警連夜在各處搜索，也未發現有所謂失蹤日兵的蹤跡。

王冷齋把事實報告市府後，奉命前往日本特務機關部與松井談判，結果決定雙方派員同往宛平城調查，等調查

情況明瞭後再商談處理辦法。中方調查人員為王冷齋、林耕宇和冀察交通處副處長周永業三人；日方為顧問櫻井德太郎、輔佐官寺平忠輔、秘書齋藤栗屋三人。實際上，因拉肚子「失蹤」的日兵志村菊次郎這時已經歸隊，可是佔領沙崗村北大棗園山南北一線進攻出發位置的一木清直卻與牟田口廉也通電話說：「中國軍隊再次開槍射擊，對此我方是否應予以回擊？」牟田口說：「被敵攻擊，當然回擊！」一木知道情況嚴重，謹慎地追問：「那麼，開槍射擊也沒有

關係嗎？」再次得到肯定的答覆。8日晨3時，吉星文團長向秦德純報告：「約有日軍步兵1個營，附山砲4門及機關槍1個連，正由豐台向盧溝橋前進。我方已將城防佈置妥當。」秦德純當即指示吉星文：「保衛領土是軍人天職，對外戰爭是我軍人的榮譽，務即曉諭全團官兵，犧牲奮鬥，堅守陣地，即以宛平城與盧溝橋為吾軍墳墓，一尺一寸國土，不可輕易予人。」

5時許，日軍砲彈擊中金振中指揮部，炸死士兵2人，炸傷5人。日軍隨後

■ 盧溝橋事變後，宛平縣縣長王冷齋（中坐者）舉行記者會，說明日軍主動挑釁攻擊盧溝橋，從而引發事變。

■ 盧溝橋事變發生時，任宛平縣縣長的王冷齋。

蜂擁而來，金營長奔往城上指揮戰鬥，予敵猛烈回擊。交火約一小時始停。此時雙方談判代表進入宛平專署，坐定後櫻井提出三點無理要求：宛平縣城內中國駐軍撤退到西門外十華里，以便日軍進城搜查丟失之日兵，否則日方將以砲火把宛平城化為灰燼；昨晚日方所遭受之損失，應由華方負責賠償；嚴懲禍首，最低限度處罰營長。王冷齋等中方代表嚴辭拒絕。一旁的金振中營長惱火地大聲質問日方：「豐台距盧溝橋八里之遙，又是雨夜，你們偏偏到我警戒線內演習，險惡用心，已暴露無遺；你方丟失一兵，有何憑據？何人作證？如真丟失，也應由你方帶兵的負責，與我方

何關？你方砲轟宛平城，民房被炸倒，軍民被炸死、炸傷多人，慘不忍睹，應由你方賠償我方損失。我軍保衛國土，打擊入侵之敵，何罪之有？」

這時牟田口廉也派人送信來，約王冷齋和吉星文團長出城談判，王、吉以守土有責，不能擅離為由拒絕，當派林耕宇與寺平出城，向牟田口面商停火之事。林等出去後，直到9時多，還未有任何消息。約9時30分，日軍再度向我方射擊，砲彈命中專員公署屋角，好在王冷齋等人和縣府人員在數十分鐘前已遷往別處。金振中營長怒不可遏，對櫻井等人進行了厲聲斥責。幾個隨從怒目圓睜，掏出手槍，大有動手拿人之勢。櫻井等人剛才還是趾高氣揚，這會卻嚇得直哆嗦。金營長讓日方代表隨同登上城樓，並讓他們向日軍喊話。嘰里呱啦一陣，日軍攻勢不減，反而越加兇猛，先後攻佔了鐵路橋和龍王廟等據點。金營長親率第9連和第10連，冒著熾熱砲火，向鐵路橋東段的日軍反擊，經兩個小時的拼死爭奪，終於把日軍擊退，收復了鐵路橋。

日本中國駐屯軍司令官田代皖一郎因臥病在床，職務由參謀長橋本群代理。得到事變報告，橋本群於8日凌晨1時30分召開緊急會議，命令駐天津的各部隊在3時作好出動準備，同時電令正在秦皇島的河邊正三迅速返回北平。9時，橋本群給河邊下達命令：軍要確保永定

吉星文

吉星文，字紹武，1910年3月出生於河南扶溝。1923年投奔時任馮玉祥部第22旅第43團第3營營長的族叔吉鴻昌，歷任排長、連長、營長。1933年率部參加長城抗戰，因功升任團長。1936年入南京中央軍官學校高級班受訓一年。1937年6月返回原部隊，仍任第29軍第37師第110旅第219團團長，隨即率部投身盧溝橋抗戰，在戰鬥中兩次負傷。戰後升任第110旅旅長。1938年6月升任第179師師長，1939年調任第37師師長。1946年任整編第77師（師長王長海）第37旅旅長，1947年10月入陸軍大學特別班深造，1949年2月升任第37軍軍長，後調任第135軍軍長、獨立第360師師長。同年9月去臺灣，1955年任澎湖防衛部副司令，1957年任金門防衛部副司令，1958年8月在金門砲戰中被解放軍砲火擊中身亡。

■ 日軍在宛平城以東的陣地、正嚴密監視著當面的中國軍隊。

■ 進攻盧溝橋的日軍指揮官牟田口廉也（左二）正在向部下佈置任務。

河左岸盧溝橋附近，謀求事件的解決；步兵旅團長應解除永定河左岸盧溝橋附近中國軍隊的武裝，以利於事件的解決；下列部隊中午由天津出發經通縣公路到達通縣時，受你指揮：步兵第1聯隊第2大隊（欠步兵2個小隊）、戰車第1中隊、砲兵第2大隊、工兵1個小隊。

8日下午3時，牟田口親自到盧溝橋前線指揮，感到第3大隊被分割在永定河東、西兩岸十分危險，便下令調第1大隊向盧溝橋集中，第3大隊在傍晚全部轉移到永定河東岸龍王廟北、大瓦窯地區。調整完部署，牟田口找人給金振中送了一封信，提出：立即將櫻井等人送至日方，雙方不得射擊；守衛城、橋的中國軍隊立即撤至城西10華里以外，以便日

軍進城調查，否則日方將以猛烈砲火把城、橋化為灰燼。金營長的回信態度堅決又不失幽默：宛平城和盧溝橋的守軍誓與城、橋共存亡，任何威嚇也嚇不倒；櫻井等人也願意與城、橋共存亡，望爾勿為其擔憂。牟田口氣極敗壞，果以砲火向宛平城、盧溝橋周圍轟擊，至晚20時，才停止砲擊。河邊在當日下午15時50分回到豐台，瞭解戰況後將旅團司令部移設兵營，並命令第1聯隊主力集結於永定河東岸，準備9日拂曉攻擊宛平城。但日本參謀本部在18時42分向中國駐屯軍司令官發出的指示是：「為防止事件擴大，要避免進一步行使武力。」

宛平事起，秦德純第一時間致電在山東樂陵老家的宋哲元，宋雖然感到

■ 中國軍隊在盧溝橋抗擊日軍的進攻。

■ 1937年7月的盧溝橋，赫然可見其著名的石獅子，正是日軍在盧溝橋畔的演習成為了中華民族全民抗戰的導火線，從此盧溝橋便以抗戰的爆發而永載史冊。

驚訝不安，但認為事態不至擴大，回電指示：「鎮定處置，相機應付，以挽危局」，並沒有立即返回北平的意思。那麼南京呢？蔣介石正在廬山，接到秦德純等人的電報後，他和宋哲元相反，估計到事態的嚴重性，預感到日本有擴大侵略戰爭的可能，立即指示宋哲元：「宛平應固守勿退，並須全體動員，以備事態擴大。此間已準備隨時增援矣。」

妥協退讓

1937年7月8日，正在四川整軍的何應欽也收到了第29軍馮治安、張自忠、秦德純等幾位將領聯名的電報，電報簡單匯報了事變經過，並表示「倘對方一再壓迫，為正當防衛計，不得不與竭力周旋。」不過這個電報署名次序有些問題，秦作為副軍長，按理應排在第一位，何以位居馮、張之後？這應該是馮治安和秦德純團結張自忠的一片苦心。張自忠對宋哲元回老家前的人事安排自然不會滿意，而且張曾在5月率團訪問日本，天津親日空氣濃厚，事變後他的態度對第29軍是和是戰實在非

常重要。

中國共產黨的反應很快，事變第二天就通電疾呼：「平津危急！華北危急！中華民族危急！只有全民族實行抗戰，才是我們的出路！」紅軍將領又致電蔣介石表態：「紅軍將士，咸願在委員長領導之下，為國效命，與敵周旋，以達保土衛國之目的。」

9日，蔣介石令第26路軍孫連仲部、第40軍龐炳勳部和第84師高桂滋部開赴石門、保定一帶應援，並要求宋哲元赴保定指揮。但宋哲元沒當一回事，對秦

■ 1937年7月8日，中共中央向全國發出《中國共產黨為日軍進攻盧溝橋通電》，號召全國同胞奮起抗戰。

德純派來促請他返回北平的鄧哲熙表示：目前日本還不至於對中國發動全面的戰爭，只要我們表示一些讓步，局部解決仍有可能。他並回電蔣介石：「此間戰事，業於今晨停息，所有日軍均已撤退豐台，似可告一段落。」事實真如宋哲元所說告一段落了嗎？9日凌晨2時，松井找到秦德純說已找到失蹤士兵，當時達成三點口頭協議：雙方立即停止射擊；各回原防；宛平城內防務，除城內原有保安隊外再由冀北保安隊擔任，人數限於300人。實際上雙方對「原防」存在爭執，秦德純認為：「日軍原駐天津者，應回天津；原駐豐台者，應回豐台。我軍原駐宛平城內，因

應戰移防城上，我軍由城上撤至城下，即為原防。」但日軍卻要求中國軍隊從盧溝橋附近永定河東岸撤出。王冷齋回憶說：「我以為停戰協定現已達成，戰事當可休止。但上午6時，日軍復向城中發砲達70餘發。我當即以電話向北平報告，並請向日方詰問。據日方的答覆說，這次砲擊是為掩護撤兵。到7時半砲聲始停。」據金振中營長回憶，日軍砲擊後出動了十數輛戰車，掩護步兵向盧溝橋、宛平城撲來。第12連戰鬥最為激烈，金振中立即命輕重迫擊砲連，集中火力對付日軍戰車和密集隊列。自己率第9、第10連，由第12連右翼攻擊日軍左側背，激戰至12時，才將進犯日軍擊

■ 盧溝橋事變爆發後，正奉命開赴石門、保定準備策應第29軍的第26路軍、第40軍和第84師等部隊。

退。按照協定，保安隊
當在上午9時到達接防，
但為日軍所阻，直到晚7
時，才陸續進入宛平，
且人數不足兩百，因日
軍不准其攜帶重機槍進
城，所以抽調部分兵力
把重機槍送回，以至無
法接防。秦德純示意吉
星文團長按計劃交接，

■ 中國軍隊在盧溝橋上依託橋欄杆向日軍射擊。

但城外鐵路涵洞處尚有不少日軍並未撤
退。秦復令吉團長加強城防守備任務。
臨近午夜，正當保安隊吃飯之際，日軍
突然攻城，幸被第219團擊退。

日本參謀次長今井清於9日夜電示橋
本群：「為解決盧溝橋事件，此時要避
免觸及政治問題。大致提出以下要求，
使冀察方面在最短時間內予以承認、實
行。（一）停止中國軍隊在盧溝橋附近
永定河左岸駐紮；（二）關於將來的
必要保證；（三）處理直接負責人；
（四）道歉。」10日晨9時，櫻井等人向
秦德純提出如下要求：「（一）第29軍
代表向日本軍表示道歉，並聲明負責防
止今後再發生類似事件；（二）對肇事
者給以處分；（三）盧溝橋附近永定河
左岸不得駐紮中國軍隊；（四）鑒於此
次事件出於「藍衣社」、共產黨及其他
抗日的各種團體的指導，今後必須對此
作出徹底取締辦法。對以上要求，須向
日軍提出書面承認。對第四項的具體事

項作出說明即可。當承認上列各項後，
日、華兩軍即各回原駐地，但在盧溝橋
附近須按我方要求進行。」一旁的何基
灃聽了勃然大怒，指斥盧溝橋事件完全
是日本有預謀、有計劃的侵略行動，應
向我方賠禮道歉，並保證以後不再侵略
才是。說罷就把手槍往桌子上一拍。櫻
井等人趁會議休息的時候悄悄溜出大
門，不知蹤影。蔣介石得知冀察方面的
談判動向後，電告宋哲元：「守土應具
決死決戰之決心與積極準備之精神應
付。至談判，尤須防其奸狡之慣技，務
期不喪失絲毫主權為原則。」後又以特
急電命令「務望在此期間，從速構築預
定之國防線工事，星夜趕築，如限完成
為要。」

當日上午，牟田口親臨前線指揮，
先以砲火把宛平城和盧溝橋周圍炸得磚
石亂飛，再以戰車掩護步兵衝擊。金振
中集中輕重迫擊砲轟擊日軍戰車，重機
槍連攻擊威脅鐵橋東端左側的日軍，親

■ 日軍侵犯宛平縣後，正緊急調動以應付不測的中國軍隊。

率第9、第10連猛攻日軍右翼，但鐵橋東端陣地還是被日軍奪去。經此一戰，雙方均疲憊不堪，相距400公尺形成對峙。馮治安得悉鐵橋東端失守，即令保安第4團第2營增援宛平。當晚20時，金營長召集連以上軍官開會，決定次日凌晨2時向日軍展開反擊。金振中回憶說：「隨著一聲出擊號令，霎時槍砲轟鳴，喊殺遍野，流彈如雨，血肉橫飛。第3營第9、第11、第12連與佔領鐵橋的日軍展開了激烈的爭奪戰。守橋之敵相當頑固，我方幾次發動攻擊，均無進展。於是，我讓保安團曹營長率部向正面敵人猛攻，使其無法抽出兵力支援鐵橋守敵。我抽出曹營第6連和重機槍連的1個排，以及預備隊（第10連），由我率領向鐵橋東端的日軍左側背猛攻過去。經過2個多小時的殊死搏鬥，我軍終於衝上了敵人的陣地，將其擊潰，奪回了鐵橋及橋東失地。」

日軍退至大棗園山及其東側集結，中國軍隊一個勁追擊逃敵，忽略了打掃戰場，金振中被隱匿的日軍用手榴彈炸斷左腿。接著，又被手槍子彈擊中頭部，彈頭從左耳鑽進，從右耳下穿出。隨從士兵把他抬下戰場，後送保定救治。

戰事激烈，孫連仲等部北上增援刻不容緩，可是宋哲元深恐中央大軍壓境，是來奪他地盤，由秦德純出面婉拒「此間形勢已趨和緩，倘中央大戰準備尚未完成，或恐影響，反致擴大，可否轉請暫令準備北上各部，在原防集結待命，以後果有所需，再為電請之處，務乞察酌為禱」。11日，宋哲元離開樂陵，但他既沒回北平，也沒到保定，而

是去了天津。在他到達天津約兩個小時之後，張自忠與日方代表松井等人草簽了《盧溝橋事件現地協定》，接受了日方提出的道歉；處分責任者；第37師撤出盧溝橋，改由保安隊維持治安；取締抗日團體等要求。宋哲元作出了最大的妥協和讓步，但絲毫不能使日本停止侵略的步伐。日本內閣舉行五相會議，下達動員命令，調遣關東軍獨立混成第1、第11旅團和在朝鮮的第20師團進關。當天早些時候，香月清司接替病重的田代皖一郎任日本中國駐屯軍司令官。何應欽獲知宋哲元滯留天津，12日以特急電催促宋：「盧事日趨嚴重，津

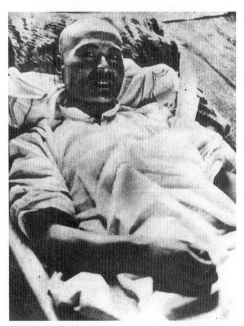

■ 在「盧溝橋事變」中率部奮起抗擊日軍挑釁，並身先士卒，在戰鬥中負傷的第29軍第37師第110旅第219團第3營營長金振中。

市遍佈日軍，兄在津萬分危險，務祈即刻秘密赴保，坐鎮主持，無任盼禱。」宋覆電說：「因兵力大部在平津附近，且平津地當衝要，故先到津佈置，俟稍有頭緒，即行赴保。辱蒙關切，至為感謝。」和宋哲元一味求和的心理相比，蔣介石清醒多了，13日致電宋哲元：「盧案必不能和平解決。無論我方允其任何條件，而對方的目的，則以冀察為不駐兵區域與區內組織用人皆得其同意，造成第二冀東。若不做到此步，則彼必得寸進尺，決無已時。中正已決心運用全力抗戰，寧為玉碎，不為瓦全，以保持國家與個人之人格……。」並要宋「與中央共同一致，無論和戰，萬勿單獨進行」。但宋哲元沒有按南京的指示行事，通過張自忠向香月清司轉達說：「哲元從現在起留在天津，悉遵從軍司令官的一切指導。」甚至在13日晚上下令：即日起，北寧鐵路列車正常運行，解除北平戒嚴，釋放被捕日人，嚴禁與日人摩擦。

日方並沒有如宋哲元所想的平息戰端，反而在磨刀霍霍，香月於15日主持制訂了對華北作戰的計劃，規定日軍第一期作戰行動為「迅速以武力膺懲當面的中國第29軍，首先將北平郊外之敵掃蕩至永定河以西…… 第二期作戰依情況而以現有兵力進出保定-任邱之線，以增加的兵力進出石門-德州之線，以期與中央軍決戰」。何應欽曾提醒宋哲元當

日軍中國駐屯軍序列（1937年7月）

司令官 香月清司，參謀長 橋本群
　第20師團 師團長 川岸文三郎
　　步兵第39旅團 旅團長 高木義人
　　步兵第40旅團 旅團長 山下奉文

　獨立混成第1旅團 旅團長 酒井鎬次
　獨立混成第11旅團　旅團長 鈴木重康

　駐屯軍步兵旅團 旅團長 河邊正三

第29軍序列（1937年7月）

軍長　　宋哲元
副軍長 秦德純、佟麟閣
參謀長 張樾亭 副參謀長 張克俠
　第37師 師長 馮治安
　　第109旅 旅長 陳春榮
　　第110旅 旅長 何基灃
　　第111旅 旅長 劉自珍
　　獨立第25旅 旅長 張凌雲
　第38師 師長 張自忠
　　第112旅 旅長 黃維綱
　　第113旅 旅長 劉振三
　　第114旅 旅長 董升堂
　　獨立第26旅 旅長 李九思
　　獨立第39旅 旅長 阮玄武
　第132師 師長 趙登禹
　　第1旅 旅長 劉景三
　　第2旅 旅長 王長海
　　獨立第27旅 旅長 石振綱
　　獨立第28旅 旅長 柴建瑞
　第143師 師長 劉汝明
　　第1旅 旅長 李金田
　　第2旅 旅長 李曾志
　　獨立第29旅 旅長 田溫其
　　獨立第30旅 旅長 劉汝明（兼）
　騎兵第9師 師長 鄭大章
　　第1旅 旅長 張德順
　　第2旅 旅長 李殿林
　特務旅 旅長 孫玉田
　獨立第40旅 旅長 夏子明
　騎兵第13旅 旅長 姚景川
　翼北保安司令 石友三
　翼南保安司令 高樹勳

心日方緩兵之計，宋哲元這才感到身陷絕境，電請中央作第二步準備，以待非常之變。16日，日本陸軍省擬訂了新的《事變解決方案》，經日本內閣會議通過後下達給中國駐屯軍司令部，其內容為：一、以7月19日為限，履行協定，最低限度做到：

（1）宋哲元正式道歉。

（2）作為處罰負責人，免除馮治安師長職務。

（3）中國軍隊撤出八寶山附近。

（4）在11日的解決條件上要求改由宋哲元簽字。 二、中國方面如不在上述期限內履行日方要求則停止當地談判，並對第29軍實行武力討伐。為此，期滿後將調動國內部隊，派往華北。

當夜11時，蔣介石密電宋哲元和秦德純，指出：「綜觀現在情勢，日方決以全力威脅地方簽訂此約為第一目的。但日方所欲者，若僅止於所傳數點，則

其大動干戈可謂毫無意識。推其用意，簽訂協定為第一步，俟大軍到集後，再提政治條件，其嚴酷恐將甚於去年所謂『四原則』、『八要領』。觀於日外次崛內告我楊代辦『已簽地方協定為局部解決之基礎』一語，並足證明，此基礎之外另有文章也。務希兄等特別注意於此，今事決非如此已了。只要吾兄等能堅持到底，則成敗利鈍，中正願獨負其責也。」蔣介石的話說得夠明白了，可是宋哲元等人卻依然一頭鑽進「和談」的死胡同，張自忠代表宋哲元答覆橋本群：18日由宋哲元出面道歉；二三日內處分責任者營長；對將來的保證，待宋回到北平後實行；北平市內由宋哲元的直屬衛隊駐紮。以上各項除罷免排日要人外都寫入文件。

覺醒時刻

1937年7月17日，蔣介石在第二次廬山談話會上發表了著名的講話，提出了解決盧溝橋事變的四項強硬立場：第一，任何解決，不得侵害中國主權與領土之完整；第二、冀察行政組織，不容任何不合法之改變；第三、中央政府所派地方官吏，如冀察政務委員會委員長宋哲元等，不能任人要求撤換；第四、第29軍現在所駐地區，不能受任何約束。蔣介石還鄭重表示：「我們希望和平，而不求苟安；準備應戰，而決不求戰。我們知道全國應戰以後之局勢，就至於犧牲到底，無絲毫僥倖求免之理。如果戰端一開，那就是地無分南北，年無分老幼，無論何人，皆有守土抗戰之責任，皆應抱定犧牲一切之決心……」

■ 第29軍戰士正在盧溝橋上嚴密警戒，以防日軍偷襲，他的身後還背著大刀。

蔣介石這番激動人心的抗戰講話，自然受到了全國人民的擁護。

何應欽當天電告宋哲元：「日本大舉出兵，準備攻佔北平，望勿為政治談判所誤，應作軍事準備，於北平、南苑、宛平集結兵力，構築工事，作持久抵抗之計。」然而，宋哲元全然不顧南京的抗戰決心，於18日13時前往拜訪香月清司，以表示敬意和問候的婉轉形式進行道歉。

19日晨7時30分，宋哲元離津赴平。盧溝橋當日又起衝突，宛平城內房屋多處被日軍砲火炸毀，守軍也以迫擊砲還擊。根據日方戰史，同日在順德附近的偵察飛機亦受到中國射擊，於是香月發表聲明：「從20日午夜以後，駐屯軍將採取自由行動。」

■ 1937年7月17日，蔣介石在盧山對「盧溝橋事變」發表抗戰宣言：「如果戰端一開，那就是地無分南北，年無分老幼，無論何人，皆有抗戰守土之責任，皆應抱定犧牲一切之決心。」

張自忠連夜訪問橋本群，簽訂了《停戰協定第三項誓文》的秘密條款。主要內容為：彈壓共產黨；罷免有排日色彩的職員；撤去「藍衣社」等排日團體；取締排日言論及排日的宣傳機關；取締各種排日運動與教育。為了向日方顯示和平誠意，宋哲元下令撤除北平城內的防禦工事，並拒絕國內各方給予的援助。20日晨5時，又命令第37師向西苑集結，準備向保定撤退；位於八寶山附近的冀北保安部隊一部，待第37師集結完

畢後，殿後撤退。日本對此並不領情，參謀本部召開部長會議認為：「以外交談判終究不能解決事變，為使平津地方安定，現在必須決定使用武力。」從20日15時到21日，日軍大舉進攻，連續砲擊宛平城。吉星文團長在戰鬥中頭部負傷，致電何應欽表示：「在此未獲圓滿解決之前，星文等只有抱定犧牲到底之決心，荷槍實彈，以待誓與盧城共存亡，決不以寸土讓人。目前抗戰之際，頭部負輕傷，現在前方醫院治療，不久

即可告痊，祈勿以此為念。」

這時，日軍獨立混成第1、第11旅團和第20師團已分別完成在高麗營、懷柔、天津、唐山、山海關等地的集結。松井出面要吉星文團由永定河西岸撤退，宋哲元召集各師師長開會，要他們不要對日軍採取敵對行動。馮治安在會上說：「只要日軍開槍，就不能不還擊。」宋哲元指責說：「現在不是議論開槍先後問題，而是必須服從我的命令。」21日，盧溝橋、龍王廟一帶陣地開始由保安隊接防。23日晚，參謀次長熊斌從保定到達北平，向宋哲元傳達了國民政府決心抗戰的立場，並強調中央

大軍北上為增援第29軍，如果能和平解決，也可為第29軍助威。經熊斌一說，宋哲元的態度有所改變，表示和戰均聽命中央，如主戰，則因第29軍尚未集結，須有相當時間之拖延，以便集結兵力，並請中央亦作相當準備。同時派遣參謀長張樾亭南下南京，當面向蔣介石報告平津情勢，請示方略。日方戰史記載說：「根據7月19日在天津簽訂的協定，第29軍在日軍的嚴格監視和督促下，雖然緩慢但還是開始履行了。抗日意識最強烈的第37師一部，自22日以後開始從北平移駐涿縣方面，但看起來這不過是表面的敷衍，想求得暫時的穩

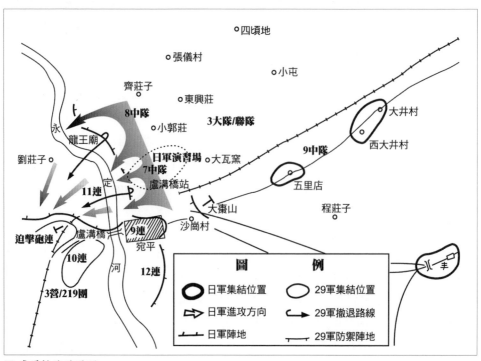

■ 盧溝橋作戰要圖。

定。到24日，以車輛不足為藉口，不僅不撤退剩下的一部，反而把第132師的部隊開進北平。更開始沿平漢線向北平附近增兵。」日本駐北平武官今井武夫（編者注，今井武夫就是日後1945年8月芷江洽降的日軍代表）與松井為此前往宋處催逼撤兵，宋哲元回答說一個月以後再辦，今井詢問為何要等這麼久，宋哲元竟說：「眼下天氣太熱，等涼快點再辦。」日本人可等不到涼快，翌日，廊坊就響起了激烈的槍砲聲。

廊坊是平津之間的一個大站，地勢平坦，滿地莊稼，棗樹居多，沙土地，平頂房，沒有大的建築物，僅有當年德軍佔領時的兩幢西式樓房，面積6000平方公尺。另有新建平房三列，每列能住一個連隊。第38師第113旅旅部與第226團團部、特務連駐在廊坊鐵路以南；第1營駐車站東端的石灰塢；第2營駐在武清縣城關，其第5連駐在楊村；第3營駐在鐵路以北的營房內，其第12連駐河

■ 第29軍第37師師長馮治安，正在盧溝橋前線指揮作戰。

西務；團迫擊砲連駐在鐵路北的一個貨棧；機槍連駐在車站北的一個小村子內。「盧溝橋事變」後，駐軍把隨軍家屬後送原籍或轉移他處，構築了一些簡單工事，崔振倫團長為便於指揮，將團部移駐路北。駐在楊村東口公路邊沿的第2營第5連，面對一撥撥日軍援兵和輜重開向盧溝橋，幾次請示崔團長批准開火。無奈第29軍的作戰指導思想是，在任何時候任何情況下都不准先敵開火。官兵們憋了一肚子氣，就變著法子和日軍鬥，偷偷在公路上挖了一個陷坑，使日軍一輛輜重汽車陷入泥窩。杜巍然連長見既不讓打，又怕這輛汽車待久鬧出事，電話請示崔團長如何處理。因劉振三旅長還在盧山受訓的返回路上，崔團長和旅參謀長李樹人商量無果後，又請示師部。李文田副師長倒是十分爽快，竟然說：「責令該連官兵，幫助日軍把車拖出來，快走了事。」這份命令要是傳達下去，准被官兵罵死，不傳達又負抗命的責任，崔、李二人你看看我，我看看你，正左右為難之際，好在日軍汽車已經自己開走了。

24日晚，劉振三從盧山歸來。第二天下午，接到師部通報，有日軍兵車一列向廊坊開去，要嚴加注意。劉振三請示具體怎麼辦，師部指示：「讓列車進站或通過，不讓日軍出站進街。」根據日方戰史，列車所載的是第20師團第77聯隊第11中隊及通信隊一部，任務是前

■ 宛平縣城。

往廊坊附近修理軍用電線。4時30分，日軍列車到達廊坊車站，日軍以只在站內活動，無法完成任務為由，提出出站宿營。被第226團拒絕後，日軍擅自分頭出站，選擇有利地形向著市內方向構起工事來，廊坊公安分局長出面制止，日軍一付無賴嘴臉，說什麼如果駐軍讓出營房給他們，就停止構築工事。劉振三向師部報告情況，李文田指示說：「不能讓出營房。」劉問：「鬼子硬要進咋辦？」李說：「擋住敵人。」劉問：「如何擋法？」李說：「總之駐地不能讓出，也不能先敵開火。」不久，機槍聲和爆炸聲突然響起。原來第3營第9連和第10連的官兵難忍怒火，主動開起火來。日方戰史記載：「在修理通過中國軍守備區域內日本軍用電線時，突然23時10分，遭到中國軍隊的步槍、輕機槍的射擊，還從廊坊車站以北三百公尺的中國兵營射來迫擊砲，日軍遂不得已而應戰。」輕敵的日軍壓根沒想到第38師會先開火，毫無防備，一時被打得鬼哭

狼嚎，中國駐屯軍接到報告後，急令第20師團第77聯隊趕往廊坊。又於26日3時30分令第20師團向天津前進，同時令駐屯軍步兵旅團第2聯隊第2大隊乘火車到北平「保護僑民」，如有需要，途經廊坊時加入戰鬥。拂曉，27架日機輪番在廊坊上空偵察、掃射、轟炸。營房內房屋大部都被炸毀，劉振三命令第3營從速撤出，免受無謂犧牲。至12時，第3營向東轉移，廊坊被日軍佔領，平津間的交通遂被切斷。

26日午後，香月對宋哲元發出最後通牒：第37師於27日午前自盧溝橋、八寶山撤至長辛店；28日午前自北平西苑撤至永定河以西；如不按上述實行，即認為貴軍無誠意，我軍將不得不採取單獨行動。下午14時，駐屯軍步兵旅團第2聯隊第2大隊到達豐台車站，決定偽稱使館衛隊出城演習歸來，由廣安門混入北平。按照日方戰史說法，本來中國方面約定下午4時開門，但因為廊坊事件和最後通牒問題而態度強硬起來，城門

緊閉。廣安門守城部隊為第132師獨立第27旅第679團的1個連，櫻井等人與劉汝珍團長交涉，要求入城。劉團長將計就計，打開城門誘日軍進入，當先頭三輛汽車剛剛通過，劉團長便下令士兵開槍射擊，日軍被分割為城內、城外兩部分，陷入混亂。河邊正三得報後，一面派出救援部隊，一面與冀察委員會開展交涉，結果達成協議：晚上10時停止戰鬥，城外日軍返回豐台，已經進入城內的日軍，分乘13輛汽車於27日凌晨2時進入東交民巷的公使區兵營。

廊坊、廣安門的戰鬥進一步驚醒了宋哲元的和平夢，使他於當天發表「自衛守土」的通電，並在下午和晚間三次致電何應欽和蔣介石，報告平津緊張局勢，請求增援。蔣介石於晚21時覆電宋哲元：「甲、北平城防立即準備開戰，切勿疏失。乙、宛平城防立即恢復戒備。此地點重要，應死守勿失。丙、兄本人立即到保定指揮，切勿再在北平停留片刻。丁、決心大戰，照中昨電對滄保與滄石各線從速部署。」27日，蔣介石再次致電宋哲元：「請兄靜鎮謹守，穩打三日，則倭氛受挫，我軍乃易為力。務望嚴令各部，加深壕溝，固守勿退。中央必星夜兼程，全力增援也。」這回宋哲元是鐵了心要打，回電蔣介石：「北平為華北重鎮，人心所繫，大勢所關。現在已成四面皆敵之形勢。通縣於今晨3時起，亦正在激戰中。職受

國家人民付託之重，已決心固守北平，以安人心，而作士氣，決不敢稍有畏避也。」

同一天，日本陸軍參謀本部下達了增派第5（師團長板垣征四郎）、第6（師團長谷壽夫）、第10（師團長磯谷廉介）師團前往華北的命令。此外還向香月清司強調：「駐屯軍現有兵力可以處理第29軍。對其他中國軍隊主要加強警戒，除必要時不採取敵對行動。作戰地區應在北平、天津附近，不要到離津浦、平漢、平綏沿線太遠的地方作戰。極力避免市街戰，要考慮在平津郊外迅速果敢地把敵人擊潰。」

平津之戰

1937年7月28日，日軍向南苑發起全面進攻。所謂苑，古代也稱「囿」，《漢書》記載「苑，謂馬牧也。」後來成為供帝王遊玩射獵的皇家園林。北京從明清開始有了「四苑」之說，南苑又稱南海子，在永定門外，大紅門以南。民國初年闢為兵營，有著環城四周10數華里的堅固土城，土城上面可以行車。土城內南北兩面各有六處營房，每一營房又有高一丈的土圍牆，外置護城河，周圍種栽楊柳。土城內按兵種不同，設師、旅、團、營各級幹部辦公室及倉庫、講堂、飯廳、馬廄、廚房等，及駐軍營房數百間。南北營門處，有南北營

市街，內有居民商戶幾百家。1936年年底，宋哲元在南苑辦起軍事訓練團，由佟麒閣代他主持一切。訓練團於1937年1月開學，全團共有在職初級軍官和招考的愛國青年1500人。第29軍副參謀長兼第38師參謀長張克俠是中共特別黨員，在他安排下，中共地下黨員張友漁、朱軍等分別擔任教官和組織工作，南苑抗日氣氛極為濃厚。

「盧溝橋事變」前夕，駐南苑的部隊計有：第29軍特務旅、軍士教育團、軍官教導團、第38師第112旅第223團、第114旅第227團、第38師特務團、騎兵第9師第2旅等部，統歸佟麒閣指揮。事變一爆發，軍官教導團的學員立即解散歸還原部。兼職教導團團長的第114旅旅長董升堂，本應回天津韓家墅旅部，但考慮到第38師有3個團在南苑，為統一指揮便利作戰起見，便留在南苑。按照「積極備戰，竭力避戰」的指示，佟麒閣把南苑營房的圍牆作為防禦陣地，並在營房附近樹林裏挖掘單人掩體、防空洞及工事。7月27日中午，趙登禹坐汽車由河北任邱防地到達南苑，第132師第2旅行軍至團河以西地區，與日軍發生遭遇戰，沒能隨趙登禹抵達南苑，退回了固安縣城附近。當晚，張自忠調第38師駐南苑部隊擔任北平城防，所遺防務

■ 日軍砲兵正猛烈砲擊南苑。

交第132師接替。因第132師尚未趕到，趙登禹堅留董升堂部擔負原防。28日拂曉，日軍轟炸機9架飛臨南苑上空，炸彈如暴雨般擲下，我軍通訊設備悉數被毀，騎2旅第6團第1營的1000餘匹乘馬多半被炸死。上午8時，日軍步兵在飛機、砲兵掩護下，對南苑第29軍營房展開攻擊，第20師團由南苑東南角和西南角進攻，駐屯軍步兵旅團同時進攻，切斷南苑守軍向北平的退路。松井囂張地在電話中對宋哲元說：「由於你部履行協定毫無誠意和不斷地挑釁行為，我軍早已不能忍受。特別是廣安門的欺騙行為，對我軍侮辱過甚。決不能寬恕。因此通知你，我軍採取獨自行動。再有，為使北平城內免遭戰火，勸告你立即撤出城內全部軍隊。」

激戰至午後15時，防守營房東南角的軍士教育團陣地被敵突破，佟麟閣、趙登禹的聯合指揮部轉移到南苑北營市街，並命令董升堂負責指揮所有作戰部隊。董升堂首先抽出第227團機槍連協助軍特務旅，竭力恢復軍士教育團丟失的陣地，然後急派旅預備隊佔領南營房北端的預備陣地，與敵對戰。日軍佔領東寨牆後，開始向南北寨牆進攻，軍特務旅旅長孫玉田指揮幾輛裝甲汽車在東南角阻擊日軍，防守北寨的第38師特務團和騎2旅不支退下來。17時30分左右，董升堂接到佟、趙二人命令：「我軍全部向永定門轉進，以圖攻擊再

■ 日軍飛機正在轟炸南苑，我軍通訊設備悉數被毀，騎2旅第6團第1營的1000餘匹乘馬多半被炸死。

趙登禹

趙登禹，字舜臣，1898年出生於山東菏澤。1914年加入馮玉祥第16混成旅當兵，歷任排長、連長、營長等職。1927年升任旅長。1928年升任第2集團軍第27師師長。1930年中原大戰中，任「反蔣軍」第2方面軍（總司令鹿鍾麟）第4路軍（總指揮宋哲元）第14軍（軍長宋哲元兼）第25師師長。1931年6月任第29軍第37師第109旅旅長。1933年因功升任第132師師長。1936年1月被授予中將銜。1937年7月28日率部向北平大紅門轉移時，中彈殉國。7月31日追贈陸軍上將。

抗戰勝利後，北平市府將北溝沿改稱趙登禹路，以資永久紀念。

舉，著董旅長升堂率所部堅守原陣地，掩護我大軍轉進為要。」這時，北營房南端和演武廳均被日軍攻佔，董升堂意圖據守第9營營房，但孫玉田等人認為佟、趙已率主力向永定門轉進，掩護大軍的任務已經達到，沒有死守必要。於是眾人決定向南突圍，第一步先到固安縣。18時30分，南苑營房南圍牆和靶場陣地的部隊共同向當面之敵實施衝鋒，董升堂身先士卒，右手一支盒子砲，左手一把鬼頭刀，決心以死相拼。在有作戰經驗的老兵指引下，部隊避開公路，選擇稠密的高粱地作掩護，黃昏後突圍到達平津鐵路線上的魏善莊車站以東一帶。為防止日軍鐵甲列車巡邏阻止，在當地群眾幫助下，乘夜拆斷了車站迤南迤北一段鐵路，部隊安全抵達固安縣。翌晨，清點人數，第38師所屬尚有武裝完整的3800餘人，軍特務旅則傷亡較重。

早一步轉移的佟麟閣和趙登禹最終沒能到達永定門。佟麟閣獲知大紅門出現日軍，恐敵截斷北路，率兵親往堵截。至大紅門時，遭遇公路兩側日軍伏擊，佟麟閣被敵機槍射中腿部，仍裹傷率部殺敵，腹部又中數彈，當敵機低空轟炸掃射時，佟麟閣頭部被炸彈碎片擊中，壯烈殉國。趙登禹親率一排士兵，衝破日軍密集火力封鎖的道路，衝殺到離大紅門不遠的黃亭子時，不幸身中數彈，也殉國了。另據董升堂回憶，佟、趙兩將軍因體力衰弱，步履維艱，同乘汽車到永定門收容部隊。駛出南苑北營市街不遠，就遇到日軍伏兵猛烈射擊，四輛汽車全被擊毀，佟、趙兩將軍同時犧牲，隨護扈人員等也全部殉難。日方戰史聲稱，南苑一戰，第29軍戰死官兵約5000人。董升堂後來根據自身體會，

佟麟閣

佟麟閣（本名凌閣，因其殉國後第29軍上報時將凌字誤為麟字，後經媒體報導遂無法更正），字捷三，1892年出生於河北高陽縣。1912年後參加馮玉祥部，歷任排長、副營長。1922年直奉戰爭後，升任團長。1924年升任混成第21旅旅長。1925年7月升任第4師師長。1926年改任第11師師長。寧漢分裂後，任第2集團軍第5路軍副總司令、第35軍軍長兼第11師師長。後曾任甘肅隴南鎮守使，因在甘肅河州地區與回部馬仲英發生武裝衝突，雙方傷亡慘重而引咎辭職。1929年南京編遣會議後任第11師師長。1930年中原大戰爆發，任新編第1軍軍長兼第27師師長。馮玉祥討蔣失敗後，退隱山西。1933年4月馮玉祥組織察哈爾抗日同盟軍，出任察哈爾省警務處處長兼張垣公安局局長。5月抗日同盟軍成立後，任新編第1軍軍長兼代察省主席。同盟軍解散後不久，任第29軍副軍長兼軍事訓練團團長，坐鎮南苑。1937年7月28日率兵親往堵截大紅門日軍時，壯烈殉國。7月31日追贈陸軍上將。

總結了南苑慘敗的一些原因：在「積極備戰，竭力避戰」的指示下，和戰不定，決心不堅；敵我武器裝備懸殊；軍士教育團全係新招考的學生，戰鬥意識與經驗不夠，指揮官並未深入調查研究，平均分配擔任戰鬥任務，以致陣地首先被敵突破；南苑圍牆範圍過廣，死角太多，只憑直射，無法發揚步機槍最大的射擊威力；駐在營房內的軍部、師部、旅部非戰鬥人員太多，遇敵轟炸，秩序大亂，影響部隊戰鬥意志和士氣；佟、趙指揮部係臨時組成，對軍令、情報、通訊和各種戰鬥設備，都無充分準備，不能應付瞬息萬變的複雜敵情。

當南苑戰鬥進行之時，第37師一部襲擊了豐台日軍。因駐屯軍步兵旅團主力已前出南苑與北平之間的擔任阻擊，豐台少數日軍守備隊陷入苦戰，下午15時，駐屯軍步兵旅團返回豐台，將第37師擊退。當日，日軍獨立混成第11旅團攻佔清河鎮，獨立混成第1旅團攻佔沙河鎮。

再說天津，廊坊失守的消息傳來，因張自忠身在北平，李文田聯絡不到而焦急不安。張自忠離津，行前只有寥寥數語：「天津軍事由副師長李文田負責指揮；關於市政府事務，由市政府秘書長馬彥翀負責辦理。」天濛濛亮，獨立第26旅旅長李致遠按耐不住，從馬廠駐地趕到天津見李文田「我們為什麼還按

兵不動，到底打算怎麼辦？」李文田耐著性子說：「不要急嘛，我們現在和張師長斷了聯絡，打與不打我一人不好決定，你這一趟來得很好，我明白你的決心，你先回去掌握住自己的部隊，我再試探馬彥翀、黃維綱、祁光遠他們的想法才能決定。」

28日晚上19時，李文田召開緊急會議，討論對日作戰問題。參加會議的有第112旅旅長黃維綱、獨立第26旅旅長李致遠、師屬手槍團團長祁光遠、天津警備司令劉家鸞、天津市保安隊隊長寧殿武、市政府秘書長馬彥翀等人。經過分析討論，一致決心立即向天津日軍發起攻擊。李文田最後決定將總指揮部設在西南哨門，兵力部署是：保安隊第1中隊攻取東車站，由寧殿武指揮；手槍團全部，配屬獨立第26旅1個營及保安隊第3中隊攻佔海光寺日軍兵營，由祁光遠指揮；獨立第26旅配屬保安隊第2中隊，攻

■ 北平郊外的日軍部隊，屬於第1聯隊，遠處日軍正在開拔，而近處的日軍還在悠閒地進行野餐。

董升堂

董升堂，字希仲，1893年出生於直隸（今河北）清河。1923年畢業於保定軍校第九期砲兵科，畢業後投奔孫岳的第15混成旅，歷任排長、連長、營長。後因在與直奉聯軍作戰中生俘曹錕之侄第16混成旅旅長曹士傑而升任第1師騎兵團團長。1927年任第3集團軍第4師參謀長，參加了北伐。後升任軍參謀處長、第3集團軍東路軍參謀主任。中原大戰後所部為張學良收編，1930年併入第29軍，任第38師第224團團長。1933年率部參加長城抗戰，曾率全團官兵以大刀夜襲日軍，因戰功升任旅長。1937年7月率部堅守南苑，直到主力撤入北平後才率部向天津轉移。1939年任第38師副師長。1940年入陸軍大學將官班、特別班深造。1943年任第40軍參謀長（軍長馬法五）、第180師師長。

中共建政後先入華北革命大學學習，1951年任解放軍騎兵學校戰術教研組教官，1952年調任解放軍軍訓部高級研究員。後轉業到北京市房管局，1956年參加北京市民革，1963年10月在北京病逝。

佔天津總站及東局子日本飛機場，由李致遠指揮；天津市武裝員警負責戰場交通和嚮導。

根據日方戰史記載，28日半夜，第38師和保安隊襲擊了天津總站、北站、東機器局、飛機場、日租界、軍司令部等地。依據中方戰史，進攻發起時間為29日凌晨1時。因動作突然，獨立第26旅第1團第2營和保安隊第2中隊，順利將日軍壓迫到總站倉庫的樓上，佔領總站。攻擊東局子機場的部隊為1個營，因距離較遠，部隊跑步前進。營長十分勇敢，帶著2個排長跑在最前面，到達機場時，大部隊還沒趕到，三人隱蔽在機場門口，用大刀把站崗日軍砍死。這時由機場內開出一輛小汽車，三人又開槍擊壞汽車，剛好部隊趕到，一齊衝進機場。日軍飛行員動作利索，聽到槍響後，紛紛登上坐艙，開動發動機。獨立

第26旅官兵這會還算鎮定，將汽油潑到飛機上，拿出火柴引火。可是火柴卻劃不著，如果是火柴存在質量問題，那供貨的奸商真該千刀萬剮。但問題不是出在質量上，而是官兵因跑步出汗和天氣潮濕，火柴都濕了。結果只有1架飛機被點著。這下士兵們慌了手腳，一邊是日軍機槍瘋狂掃射，一邊有20多架飛機將要起飛，有些士兵急了，不管三七二十一，拿起大刀亂砍飛機。據李致遠回憶說：「飛不了的飛機，士兵用大刀砍，用刺刀刺，用槍打，用手榴彈炸；起了火的飛機，士兵們不怕火燙用手撕下著了火的飛機碎片，到別的飛機上引火，霎時機場上煙火沖天。我軍喊殺之聲驚天動地，將守衛機場的日軍壓迫到機場辦公樓和營房的工事裏。起飛了的飛機黑夜裏看不清地面，在機場上空亂飛。」

■ 7月29日，駐守天津的第29軍向日軍發動反攻，圖為天亮後火車站附近的日軍向市區中國軍隊猛烈開砲。

寧殿武率部攻佔東站後，李文田命令他留1個小隊嚴守車站，主力支援攻擊海光寺。海光寺敵人利用堅固的鋼筋水泥工事，猛烈射擊，日軍砲兵也向我軍前進路上施行攔阻射擊，使我軍傷亡嚴重，雖經多次發起進攻，均未得手。天亮以後，天津市民紛紛送來饅頭、大餅、西瓜、酸梅湯等慰勞軍隊，有的還開來載重汽車，以供軍用。戰至當日午後，香月清司命令第39旅團的3個步兵大隊、1個砲兵大隊增援天津；臨時航空兵團悉數投入轟炸。戰事進行到下午13時，市政府被炸起火，在南開大學的預備隊1個營被炸死傷一百多人，市民百姓死傷也不少，戰事漸漸對我不利。位於大沽口的第112旅因與日軍交火中，無法抽兵支援天津。下午15時，李文田決定撤退。法國租界當局拒絕日軍援兵通過萬國橋，日軍便在白河架橋，30日佔領天津。

就在李文田指揮所部進攻天津日軍時，偽冀東保安隊張慶餘、張硯田部反正，捉獲了偽主席殷汝耕。可惜部隊在經北平向保定方向轉移時，遭到日軍襲擊，殷汝耕乘亂脫逃。

事非功過

7月28日下午，宋哲元、秦德純、張自忠、馮治安等人正在鐵獅子胡同進德社商討南苑戰事。騎9師師長鄭大章倉皇來報：「佟副軍長、趙師長陣亡，我

官兵傷亡特重，騎9師傷亡一半，另一半退往固安，日軍大有圍攻北平之勢。」宋哲元等人當即失聲痛哭，哭歸哭，事情到了這般地步，何去何從已是刻不容緩，經過商議，擬了兩個方案：（一）留4個團防守北平，由秦德純指揮。（二）留下張自忠率所部與日方周旋，宋等到永定河南岸佈防。正在研究採取哪一方案時，蔣介石再次催促宋哲元移駐保定。宋哲元便決定委派張自忠代理冀察政務委員會委員長、冀察綏靖公署主任兼北平市市長。28日晚21時，宋哲元、秦德純、馮治安、張維璽等人由北平西直門經三家店至長辛店，轉赴保定。第37師隨同撤離北平，獨立第27、第39旅留駐北平。據日方戰史，宋哲元將獨立第27旅2個團改編為保安隊，並把撤退第37師一事通知了日本方面。

29日晨3時，宋哲元等抵達保定，隨後致電蔣介石：「所有北平軍政事宜，統由張師長自忠負責處理。」秦德純後來在回憶中提到，臨行前張自忠含淚對他說：「你同宋先生成了民族英雄，我怕成了漢奸了。」秦德純鄭重勸勉：「這是戰爭的開端，來日方長，必須蓋棺才能論定，只要你誓死救國，必有全國諒解的一日，請你好自為之。」不過，何基澧、戈定遠、李世軍等人對張自忠臨危受命有著不同說法。根據何、戈等人《七七事變紀實》一文：7月25日，宋哲元忽然接到張自忠來平的報告，表現愕然，並說：「我叫他留在

■ 7月30日，日軍第1聯隊第8中隊佔領了盧溝橋，圖為在「盧溝曉月」碑亭前歡呼的日軍，作為中華民族揭開抗戰序幕的盧溝橋由此開始了8年淪陷的蒙塵歲月。

天津，他來北平幹什麼？」張自忠到北平後，受到漢奸張璧、潘毓桂等的包圍，很少與外間接觸，忽於28日下午15時許前往見宋，並對宋表示：「如果委員長暫時離開北平，大局仍有轉圜的希望。」戈定遠甚至說：「七七事變後，第29軍戰和不定，主要就是因為張自忠掣肘。」李世軍則在《宋哲元和蔣介石關係始末》一文中指出：宋哲元上午發出願與北平共存亡的通電，而下午16時張自忠突然跑到北平武衣庫宋哲元寓所見宋，宋愕然變色地問：「你來幹什麼？」張說：「有人說委員長如果離開北平，日本不會再打。」宋哲元面色蒼白，便一言不發地寫了一張「本

■ 從正陽門侵入北平的日軍，古都北平從此被日軍鐵蹄所踐踏。

人離平，冀察政務委員會委員長交由張自忠接替」的手條。秦德純姪子秦寄雲也在《秦德純的一生》一文中說：28日，宋在武衣庫私宅以電話問秦：「張藎忱來了，你知道嗎？」秦答：「我不知道，是委員長叫他來的嗎？」宋答：「不是。」是日下午14時左右，秦先到宋宅，旋張自忠亦到。張向宋說：「只要委員長離開北平，我就有辦法維持。」宋聞言，面色刷白，沒再說話，

即提筆委張代理冀察政務委員會委員長兼代北平市市長。秦寄雲還說：「宋與秦離開北平，同去保定。到後秦即建議，馬上密電駐防天津的第38師副師長李文田暫代師長，指揮所部進攻日軍，存心使張自忠為難。」

29日，張自忠將原冀察政務委員會委員秦德純、蕭振瀛、戈定遠、劉哲、門致中、石友三、周作民等免職，換上了張璧、張允榮、楊兆庚、潘毓

桂、江朝宗、冷家驥、陳中孚、鄒泉蓀等委員，同時宣布潘毓桂為北平市公安局長。30日，日軍操縱下的「北平治安維持會」成立，北平陷落。發出中華民族第一聲怒吼的盧溝橋也於當天被日軍佔領。看著日軍耀武揚威地從前門牌樓底下走過的時候，北平的老百姓狠狠地朝地上啐了口唾沫。留駐北苑的獨立第39旅，為張自忠舊部，阮玄武旅長見形勢危迫，動員官兵突圍，官兵見張自忠未走，不肯棄離官長，意見不一。參謀長張祿卿秘密與日方聯繫，要求改編為保安隊。阮玄武見帶不動部隊，隻身逃亡。6000多名官兵被迫交出步槍5000枝，輕機槍200挺，迫擊砲8門。另一說法是阮玄武與日本人裏應外合，將第39

旅解除武裝，改編為偽保安隊。至於獨立第27旅，石振綱旅長與駐守廣安門的第679團劉汝珍團長會合，帶著部隊於8月1日突圍離開北平，途中遭遇日軍飛機轟炸和追擊，蒙受很大損失。石振綱旅長行至馬廠感到前途渺茫，丟下部隊重新返回北平。劉汝珍團長主動接替指揮率部繼續前進，由南口、得勝口以東山地鑽隙到達察哈爾省延慶縣東第13軍防地。劉汝珍向湯恩伯軍長報告了突圍經過。湯恩伯慷慨地拿出4000套軍服，換下了劉汝珍部的保安隊服裝。

8月6日，張自忠通過《北平晨報》發表聲明，辭去一切職務，隨後避居東交民巷德國醫院及美國人福開森家。按照秦德純的話說，張自忠在北平已無法

■ 日軍佔領下的天安門城樓，當時天安門還沒有今天這樣的象徵意義，但看到這張照片還是會讓人感到心頭一陣刺痛。

施行軍政職權，悲憤之餘，決計秘密離平南下。9月3日，張自忠化裝成工人潛出北平。10日，偕軍需處長李桐文、秘書聶湘溪登小火輪抵塘沽，然後改乘英國商船抵煙臺。當時輿論對張自忠留平多以漢奸行徑譴責，據說有同船南下的學生多人得知張自忠在船上，要求見張質問。

■ 張自忠因為在「盧溝橋事變」後的表現，一時被國人斥為漢奸。他重返部隊後，每戰都抱必死之心，決心以死來洗刷這一罪名，最後在南瓜店殉國。圖為張將軍之墓。

聶湘溪出面，謊稱張不在船上，才勉強渡過難關。13日，張自忠等人到達濟南。宋哲元即派秦德純到濟南，囑咐秦偕同張自忠先到南京，向蔣介石報告情況。同行的秦寄雲回憶道：「張見秦，痛哭流淚，無地自容地說：『對不起長官，對不起朋友，無面目見人。』秦安慰說：『君子之過也，如日月之食焉。過也人皆見之；及其更也，人皆仰之。報國之日方長，過去的事就算過去了，不必介意。』」再看蕭振瀛的說法，蕭在1936年以經濟考察專使身份赴歐美考察，「盧溝橋事變」後由捷克返國，被任命為第一戰區總參議，知道張自忠離北平到濟南後，蕭即乘專車趕往相見。一見面，張便抱住蕭痛哭著說：「對不起團體，對不起大哥。」蕭詢問事情究竟如何，張說：「宋一味與日本妥協，七七戰起，軍隊已與日軍血戰，宋竟接

受日本條件，因此我急至北平制止。潘毓桂報告我說，宋已接受日本所有條件，日本認為軍隊不聽從宋的命令，要我代之，我是在問清談判情況後，才趕到北平代之控制局勢的，不想事情演變如此。」蕭指責說：「這是漢奸詭計，宋並未接受，其錯在你。」張又痛苦地說：「此心可對天日，現在是百口莫辯。只求蔣委員長能容許我死在戰場，有以自白。」

秦德純考慮到輿論對張自忠十分不利，先請示何應欽可否前往，在得到肯定的答案後，一行人啟程南下。這一路也是驚險不平，秦德純在回憶錄中說道：「車到徐州站突有學生三十餘人要到車上搜查漢奸張自忠，來勢頗為凶猛。我一面安排張將軍暫避，一面請學生派四人到車上談話，並到各房間查看，代表等未見張在車上，始下車而

去。」據秦寄雲回憶,張自忠見到蔣介石後說:「職當兵出身,是個老粗,不學無術,愚而自用,原來想著和平解決華北局面,結果貽害國家,貽害地方,後悔無及,請委員長給以嚴厲處分,任何處分都是教育我改過學好,有生之日即是報德之年。」蔣介石說:「我是長官,你是我的部下,你的錯誤,就是我的責任,既往不咎,由我擔當。」

1937年11月,張自忠以軍政部中將部附暫代第59軍軍長,返回部隊之日,張將軍對部下痛哭失聲地說:「今日回軍,除共同殺敵報國外,乃與大家共尋死所。」1940年5月,日軍集結重兵向宜昌發動進攻,張自忠將軍率集團軍總部手槍營和第74師(師長李益智)的2個團,從宜城東渡襄河,經苦戰部隊減員甚重,糧彈兩缺。5月16日,被困在南瓜店的杏兒山、缸子口。從早晨到中午,張將軍奮勇督戰,多處負傷,右胸洞穿,血流不止。自知傷重不救,大呼:「這樣死得好!死得光榮!對國家、對民族、對長官,良心都平安!」而後壯烈殉國。5月28日,國民政府為張將軍舉行了盛大的國葬,蔣介石題詞「勳烈常昭」。中共中央在延安舉行的追悼會上,毛澤東贈詞「盡忠報國」。

再說宋哲元。「盧溝橋事變」發生後,他一直對事變抱有和平幻想,熱衷與日軍間的交涉,使日本贏得了派兵華北的時間。當7月26日香月清司發出最後通牒後,才於次日通電表示「自衛守土」,並一改當初婉拒中央大軍北上的態度,請求南京派兵增援。然而,這一切都為時已晚,在日軍大舉進攻面前,第29軍遭受巨大損失,北平、天津迅即失陷。對此,宋哲元負有不可推委的責任。想到與南京的種種矛盾,想到千年故都瞬間變色,宋哲元以退為進,30日致電蔣介石:「哲元刻患頭痛,亟宜休養。當此軍事吃緊之際,恐於大局有誤,所有第29軍軍長職務,已委馮師長治安代理,並請中央明令發表。」8月3日,又發表通電,引咎自責,表示此次失敗「因為敵人之蓄久計劃,亦為哲元處置失當,實應受國家之嚴重處分。」

■ 1945年8月抗戰勝利,中國軍隊重返北平,在盧溝橋畔「盧溝曉月」碑亭邊站崗的士兵,他的眼神中似乎有著對這場戰爭很多的沉思,何等巨大的代價才換來了和平。

西北軍發展沿革

說起中國現代史，就不能不提到名為「西北軍」的一支武裝力量，西北軍是一個非常複雜的團體，如果定義為起源自西北的武裝力量，那麼其最早的源頭可追溯到陝西督軍陳樹藩所創立的陝軍。

陳樹藩之後在國民黨人的支持下，西北崛起了一支帶有濃厚孫中山色彩的軍隊——靖國軍，這支部隊的靈魂人物就是國民黨元老于右任。

但真正使西北軍揚名天下的自然就是馮玉祥。馮玉祥，字煥章。原籍安徽省巢縣，1882年出生於保定，1898年正式入營當兵，此後逐漸升遷，1916年升任第16混成旅旅長，而馮記西北軍的源頭就是第16混成旅——1917年出兵反對張勳復辟，段祺瑞執掌北京政權後率部入湘，任湘西鎮守使。1921年率部入陝，所部改編為第11師，任師長。不久署理陝西督軍。1922年任陸軍檢閱使。1924年第二次直奉戰爭中任直系第3路軍司令，但卻在中途返回北京發動「北京政變」，所部改編為國民軍，自任國民軍總司令兼國民一軍軍長。1926年因遭到直奉軍聯合進攻而被迫下野，不久加入國民黨，任廣東國民政府軍事委員會委員。9月回到綏遠，五原誓師組建國民聯軍，任總司令。1927年3月所部改編為第2集團軍，任總司令。4月兼任河南省主席，署理豫陝甘軍政事務。

1928年10月任南京國民政府行政院副院長兼軍政部部長。1930年與閻錫山一起組建反蔣聯軍，任陸海空軍副司令，率部參加中原大戰。戰敗後避居山西，後隱居泰山。1933年組織舊部成立察哈爾抗日同盟軍，任總司令。失敗後又返回泰山隱居。1935年4月被授予陸軍一級上將銜，12月任軍事委員會副委員長。抗戰爆發後任第三戰區司令長官。9月改任第九戰區司令長官。1939年調任第三戰區督導長官。1946年9月赴美考察，在美國期間組織旅美中國和平民主同盟，任執行委員會主席。1948年9月在乘座蘇聯客輪「勝利」號回國途中，因船隻在蘇聯裏海失火而遇難。

1921年馮部擴編為第11師，1924年更是擴編為國民軍，馮任國民軍總司令，其嫡系部隊則編為國民一軍，胡景翼部為國民二軍，孫岳部為國民三軍。著名軍事家蔣百里將馮玉祥稱為新舊軍閥中「最善於帶兵者」，馮玉祥的國民軍從士兵素質上勝過其他軍閥一籌，因為馮玉祥帶兵，有三大絕招。第一，兵源。馮玉祥招兵，只招秦冀魯豫四省人，因此都是北方大漢，吃苦耐勞勤勉忠誠，且這四省民間多習武，單兵身體素質相當出色。第二，入伍訓練。新兵入伍先學基礎文化，學會二百個字，然後再軍事訓練，同時尤其重視政治教育。第三，信教。馮玉祥本人信基督教，故有「基督將軍」之稱。因此國民軍從素質上要明顯勝過其他派系軍隊。

胡景翼的國民二軍系統主要將領有井勿幕、鄧寶珊、續範亭、岳維峻、董振堂、高桂滋等，胡本人又是老同盟會員，膽大心細，政治手腕高強，曾一度佔有河南，但胡

■ 西北軍大佬馮玉祥。

景翼暴病去世後所部就逐漸式微。孫岳的國民三軍系統主要將領有徐永昌、龐炳勳等人。

1926年1月因直奉軍聯合進攻而失敗，馮玉祥宣布下野。但西北軍敗而不散。9月，馮玉祥在綏遠五原誓師，出任國民聯軍總司令，全軍集體加入國民黨並出兵參加北伐戰爭，這也是西北軍的中興之時。隨後馮玉祥開始了大練兵，這次大練兵，可以算得上是西北軍脫胎換骨的重要里程碑。也正是從這一時期之後，共產黨人開始進入西北軍（主要有劉伯堅、宣俠父、鄧小平等），並在以後幾十年的歲月裏，對西北軍產生巨大影響。

1927年5月，馮部改稱國民革命軍第2集團軍，實力進一步膨脹。1930年3月，西北軍和閻錫山的晉軍、李宗仁的桂軍等組成反蔣聯盟，與蔣介石的中央軍展開了中原大戰，由於反蔣派的戰敗，西北軍隨即瓦解，儘管還有一些餘部得以保存下來，主要為宋哲元的第29軍，但作為一個統一指揮、統一建制的武裝集團再也不復存在。

抗戰時期，具有西北軍血脈的部隊有：第12軍（韓復榘舊部）、第30軍（吉鴻昌舊部）、第40軍（龐炳勳舊部）、第42軍（孫連仲舊部）、第55軍（韓復榘舊部）、第56軍（韓復榘舊部）、第59軍（張自忠舊部）、第68軍（劉汝明舊部）、第69軍（石友三舊部）、第77軍（馮治安舊部）、第107軍（孫良誠舊部）等部。

在馮玉祥西北軍集團中有所謂的「五虎將」和「十三太保」之稱。「五虎將」有前五虎（張之江、李鳴鐘、鹿鍾麟、劉郁芬、宋哲元）、中五虎（張維璽、韓復榘、石友三、孫良誠、孫連仲）、小五虎（劉汝明、吉鴻昌、張自忠、馮治安、趙登禹）之說。「十三太保」也有多種版本，通常是指馮玉祥任第16混成旅旅長時手下的13位營長：韓復榘、石友三、孫良誠、孫連仲、程希賢、陳希聖、韓多峰、趙席聘、過之綱、葛金章、佟麟閣、聞承烈、劉汝明。

7月29日晚，蔣介石接見記者，有《中央日報》記者問：宋委員長突然離平，致失重鎮，未悉中央對其責任問題，如何處置？蔣介石回答說：「在軍事上說，宋早應到保定，不宜駐在平津，余自始即如此主張。余身為全國軍事最高長官，兼任行政責任，所有平津軍事失敗問題，不與宋事，願由余一人負之。」蔣介石覆電宋哲元撫慰有加，並邀他赴南京一談。宋哲元沒敢去，派秦德純先往。蔣介石肯定宋哲元等人「在華北忍辱負重，應付得不錯。使中央獲得了準備抗戰的時間。」同時將第29軍擴編為第1集團軍，任命宋哲元為集團軍總司令。這一情況打消了宋哲元的疑慮，8月21日，宋哲元親赴南京，發表抗戰必勝與擁護蔣委員長的談話。蔣介石也強調宋哲元在華北的一切都是遵守南京的命令，並批准將宋哲元此前截留中央的關稅款項全部報銷。

如今，可以說盧溝橋是中國知名度最高的橋，不是因為其歷史悠久，也不是因為橋上難以數清的石獅子，而正是因為1937年7月7日在橋上響起的槍聲，這槍聲揭開了中華民族八年艱苦抗戰的序幕，這槍聲更是被形容為中華民族作為沉睡中的獅子驚醒之後的第一聲怒吼，由此在歷史上留下了濃墨重彩的

盧溝橋與宛平

盧溝橋舊亦作蘆溝橋，位於北京市西南約15公里的永定河上，因永定河舊稱盧溝河，故橋亦以盧溝命名。是北京市現存最古老的石造聯拱橋，始建於金大定二十九年（1189年），明正統九年（1444年）重修。清康熙年間曾毀於洪水，康熙三十七年（1698年）重建。橋全長266.5公尺，寬7.5公尺，最寬處可達9.3公尺。有橋墩十座，共11孔。橋身兩側石雕護欄各有望柱140根，柱頭上均雕有臥伏的大小石獅共501個（盧溝橋文物保護部門提供數據），神態各異，栩栩如生。義大利旅行家馬可波羅在他的遊記中稱讚「它是世界上最好的、獨一無二的橋」。

■ 名聞遐邇的盧溝橋上的石獅子。

中共建政後，盧溝橋的橋面加鋪柏油，修繕了橋上的碑亭、石欄及柱獅。1967年，加寬了400餘公尺的步道，建立了59道混凝土挑樑。為了保護好盧溝橋，1971年北京市在距盧溝古橋約1公里處又興建了盧溝新橋，這是一座17孔跨河公路橋，全長54.99公尺，寬15.5公尺。1986年，北京市政府專門成立了「盧溝橋歷史文物修復委員會」，統籌規劃，動員各界，組織修繕，恢復古橋風貌。工程籌資人民幣355萬元。拆除了1967年加寬的步

■ 石橋、明月、流水，構成了燕京八景之一的「盧溝曉月」，乾隆所題的「盧溝曉月」碑更是和石獅子一樣成為了盧溝橋的象徵。

道和混凝土挑樑，加固了石欄望柱；清除了瀝青，恢復了橋面；同時修繕了宛平城，復原了城樓。並全面整修橋券橋墩。還對古橋全部望柱、欄板、地栿、橋面、華表、石碑等實施部分風化及防滲漏保護措施。橋面整修時，中間空出印心，完全恢復古橋的原狀。目前盧溝古橋只准行人步行通過，為全國重點保護文物。

橋東的碑亭內立有清乾隆題「盧溝曉月」漢白玉碑，所謂「盧溝曉月」是指這裏河水如練，西山似黛，每當黎明斜月西沉之時，月色倒影水中，更顯明媚皎潔，從而成為著名的燕京八大景點之一。

盧溝橋畔的宛平城內建有抗日戰爭紀念館，該館佔地面積3萬多平方公尺，總建築面積17600平方公尺。一期工程完工於1987年7月，二期工程於1997年7月完工。2005年又進行了大規模改造。紀念館正前方是面積達8600平方公尺的抗戰廣場，廣場中央矗立著象徵中華民族覺醒的「盧溝醒獅」，廣場中軸線兩側各分佈著7塊草坪，寓意「七七事變」爆發地和中華民族的十四年抗日戰爭。紀念館分為：資料中心、主館和南北四合院，全部展覽面積約7000平方公尺。特別是主館內有反映「盧溝橋事變」的半景畫館，以畫、景，配以聲、光、電等現代化手段構成立體形象效果，再現了日軍在盧溝橋挑釁和中國軍民奮起抗擊的情景。自開館以來，紀念館先後接待十幾個國家的政要，八十餘個國家和地區的20多萬觀眾。迄今為止，共計接待了國內外觀眾1500餘萬人次。是全中國及北京市重要的愛國主義教育基地。

宛平縣的歷史可以追溯到商末，屬於薊國。西元前七世紀，燕國併吞薊國，建都於薊城。秦於薊城設置薊縣。唐建中二年（781年）析薊縣設置幽都縣。遼開泰元年（1012年）改幽都縣為宛平縣。宛平之名由此開始，宛平兩字取自《釋名》「燕，宛也，宛然以平之義。」有「宛然而平」之意。縣城在今北京市宣武區西部。

金貞元元年（1153年）定都中都，宛平縣與大興縣同為中都大興府的管轄縣；宛平縣轄西部，大興縣轄東部。元初廢棄中都舊城，在其東北郊建大都城。至元二十一年（1284年），廢除大興府，置大都路，宛平、大興仍為其的管轄縣。明初隸屬北平府，永樂元年（1403年）以後至清代，宛平、大興為北京順天府的管轄縣，宛平縣轄城中軸線以西至西郊部分，宛平公署所在地明屬積慶坊。清屬正黃旗。1914年隸屬京兆地方。1928年，廢京兆地方設置北平市，宛平縣改隸屬河北省。1929年，縣屬由市內遷至盧溝橋拱極城，即宛平縣城。1937年抗日戰爭爆發後，縣治遷往長辛店。中共建政初期仍隸屬河北省，縣署移於大台村。1952年，劃歸北京市，撤銷縣的建制，其原轄地區分別劃入豐台區、京西礦區（門頭溝區）、房山縣（區）、大興縣、海淀區，石景山區。宛平縣作為建制在歷史上共存在了940年之久。

■ 近年來新建的宛平城樓。

南京保衛戰

國防工事

對於南京的防禦，國民政府自從1932年的一二八淞滬事變之後就開始考慮了。國民政府的參謀本部判斷，如果中日之間再次在上海爆發戰事，日軍的陸軍必將沿京滬鐵路，海軍必將溯長江而上，從兩面夾擊南京。因此，參謀本部于1932年12月成立了城塞組，由參謀次長賀耀祖兼任主任，在德國顧問的指導下，開始在南京以東地區構築國防工事，並在長江沿岸的江陰、鎮江、江寧等要塞整修國防工事。不過隨著《淞滬停戰協定》的生效，計劃中的國防工事修築並未能按時開工。

1935年夏，隨著日本在華北地區積極策劃「華北自治運動」，使華北地區的局勢驟然緊張，這也使國民政府進一步認清了日本對中國的侵略野心，開始認真積極地進行抗戰準備。南京地區的國防工事修築也在這一大氣候下開始全面展開。

1936年2月，在張治中的領導下，在上海與南京之間的主要防禦方向構築了吳福線（蘇州至福山）和錫澄線（無錫至澄山）兩道國防工事線，形成了南京接近地的防禦陣地。在南京地區，則構築了週邊和複廓兩道陣地。週邊陣地為大勝關、牛首山、方山、淳化鎮、青龍山、棲霞山、烏龍山一線；複廓陣地分為外廓與內廓，外廓為雨花臺、孝陵衛、紫金山、幕府山一線，而以南京城垣作為內廓；南京城內則以北極閣、清涼山等制高點為核心據點。

1937年8月13日，淞滬會戰爆發。8月底，隨著日軍增援部隊在川沙登陸，日軍在淞滬戰場上逐漸由守勢轉為攻勢，國民政府不得不開始未雨綢繆地考慮起上海淪陷後南京的防禦問題。9月2日，中國統帥部一面命令軍事委員會（簡稱軍委會）執行部與南京警備司令部迅速整修南京地區的防禦工事並制訂防禦計劃，一面命令第三戰區迅速派出部隊整修、加強吳福線和錫澄線的國防工事，準備作為上海地區部隊在萬不得已時退守後方的預設陣地。就在這天，蔣介石電令何應欽：「首都附近各線陣地，應即編成。招募民夫，由教導總隊派兵指導趕築工事。」同時命令南京警備司令谷正倫：「已電令第53師、77師、121師迅速開赴南京，歸該司令指揮，

加強首都附近之工事。預定由77師擔任常州、宜興、長興一帶；53師擔任浦鎮、滁州一帶；121師擔任句容、天王寺一帶。希妥為計劃，並于到南京分別予以指示為要。」

根據統帥部命令，南京警備司令部在軍委會執行部的領導下制訂了南京防禦陣地的編成計劃，其主要內容為：以大勝關至龍潭之線原國防工事為主陣地（即南京東南主陣地）；以雨花臺、紫金山、銀鳳山、楊坊山、紅山、幕府山、烏龍山、棲霞山一線為預備陣地（即複廓陣地）；在長江北岸，以浦口為核心，由劃子口沿點將台至江浦縣以西為主陣地，與東南主陣地形成環形防禦；預計使用總兵力為5個軍，其中江南地區部署4個軍，江北地區部署1個軍。而在江南的4個軍中，東南主陣地部署3個軍，複廓地區部署1個軍。這一計劃雖然得到了統帥部的批准，但預計使用的5個軍都未能落實，就連最早開赴南京的3個師中，53師和77師又被調往他處，根本未到南京，121師到達南京後卻又被調往其他地區。

9月1日，統帥部曾令第1軍負責修整吳福線國防工事。但9月3日又改令第三戰區副司令長官顧祝同指派部隊整修吳福線和錫澄線國防工事，並構築野戰工事，限令9月20日前完成。顧祝同認為兵力不足，回電表示在限期內只能完成國防工事的整修，野戰工事整修請統帥部另行指派部隊負責。因此，蔣介石於9月10日電令第三戰

區司令長官馮玉祥抽出第66軍擔任吳福線守備並構築野戰工事；要求66軍以1個師擔任吳江至陽澄湖以南的守備，主力位於吳縣，另1個團位於澱山湖以西莘塔鎮、周莊以及陽澄湖以西、同裏以東；以1個師擔任湘城鎮經常熟至福山一線守備，主力位於楊尖鎮，另1個團位於梅李鎮、滸浦鎮；66軍教導旅擔任福山鎮以西以北地區守備。吳福線未完成之永久、半永久工事，由城塞組派員和66軍軍長共同負責完成，該軍部署及野戰工事限令在9月20日前完成。

9月15日，66軍到達吳福線，但由於淞滬戰場情況十分危急，因此很快就被調到淞滬戰場參戰，吳福線的國防工事整修和守備再次成為泡影。直到9月24日，才抽調33師的3個團和76師的4個團以及民夫開始整修、構築吳福線國防工事，勉強於10月10日前完成，但整個吳福線卻沒有部署強有力的守備部隊，整個防線的守備依然形同虛設。

唐生智請命

11月初，日軍在杭州灣登陸，嚴重威脅了淞滬前線的中國軍隊側後，戰局急轉直下。不久，在淞滬一線的中國軍隊為避免遭到合圍而開始全線後撤至吳福線和錫澄線，但是吳福線和錫澄線國防工事既沒有守備部隊，甚至連嚮導都沒有，後撤的部隊退到國防工事，連工事位置都找

■ 1937年11月5日，日本援軍第10軍在杭州灣登陸，並迅速分路向中國守軍實施迂迴包抄，企圖切斷中國軍隊退路。

不到，好不容易找到了工事，卻又沒有能打開工事的鑰匙。而此時日軍卻在身後銜尾疾追，後撤的部隊還沒能站穩腳，日軍就已經逼近了平望、福山、澔浦，直接威脅到了吳福線的兩翼。於是只能放棄吳福線，繼續撤向錫澄線。而在錫澄線也是如此，在日軍的銜尾疾追下，也根本站不住腳，這樣一來，吳福線和錫澄線兩道國防工事基本都沒發揮什麼作用，南京的防守便提前擺到了面前。

11月13日蔣介石決定遷都重

中國軍隊軍事統帥機構

軍事委員會（簡稱軍委會）為最高軍事統帥機構，直隸國民政府，設委員長一人，1932年3月8日蔣介石任委員長。

1937年6月，抗戰全面爆發前軍事委員會成員包括：副委員長閻錫山、馮玉祥；常務委員白崇禧、何應欽、程潛、唐生智、陳紹寬、李烈鈞、朱培德、陳調元、徐永昌。

軍委會下設機構：

1、國防會議（即最高軍事會議），主要負責全國國防。議長由軍委會委員長兼任，副議長由行政院長兼任。會議成員包括：軍委會副委員長、中央各軍事機關首長、行政院關係各部長（軍政、財政、外交、交通、鐵道、海軍等）、特別指定的軍政長官。

國防會議設秘書廳，廳長由參謀總長兼任，副廳長兩人分別由參謀次長和辦公廳副主任兼任。

國防會議每年召開大會一次，必要時可召集臨時會議。

2、辦公廳，徐永昌為主任，主要負責軍委會日常事務。下轄高級參謀、專門顧問、機要室、第一處、第二處、第三處、第四處。

3、參謀本部，參謀總長程潛，為軍委會的軍令單位。下轄總務廳（廳長陳焯）、第一廳（廳長龔浩）、第二廳（廳長徐祖詒）、測量局（局長黃思基）、城塞組（組長楊傑）。

4、訓練總監部，總監唐生智，主要負責全國軍隊的教育訓練。下轄步兵監、騎兵監、砲兵監、工兵監、輜重兵監、交通兵監、通訊兵監、國民軍事教育處、軍事編譯處、政治訓練處。

5、軍政部，部長何應欽，為軍委會的軍政單位，屬行政院建制。下轄軍務司、軍醫司、軍法司、交通司、兵工署、軍需署、總務廳、會計處。

6、軍事參議院，院長陳調元，為最高軍事諮詢、建議和高級軍官儲備機構，下轄軍事研究會、政治研究會、總務廳、軍事廳。

7、海軍部，部長陳紹寬，為海軍領導機關，屬行政院建制。下轄總務司、軍務司、航政司、軍學司、軍械司、海政司、軍需司及海軍各要塞、海軍巡訪處、海軍測量局。

8、航空委員會，委員長蔣介石，秘書長宋美齡，為空軍領導機構，屬行政院建制。下轄第一廳（廳長周至柔）、第二廳（廳長黃光銳）、第三廳（廳長黃秉衡）、防空委員會。

9、銓敘廳，廳長林蔚，主要負責全國海陸空三軍人員。

10、軍事委員會委員長侍從室，下轄第一處（處長錢大鈞，負責軍事和內衛）、第二處（處長陳佈雷，負責政治、經濟、外交和黨務）。

11、各部院會長辦公室。

12、軍事長官懲戒委員會。

13、軍醫設計監管委員會。

14、審計廳。

15、政訓處。

16、後方勤務部。

17、軍事調查統計局（即軍統）。

18、國際關係研究所。

1937年8月12日，國防會議決定成立大本營，由軍委會委員長蔣介石為陸、海、軍大元帥，為三軍最高統帥。但是由於未對日宣戰，因此成立大本營並未對外公開宣佈，實際上仍以軍委會作為領導抗戰的最高統帥機關。同時國防會議還決定成立國防最高會議，作為戰時黨、政、軍的最高領導機構，由蔣介石為會議主席，根據有關規定，他可以不按照平時程式來處理一切事務。這也標誌著中國由此正式進入了戰時指揮體制。

8月15日，蔣介石下達全國總動員令，並將全國劃分為四個戰區（8月20日增為五個戰區）。

慶，統帥部則遷至武漢，以堅持長期抗戰。但對於南京最終是守是棄，蔣介石還是難以決斷，因此於11月中旬在陵園官邸接連召開了三次高級將領會議。在第一次會議上，軍令部作戰廳廳長劉斐表示，由於主力部隊在淞滬會戰中損失太大，又剛經長途撤退，困乏混亂，只有經過較長時期的補充整訓，才能恢復戰鬥力。因此目前階段應採取機動靈活的運動戰，爭取時間，掩護部隊補充整訓和進一步的全國總動員。南京作為首都，如果不作抵抗就拱手放棄，對於民心士氣打擊太大，所以可以進行象徵性的防禦，在進行適當抵抗後就主動撤退，而使用兵力有12個團到18個團就夠了。對於劉斐的這一看法，副參謀總長白崇禧、軍政部部長何應欽、軍令部

■ 1937年11月12日，日軍侵佔上海。圖為行進在南京路上的日軍。

部長徐永昌都表示同意。蔣介石雖然同意劉斐對戰局的判斷，但覺得南京是首都，國際觀瞻所在，守肯定得守一下，如何守還需要再考慮。儘管第一次會議並沒有做出明確的決策，但現實情況非常嚴峻，部隊從上海撤退下來損失慘重，很多部隊在錫澄線站腳不住，已經撤向了蘇皖邊境的廣德、安吉、孝豐等地，只有第1軍在鎮江附近，第78軍在南京附近。

第二次會議上，時任軍委會執行部主任的唐生智卻力主堅守南京，他表示南京是首都，又是國父孫中山的陵寢所在，怎能輕言放棄？聽了唐生智的一番慷慨陳詞，蔣介石原來象徵性防守的決心開始有所動搖，但還沒未最後確定，只是說「孟瀟（唐生智字孟瀟）的意見很對，值得考慮，我們再研究研究。」

第三次會議上，唐生智依然堅持固守南京的意見，這回蔣介石明確表態支持他的意見，決定對南京採取「短期固守」策略，預期堅守一至兩個月。接著蔣介石就問起誰願意守南京，在座的將領卻無人應聲，見此場景，唐生智便挺身而起：「若沒有別人負責，我願意勉為其難，我一定堅決固守，與南京城共存亡！」於是固守南京的決策就此確定。11月19日，組建南京衛戍司令部，以唐生智為司令長官，羅

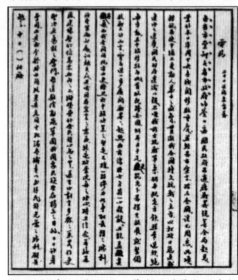

■ 1937年11月20日，蔣介石通電全國告知中央政府各機關移駐重慶。

■ 重慶國民政府外景。

卓英、劉興為副司令長官，周斕為參謀長。第一批劃歸衛戍司令部的部隊有第72軍、第78軍、首都警備軍（下轄教導總隊和憲兵部隊）。11月20日唐生智就先行視事，11月24日軍委會正式發佈命令，任命唐生智為南京衛戍司令。

會議結束後，根據唐生智的回憶，蔣介石又單獨召見了他，詢問對於堅守南京的把握有多大，唐生智回答：「我只能做到八個字『臨危不亂，臨難不苟』，沒有命令，決不撤退！」儘管堅守的決策已定，但蔣介石心中也深知，南京確實很難堅守，在11月27日巡視城防工事時，他就曾歎息到：「南京孤城不能守，然不能不守也。」

在確定堅守南京之後，軍委會便開始向南京調集部隊，先後調集了66軍、71軍、72軍、74軍、78軍、83軍、第2軍團、教導總隊等部隊，雖然看上去部隊番號眾多，但各部隊在剛剛結束的淞滬會戰中損失很大，減員很大，因此實際總兵力不過約12萬人（其中還包括了3萬剛剛補充的完全沒有經過訓練的新兵）。

唐生智之所以主動請纓堅守南京，史學界一般都認為，主要是唐生智想借此戰重振旗鼓，重掌軍權。因此此時唐生智只是一個沒有實權的軍委會執行部主任兼訓練總監，而作為當年一方諸侯的唐生智自然是想著能恢復往日的雄風。另外還有資料稱，唐生智主動請戰還有一個原因是他聽信了術士顧子同的話，顧子同說唐生智前生是「金陵王」，合當坐鎮南京。而且

附圖一 南京保衛戰示意圖
（1937年11月13日-12月13日）

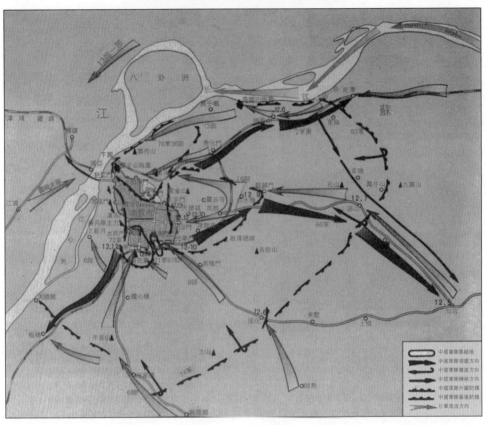

顧子同的占卜結果是日軍佔領上海之後不會再打南京。因此，唐生智才自告奮勇，主動請戰。他的如意算盤是如果日軍不打南京，就可以白撿一個慨然救國的英雄美名，名利雙收。

但是不管怎樣，唐生智在主動請纓指揮固守南京之後的行為來看，確實有與南京共存亡的決心。比如11月27日他向新聞記者談話，就鄭重表示：「本人奉命保衛南京至少有兩件事有把握。第一，即本人所屬部隊誓與南京共存亡，不惜犧牲于南京保衛戰中；第二，此種犧牲定將使敵人付出莫大之代價。」而且唐生智在南京保衛戰中，以重病之軀，挺身而出，率軍守土抗敵，不愧為一名抗日愛國將領。但是他在戰役指揮中，戰術呆板，特別是在撤退時指揮上出現嚴重失誤，給中國軍隊和南京人民帶來了慘重的損失，這也是他推卸不掉的歷史責任。

而蔣介石之所以會同意唐生智堅守南

■ 1937年11月，日軍第16師團向常熟附近梅李鎮進犯。

■ 日軍乘船向南京進攻。

京的意見，一方面是因為南京作為首都，不戰而棄，對於民心士氣和國際影響的負面作用實在太大。另一方面，8月21日，中國與蘇聯簽署了久議未決的互不侵犯條約，所以蔣介石也希望能通過在南京的堅決抵抗，來提高中國在蘇聯面前的地位，甚至幻想能推動蘇聯出兵。

日軍大本營

1937年7月抗戰全面爆發後，英美等西方國家雖然沒有大力支援中國的抗戰，但與中國的貿易仍在不斷進行，而日本的盟國德國甚至還在向中國出售軍火，蘇聯也在《中蘇互不侵犯條約》簽署後更為積

■ 1937年11月25日，日軍第9師團佔領無錫。門上標語為中國當局所貼。

極地向中國的抗戰提供支援。如果要斷絕中國與其他國家的貿易往來，勢必需要對中國正式宣戰。同時由於沒有正式宣戰，日軍對佔領區的中國海關無法接收，金融、行政、財政、郵政等諸多方面的管理也非常不便，所以在日本政府高層有關宣戰的問題就已經引起了爭論。

　　出人意料的是，日本政府以近衛文首相為代表，希望對中國宣戰。而日本軍方——向來矛盾尖銳的陸軍和海軍卻一致表示以不宣戰為宜，因為一旦對中國正式宣戰，固然能切斷中國與第三國的貿易，但日本自己向其他國家採購軍需物資也會同樣遇到很多障礙。

　　1937年11月，日本內閣成立了一個專門委員會，負責研究是否對中國宣戰，經過研究和分析，最後認為正式宣戰對日本弊大於利，因此確定暫不宣戰。但是不宣戰，就不能成立戰時大本營，然而在中國的戰爭，規模卻越來越大，而且更為嚴重的是，正向長期化的趨勢發展，目前基於和平時代的領導體制已經逐漸開始暴露出不能適應戰爭需要的苗子，為了協調政府與軍方、陸軍與海軍之間的矛盾與衝突，必須成立一個最高的統帥機構，才能有效解決這一問題。因此，11月16日日本內閣會議決定，廢除只適用於戰時的《戰時大本營令》，重新制訂了一個既能適用於戰時，也能適用於在「在事變之際，按期需要可得設置大本營」的《大本營令》，這個《大本營令》規定：陸海軍大臣既作為國務大臣參加內閣，又作為統帥部之一員置身大本營，負責兩者之間的緊密聯繫。雖然在《大本營令》中還規定「大本營純屬統帥之府，國務則統屬於政府，兩者職能範圍分界嚴明。」但是，「收拾時局問題等主要政務，應先在大本營內陸、海軍當局對其基本原則取得一致意見，然後移交政府。」而實際上，所有關於戰爭的重要決策，全部都控制在軍方手裏。

　　11月18日，日軍以軍令第一號命令的形式公佈了《大本營令》。11月20日，日軍正式設立大本營，大本營直接受命於日本天皇。隨後又設立了大本營與政府首腦的聯席會議。11月24日，召開了大本營第一次御前會議，通過了對中國的作戰計

唐生智

唐生智，1890年出生，湖南東安人，字孟瀟，小名祥生，信佛後法名法智，號曼德。出身于湘軍世家，祖父唐本友在與太平軍作戰時，在金沙江畔擒獲翼王石達開，以戰功升任廣西提督，賞穿黃馬褂。

1908年，考入湖南陸軍武備學堂（陸軍小學）第一期。1909年升入湖北武昌第三陸軍中學，在譚人鳳等人影響下，參加了同盟會。1911年8月，從陸軍中學畢業後，進入河北保定陸軍軍官學校入伍生隊學習。10月辛亥革命爆發，唐生智與幾個同學南下上海參加革命，11月在滬軍都督府任科員。12月到煙臺都督府（都督李變和）任參謀，後轉任連長，因控告營長吃空額而遭排擠。1912年10月考入保定軍校第一期步兵科第二連學習。1914年10月，從保定軍校畢業，被分配到湖南陸軍混成旅任見習排長。1915年12月參加了討袁護國戰爭，事敗離隊。

1916年6月袁世凱死後，湘軍趕走北洋軍閥湖南都督湯薌銘，由劉人熙任臨時都督，唐生智重回湘軍，任湖南督軍署衛隊營營長，8月任湖南陸軍第1師第2旅第3團3營營長。1918年升任湘軍第1師第1旅第3團團長。1920年12月升任湖南陸軍第1師第2旅旅長。1921年2月追隨湘軍趙恒惕參加湘直戰爭，任第二縱隊司令兼左翼司令。1923年8月趙恒惕就任湖南護憲（省憲）軍總指揮，唐生智任第三路軍指揮。12月湘軍整編，任暫編第4師師長。1924年11月，唐生智擁地自雄，所部第4師發展到五萬人槍。1926年3月，率部進軍長沙，迫使湖南省長趙恒錫離職。湘軍第3師師長葉開鑫接受吳佩孚討賊聯軍湘軍總司令的委任，率部反攻長沙。唐生智遂向廣州國民政府求救，廣州國民政府隨即決定提前出師北伐。5月廣州國民政府任命唐生智為國民革命軍第8軍軍長、北伐軍前敵總指揮，兼理湖南民政。北伐軍佔領湖南後，任湖南省政府主席、國民黨第二屆中央執行委員、湖南省黨部執行委員，兼湖南軍事廳長。8月任中央軍總指揮兼左縱隊指揮官，北伐軍攻佔武昌後，第8軍留駐兩湖整訓。1927年2月唐生智將第8軍擴充為4個軍共6萬人，並控制了兩湖的軍政大權。3月任武漢衛戍司令、武漢軍事委員會委員、軍委主席團成員、國民政府委員。四一二事變後，任武漢國民政府國民革命軍總指揮。6月任第4集團軍總司令。寧漢合流後任國民黨特別委員會委員、國民政府委員、軍事委員會主席團成員。

1929年3月初，蔣桂戰爭中任通電討桂，並就任討逆軍第五路總指揮。6月任南京國民政府軍事參議院長兼國軍編遣委員會編組部主任。9月任中央陸軍軍官學校校務委員、中央特別委員會委員。10月率舊部參加蔣介石一方進攻西北軍，11月當選國民政府委員、代理陸海空軍總司令，但卻與石友三、閻錫山密謀反蔣。12月1日，唐生智、宋哲元、劉文輝等七十餘人通電反蔣，任「護黨救國軍第四路」總司令。1930年1月兵敗通電下野，從此失去軍權。

1931年5月聯合陳濟棠、李宗仁等成立廣州國民政府。12月當選國民黨第四屆候補中央執行委員。1932年1月，任國民政府軍事委員會委員兼軍事參議院院長。1933年4月任全國航空建設委員會委員，11月任軍事長官懲戒委員會委員。1934年12月任軍事委員會訓練總監。1935年4月晉升一級陸軍上將。6月任軍事委員會執行部主任，12月改任軍事委員會第一廳主任兼任訓練總監部總監。

1937年7月抗戰爆發後，兼任軍事委員會執行部主任，9月兼任軍法執行總監。11月主動請纓出任南京衛戍司令長官，南京失守後引咎辭職，但並未置議。1938年2月免去軍法執行總監，隨即以父病為由返回湖南原籍，從此避居家鄉。1940年4月任軍事委員會運輸統制局副主任委員，不久又辭職閒居。1945年5月當選為國民黨第六屆中央執行委員。

內戰爆發後，唐生智非常抵觸。1948年4月拒絕參加南京政府「國民大會」，11月任總統府戰略顧問委員會委員，拒絕出任衢州綏靖公署主任，並向蔣介石建議停戰言和。同時開始與中共地下黨取得聯繫，1949年4月在湖南組織「和平自救」運動，任「湖南人民自救委員會」主任委員，8月參加湖南起義，任湖南軍政委員會委員。建國後任第一屆全國政協委員，1950年2月任中南軍政委員會委員。4月任湖南省人民政府副主席、土改委員會委員。1952年11月任中南行政委員會委員，1954年9月任第一屆全國人大代表、國防委員會委員，12月任第二屆全國政協委員、常委。1955年2月改任湖南省政府副省長、湖南第一屆政協副主席、湖南各界人民代表會議協商委員會副主席。1958年7月任湖南省副省長、第二屆湖南各界代表會議協商委員會副主席、第二屆湖南政協副主席。1959年4月任第二屆全國人大代表、常委會委員、國防委員會委員，並任第三屆全國政協常委。1962年9月繼續當選為湖南省第三屆政協副主席。1965年1月任第三屆全國人民代表大會代表、全國人大常委會委員、國防委員會委員，並任第四屆全國政協委員、常委，民革中央常委等職。

1970年4月，病逝于長沙。1981年，中共中央恢復唐生智的名譽，承認他為革命的領導幹部，委託湖南省委重新為唐生智召開追悼會。

劃預案。在這個計劃裏，確定「華中方面軍」（作者注：日軍所稱的華中也就是通常意義的華東地區）利用在上海周圍的勝利成果，不失時機地果敢進行追擊。但當初給該軍的任務是消滅上海附近之敵，並使該地從南京方面孤立出來，由於是出於這種要求編組的，所以不僅它的推進能力受到限制，而且很多輜重，甚至連砲兵這

■ 1937年12月1日，日軍第16師團第20聯隊向丹陽進犯。

樣的戰鬥部隊有不少還遠在前線部隊的後方，因此不能考慮一舉即可到達南京。在此情況下，方面軍應以其航空部隊與海軍航空兵協同，轟炸南京及其他要地，並不斷表現出進擊的氣勢，以資削弱敵人的戰鬥意志。統帥部也在考慮根據今後情況，整頓好該方面軍新的準備姿勢，使其攻擊南京或其他地區。」

而在華中方面軍序列裏的第10軍，由於在杭州灣登陸後並未遭到中國軍隊的頑強抵抗，部隊傷亡並不大，所以不願遵守參謀本部所規定的蘇州、嘉興以東的作戰地域限制線，一心希望乘勝西進，因此於11月15日決定「以軍主力獨立果斷地向南京追擊。」當參謀本部發現第10軍違反規定後，要求其立即停止前進，但華中方面軍卻向大本營提出反對意見，強烈要求乘勝進擊佔領南京。華中方面軍認為「現在敵之抵抗在各陣地均極其微弱，很難斷定有徹底保衛南京的意圖。在此之際，軍

如停留在蘇州、嘉興一線，不僅會失去戰機，而且將使敵人恢復鬥志，重整戰鬥力量，其結果要徹底挫傷其戰鬥意志將很困難，從而事變的解決越發推遲……為此，利用目前的形勢攻佔南京，當可在華中方面結束作戰……為了要解決事變，攻佔南京具有最大價值。方面軍以現有的兵力不惜付出最大犧牲，估計最遲在兩個月內可以達到目的。我們認為第10軍隨著後方的建立將可繼續躍進，上海派遣軍經過10天的休整即可向南京追擊。」

日軍大本營經過兩天的討論，最後同意了華中方面軍的意見，於11月24日下達「大陸第五號令」，廢除「臨命第600號指示中規定的華中方面軍作戰地境的界限」，同時通知華中方面軍參謀長「本部有堅強決心攻佔南京。」根據這一命令，華中方面軍立即制訂了《第二期作戰計劃大綱》，開始著手進行攻佔南京的有關準備。

南京衛戍司令部

司令長官唐生智，副司令長官羅卓英、劉興，參謀長周斕。

第2軍團軍團長徐源泉
　　第41師師長丁治磐
　　第48師師長徐繼武
第66軍軍長葉肇
　　第159師師長譚邃
　　第160師師長葉肇（兼）
第71軍軍長王敬久
　　第87師師長沈發藻
第72軍軍長孫元良
　　第88師師長孫元良（兼）
第74軍軍長俞濟時
　　第51師師長王耀武
　　第58師師長馮聖法
第78軍軍長宋希濂
　　第36師師長宋希濂（兼）
第83軍軍長鄧龍光
　　第154師師長巫劍雄

第156師師長李江
教導總隊總隊長桂永清
　　第1團團長周振強
　　第2團團長胡啟儒
　　第3團團長馬威龍
江防軍軍長劉興
　　第103師師長戴之奇
　　第112師師長霍守義
憲兵司令部憲兵副司令蕭山令
　　憲兵第2團
　　憲兵第10團
　　憲兵教導第2團
江甯要塞司令部司令邵百昌
江陰要塞司令部司令許康
鎮江要塞司令部司令林顯揚
砲兵第8團第1營

日軍華中方面軍

1937年9月11日，日軍大本營組建上海派遣軍，松井石根大將任司令官。
1937年10月29日，組建華中方面軍，松井石根任司令官，下轄上海派遣軍和第10軍，共9個師團。

華中方面軍
司令官松井石根大將，參謀長塚田攻少將
　　上海派遣軍司令官松井石根大將（後朝香宮鳩彥王中將）
　　　第3師團師團長藤田進中將
　　　　步兵第5旅團旅團長片山理一郎少將
　　　　步兵第29旅團旅團長上野勘一郎少將
　　　第9師團師團長吉住良輔中將
　　　　步兵第6旅團旅團長秋山義允少將

　　　　步兵第18旅團旅團長井出宣時少將
　　　第11師團師團長山室宗武中將
　　　　步兵第10旅團旅團長天谷直次郎少將
　　　　步兵第22旅團旅團長黑岩義雄少將
　　　第13師團師團長荻洲立兵中將
　　　　步兵第26旅團旅團長沼田德重少將
　　　　步兵第103旅團旅團長山田梅二少將
　　　第16師團師團長中島今朝吾中將
　　　　步兵第19旅團旅團長草場辰巳少將

步兵第30旅團旅團長佐佐木到一少將	第18師團師團長牛島貞雄中將
第101師團師團長伊東政喜中將	步兵第23旅團旅團長上野龜甫少將
步兵第101旅團旅團長佐騰正三郎少將	步兵第35旅團旅團長手塚省三少將
步兵第102旅團旅團長工騰義雄少將	第114師團師團長末松茂治中將
上海派遣軍直屬部隊	步兵第127旅團旅團長秋山充山郎少將
重騰支隊支隊長重騰千秋少將	步兵第128旅團旅團長奧保夫少將
第10軍司令官柳川平助中將	第10軍直屬部隊
第6師團師團長谷壽夫中將	國崎支隊支隊長國崎登少將
步兵第11旅團旅團長阪井得太郎少將	第3飛行團團長佐賀忠沃少將
步兵第36旅團旅團長牛島滿少將	

縱觀八年抗戰，日軍在戰略層面的全局計劃可以說是幾乎從沒有過，七七盧溝橋事變，是日軍下級軍官擅自發動的「下克上」行為而逐漸擴大的。而八一三淞滬抗戰，從現在逐漸解密的史料來看，更多可能是中國為了分散日軍兵力而主動開闢的第二個戰場。日軍原以為佔領北平天津，就可以結束戰爭，但是戰爭依然在繼續；接著認為佔領上海，就能結束戰爭，但佔領上海後，戰爭還在繼續；現在又認為佔領南京後，可以結束戰爭——這樣的戰略分析，這樣的戰略決策，實在有些淺薄。

12月1日，日軍大本營下達「大陸第八號令」，正式命令華中方面軍「與海軍協同，攻佔敵國首都南京。」同時公佈了華中方面軍的戰鬥序列。12月2日，免去華中方面軍司令官石井松根大將上海派遣軍司令官的兼職，專任方面軍司令官，而以朝香宮鳩彥王中將繼任上海派遣軍司令官。

日軍計劃是以8個師團的兵力，兵分四路，水陸並進，合擊南京。其中上海派遣軍沿京滬鐵路進攻，第10軍從宜興、溧陽公路以及甯國、蕪湖公路進攻，國崎支隊從廣德經郎溪、太平渡江，攻佔浦口，切斷中國軍隊北渡長江的退路。

陶德曼調停

1937年8月淞滬事變發生後，日本仍企圖速戰速決，運用軍事上的優勢逼迫中國讓步。而中國民政府則希望通過淞滬戰爭將中日爭端從地方衝突事件轉變為國際問題，利用國際輿論造成對日本的壓力，再通過與日本交涉實現「戰而後和」，並將希望寄託在11月的九國公約布魯塞爾會議上。但日本卻拒絕出席布魯塞爾會議，並拒絕了各國的停戰勸告，使中國寄予厚望的國際調停流產。

但日本很快就意識到光靠軍事壓力是難以迫使中國屈服的，於是轉而企圖

「將軍事行動的成果與外交措施的運用相結合，儘快結束此次事變。」不過由於布魯塞爾會議已經流產，日本只好通過第三國——德國來調停。

30年代的德國與中國和日本的關係都非同一般，確實是個最合適的調停者。1936年11月25日，德國與日本簽訂了《反共產國際協定》，該協定還附有秘密協定，規定兩國結成共同反對蘇聯的軍事同盟，所以德國和日本已是盟友。而30年代德國與中國的關係也相當密切，1936年德國的對華貿易已經在各國對中國商品輸入總額（東北除外）中位居第二，僅次於美國。德國還幫助中國制定《中國工業發展三年計劃》，計劃在華南和華中建立新的經濟中心，為了籌措實現該計劃的建設資金，中德簽署秘密信用借款合同，德國政府給與中方貨物信用借款1億馬克。中國將在隨後5年中每年購買2000萬馬克金額的德國軍火和機器，在10年內用各種農礦產品歸還，每年為1000萬馬克。在軍事領域，雙方關係尤為密切，德國顧問團在幾年中為中國訓練了30萬中央軍，這支部隊就是赫赫有名的德械師，是日後抗戰初期中國軍隊的重要骨幹力量。1937年德國以易貨供應方式向中國提供的作戰物質，價值高達8000多萬馬克，比1936年激增3倍多。直到1938年7月美國國務院統計七七事變以來各國輸入中國軍火的數量，德國仍超過蘇聯位居第一位。

對日本來說，德國是自己的盟友而且在中國沒有殖民野心，不會偏袒中國或者在調停中順手牽羊謀取利益；對中國來說，通過多年來的友好關係，說明德國是可信任的朋友，不會在調停中損害中國的利益；而對德國來說，通過調停，一方面確保其在華的經濟利益，一方面確保其與日本的政治利益，防止德日關係因為德國的對華政策而進一步惡化。

在這樣的背景下，德國的調停便很自然地為三方都能接受。

1937年10月底，德國駐中國大使陶德曼（Dr.Oskar P.Trautmann）在上海會見了即將回國的日本駐華大使川越茂，試探日本能接受停戰條件的底線。川越表示，日方的基本條件是中國必須斷絕與蘇聯的關係，加入反共產國際協定，以及華北自治。10月29日，陶德曼拜會中國政府外交次長陳介。11月2日，德國駐日大使狄克遜致電陶德曼，轉達了日本外務省提出的七項和平條件：一、內蒙古自治；二、在華北建立一個沿滿洲國國境線的非軍事區；三、擴大上海的非武裝地帶，由日本控制公共租界的巡捕隊；四、停止抗日政策；五、共同反對共產主義；六、降低對日關稅；七、尊重外國權益。11月4日，陶德曼將日方的這七項條件轉達給蔣介石。蔣介石表示，只要不恢復到七七事變以前的原狀，他就不會接受日本的任何條件。11月12日，日軍佔領上海。20日，國民政府宣佈遷都重慶。22日，日本外相廣田弘毅通知狄克遜，雖然日本在華取得節節勝利，

但基本和談條件並沒有升級，希望德國把這一打算轉達給中國政府。

11月28日，陶德曼在漢口拜訪了行政院院長孔祥熙，轉達了廣田的通知。次日，他又與中國外交部長王寵惠舉行會談，加緊進行調停活動。12月2日，中國政府外交次長徐謨陪同陶德曼返回南京，會見留守在那裏的蔣介石。在會見陶德曼前，蔣介石召集了在南京的高級軍政人員會議，徵求大家對日方和談條件的意見。與會者均認為，日本沒有要求成立華北自治政權，沒有要求承認偽滿，也沒有要求賠款，條件不算苛刻。蔣介石也認為日本提出的條件並非亡國條件，決定接受德國調停，與日本議和。12月2日下午17時，蔣介石會見了陶德曼，感謝德國為調停中日戰爭所進行的努力，並表示中國已準備接受調停。12月7日，狄克遜將德國有關調停問題所做的工作匯總為「調停史記」，提交給廣田。但是廣田突然表示，由於一個月前日本還沒有獲得軍事上的決定性勝利，而目前戰場形勢已發生轉變，南京陷落在即，因此11月22日建議的和談條件已經過時。

12月8日，日本召開首相、陸軍大臣、海軍大臣、外相的四相會議，研究對華戰略。儘管當時日本政府和軍方中都有所謂的軟、硬兩派，但無論哪派，都是想通過對中國施加壓力而使之屈服，所不同的無非就是施加何種壓力而已。

12月13日，南京淪陷。這使日本國內主戰派的勢力猛然抬頭，從12月14日起召開的日本政府和大本營聯席會議，一連舉行了4天，才通過了決議。19日根據這一決議確定了外務省方案。這一方案隨即在21日的內閣會議上通過，並於22日由廣田交給了狄克遜。這個方案對原來的條件進行了修改，提出了四項更為苛刻的和平條件，包括「一、中國應放棄容共和反抗日、滿的政策，對日、滿兩同的防共政策予以協助；二、在必要地區設置非武裝地帶並在該地區內的各個地方設置特殊機構；三、在日、滿、華三國間，簽訂密切的經濟協定；四、中國應對帝國賠款。」日本同時還要求在華北、內蒙和華中的一定地區，為了起保證作用，應在必要期間

近衛文《對華政策聲明》全文

在攻陷南京後，帝國政府為了仍然給中國國民政府以最後重新考慮機會，一直等到現在。然而，國民政府不瞭解帝國的真意，竟然策動抗戰，內則不察人民塗炭之苦，外則不顧整個東亞和平。因此，帝國政府今後不以國民政府為對手，而期望真能與帝國合作的中國新政權的建立與發展，並將與此新政權調整兩邦交，協助建設復興的新中國，帝國政府尊重中國領土與主權以及各國在中國的權益的方針，當然毫無變更。現在，帝國對東亞和平的責任日益加重。政府期望國民為了完成這一重大任務而更加發奮。

內駐紮日本軍隊。在簽訂有關以上各項協定後，再簽訂停戰協定。

看到日本的第二次和平條件後，連狄克遜大使都感到太過分了，他認為中國政府是完全不可能按受這些條件的。但德國政府還是要求陶德曼繼續進行調停中日戰爭的努力。雖然德國希望充當調解人促成中日和平，但由於南京的失守讓日本軍部的主戰勢力變得非常強大，日本政府已徹底喪失對軍方的控制，中日之間已不存在任何媾和的可能。德國先前的努力也化作了泡影。

12月28日，國民政府召開會議，討論日本的第二次和平條件，此前主和派呼聲相當之高。汪精衛甚至建議蔣、汪一同下野，由第三者出面組織政府以換取日方諒解，蔣介石對此頗為感慨：「各方人士及黨中重要負責同志，均以軍事失敗，非速和不可，幾乎眾口一詞，殊不知此時求和，無異滅亡，不僅外侮難堪，而內亂益甚，彼輩只見其危，不知其害，不有定見，何能撐此大難也。」而日方提出如此苛刻條件，倒令蔣介石如釋重負，因為要接受如此苛刻的條件，無異於投降，所以會議最後一致認為中國無法接受如此屈辱的條款。當日，中國政府正式通知陶德曼，中國拒絕接受日本的四項條件。1月2日，蔣介石在日記中寫到：「與其屈服而亡，不如戰敗而亡。」

1938年1月10日，日本提出了第三次對華和平條件，共九條，其條款更為苛刻，這樣的條件等於是扼殺了中國接受和談的一切可能。

1月14日日本內閣會議達成了「不以蔣介石為首的國民黨政府為中日和談之物件，中日問題絕無第三國調停之可能」的一致意見，並在1月17日下午發表了《對華政策聲明》，即第一次近衛聲明，徹底終結了中日媾和的一切可能。日本並於18日召回了駐華大使。國民政府則在19日發表回應聲明，宣告「中國抗戰之目的為求國家之生存，為維持國際條約之尊嚴。中國和平之願望雖始終未變，中國政府於任何情況下，必竭全力以維持中國領土主權與行政之完整。任何恢復和平辦法，如不以此原則為基礎，絕非中國能承受。同時在日軍佔領區內，如有任何非法組織潛竊政權，不論對內對外，當然絕對無效。」20日，中國駐日大使許世英及數百名旅日華僑離開日本返回祖國。至此，陶德曼調停也就以失敗告終。

縱觀陶德曼調停的整個過程，德國基本上充當了一個遞信員的角色。從其國家利益和在遠東的總體戰略出發，德國希望中日儘快結束戰爭，同時也不願意得罪其中的任何一方。因此，在整個調停中，德國儘量保持不偏不倚的中立立場，希望雙方能儘快取得和談成果。但中日間的尖銳對立最終使德國的美好想法成為泡影。

對日本而言，被初期的勝利沖昏了其頭腦，開出了極其苛刻的議和條件，更輕率的宣佈「不以國民政府為談判對手」，

關上了和談的大門，最終陷入了中國戰場的泥潭。而蔣介石面對國內的求和壓力，最終克服了國民黨內動搖恐慌的情緒，依舊堅持抗戰的戰略決策。

防禦部署

11月19日南京衛戍司令部成立後，辦公地點最初在南京唐生智百子亭公館內（12月9日遷至鐵道部），立即開始制訂具體的防禦計劃。但當時在南京周圍的部隊，都是剛剛經過淞滬會戰，損失慘重，戰鬥力嚴重不足，因此根本無力實施大縱深的防禦，只得放棄東南主陣地，以複廓陣地為防禦重心，具體部署是：88師守備雨花臺及城南，教導總隊守備紫金山及城東，36師守備江山、幕府山及城北，憲兵部隊守備清涼山，教導總隊第1團及烏山要塞部隊警戒長江封鎖線。

11月20日，唐生智發佈戒嚴令，南京地區全面進入戰時狀態。

日軍突破錫澄線後，南京的局勢更為嚴峻，加之堅守南京的決策已定，蔣介石便從正向浙、皖、贛地區撤退的部隊中抽出9個師，並從武漢地區的第七戰區中抽調2個師，總共11個師劃給南京衛戍司令部，這些部隊幾乎就是蔣介石在當時情況所能調集到南京的全部部隊了。至12月8日，這11個師的援軍全部到達南京地區，唐生智在得到這些援軍後，便決定迅速恢復東南主陣地為第一道防線，以加大防禦

縱深，具體部署為：72軍守備江寧鎮，74軍守備牛首山至淳化鎮一線，66軍守備淳化鎮至伏牛山一線，83軍守備伏牛山至龍潭一線。同時命令大本營作戰組撤至武漢，第三戰區副司令長官顧祝同前往揚州，負責收容整頓從淞滬戰場上撤下來的部隊，以策應南京保衛戰。蔣介石自己還留在南京坐鎮指揮。

當第2軍團到達後，又命83軍推進至鎮江、丹陽一線，而以第2軍團接替83軍在龍潭一線防務。

唐生智為了表示破釜沉舟決一死戰的決心，將下關到浦口之間的渡輪全部交給36師看管，甚至連衛戍司令部都沒留下一隻，並嚴禁任何部隊或軍人從下關渡江，擅自渡江者一律軍法從事。還通知在北岸浦口的第1軍，對從南京向北岸渡江的任何部隊或軍人，都加以制止，如不聽制止，可以開槍射擊。

12月7日5時45分，蔣介石乘飛機撤離南京，飛赴武漢，在當天日記裏他這樣寫到：「對倭政策，惟有抗戰到底，餘個人亦只有硬撐到底。」臨走前，蔣介石和宋美齡還特意來到唐生智家，根據唐生智的回憶，當時蔣介石對他說：「孟瀟兄，你身體還沒有恢復，有勞你守南京，我很難過。」唐生智慨然回答：「這是軍人應該幹的事情！我還是要重複前天對你說的話，我一定做到臨危不亂，臨難不苟，沒有你的命令，決不撤退！」

蔣介石在臨走前一天的晚上，即12月

6日晚，召集在南京少將以上軍官會議，他在會上表示，南京現在是全國乃至全世界關注的重心，不能輕易放棄。自己身為統帥，不能偏處一隅，所以責任迫使自己必須離開，要求大家服從唐生智的指揮，負起堅守南京的重任。為了激勵軍心，他還表示將要繼續調集部隊前來策應。

儘管蔣介石離開了南京，但中國軍隊堅守南京的士氣還是相當之高。

週邊戰鬥

11月19日，日軍佔領蘇州。25日，佔領無錫。26日，佔領吳興。另一個方向的日軍也於29日攻陷宜興。30日攻佔廣德。就這樣，日軍從東南、西南兩個方向對南京形成了包圍態勢。

12月1日，江陰要塞失守。同一天，日軍大本營下達第八號大陸令：「華中方面軍司令官應與海軍聯合進攻中國首都南京。」華中方面軍司令松井石根在淞滬會戰中充分領教了中國軍隊抵抗之頑強，因此對於進攻中國首都南京，是心有餘悸，所以比較謹慎，當天僅向所屬的上海派遣軍和第10軍下達了當前任務：「上海派遣軍於12月5日主力開始行動，重點保持在丹陽、句容公路方面，擊敗當面之敵，進入磨盤山山脈，以一部從揚子江左（北）岸攻擊敵之背後，同時切斷津浦鐵路及大運河；第10軍12月3日主力開始行動，以一部從蕪湖方面進入南京背後，以主力擊敗當面之敵，進入溧水附近，特別須對杭州方

■ 11月19日，日軍佔領蘇州。

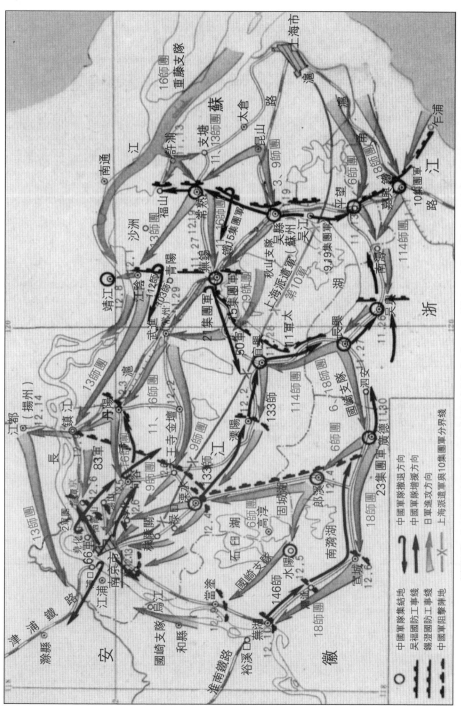

附圖二 日軍進犯南京路線圖（1937年11月13日-12月6日）

松井石根

　　松井石根，1878年7月出生在日本愛知縣愛知鎮的牧野字村（今名古屋市中區牧野鎮），是舊名古屋藩士、漢學家松井武國的兒子。松井家族世代從軍為將，武家門第是他日後從軍的主要原因之一。1890年，松井進入了專門培養軍人的成城學校。1893年，進入中央幼年學校。1896年，進入陸軍士官學校第9期。1898年以第二名的優異成績畢業，因此獲得天皇賜予的銀質懷錶，被授予少尉軍銜，畢業後又進入日本陸軍大學。1904年，日俄戰爭爆發，松井中斷學業，隨日軍進入中國東北地區與俄軍作戰。在戰鬥中，松井大腿被槍彈洞穿。戰後松井回國，繼續在陸軍大學學習，1906年以第一名的成績畢業，獲得天皇賜予的軍刀，並晉升為步兵大尉。

　　畢業後先是擔任日本參謀本部中國班班員，接著任駐中國廣州使館的武官。1915年，調任駐上海使館武官。1918年，晉升步兵大佐。1919年任日軍步兵第39聯隊聯隊長。1922年，日本出兵西伯利亞干涉俄國革命之際，松井調任符拉迪沃斯托克派遣軍情報參謀，後調任哈爾濱特務機關長，成為日本軍界的一名「中國通」。1923年，晉升陸軍少將。1924年，任日軍步兵第35旅團旅團長，1925年調任參謀本部第二部（情報）部長。從而「得以專心從事于平生最為關注的中國問題」。1927年，晉升陸軍中將。同年，在日本首相田中義一召開的著名的東方會議上，做了關於中國政治形勢的報告。1928年任日軍第11師團師團長。

　　1932年，松井作為日本陸軍全權代表，出席了在日內瓦舉行的裁軍會議。1933年初，松井從日內瓦回國，出任軍事參議官。1933年8月，調任駐臺灣日軍司令官，並晉升為陸軍大將。1934年8月，再度調任軍事參議官。1935年，日軍統制派的靈魂人物，軍務局長永田鐵山被刺殺，松井因涉嫌此事，被迫引咎辭職，退出軍界。

　　1937年7月7日，抗日戰爭全面爆發。8月，日本大本營決定組成上海派遣軍，松井石根因為是公認的「中國通」和攻堅戰專家而被重新徵召入伍，擔任上海派遣軍司令。10月，又以上海派遣軍和第10軍合編組成華中方面軍，松井任司令官。

　　日軍佔領南京後所進行的大屠殺，遭到了國際輿論的巨大壓力，日本政府被迫於1938年3月將松井召回國，7月松井出任內閣參議，直至1940年辭職。1941年任法西斯組織大政翼贊會下屬的大日本興亞同盟副總裁，1942年獲得日本天皇「敘勳」，被授予一級金勳章。1943年任大日本興亞同盟總裁，繼續宣揚大亞細亞主義，為配合日本對外侵略戰爭積極活動。

　　1945年8月日本戰敗投降，9月駐日盟軍總部下令，將松井石根作為戰犯逮捕入獄。1948年11月12日，遠東國際軍事法庭判處松井石根絞刑。12月23日，松井石根在東京巢鴨刑務所被送上絞刑架。1978年，松井的牌位與其他6名甲級戰犯一同遷入靖國神社合祀。

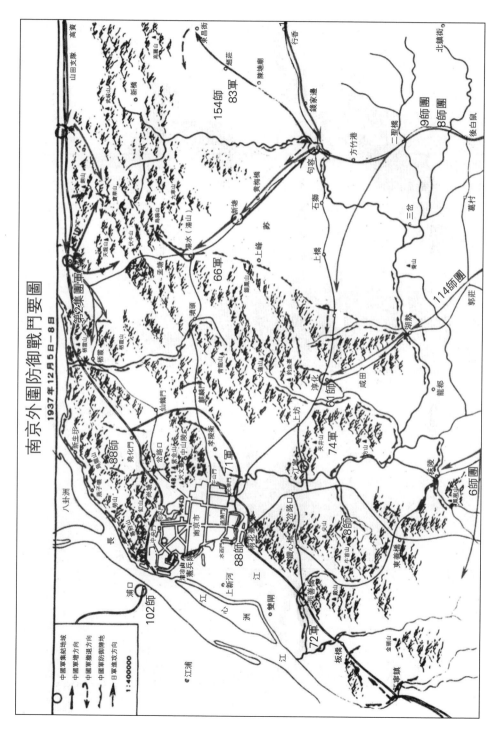

面進行警戒。」

根據華中方面軍的命令，上海派遣軍以第16師團沿丹陽、句容、湯山公路，第9師團沿金壇、天王寺、淳化鎮公路，並列向南京以東攻擊前進；天谷支隊沿丹陽、鎮江公路進攻鎮江，爾後北渡長江攻佔揚州，切斷大運河；第13師團主力沿常州、奔牛鎮到鎮江，在天谷支隊後面渡江，迂回攻擊滁縣，切斷津浦鐵路，13師團一部從江陰渡江，攻擊靖江，切斷南通與揚州的聯繫。

日軍第10軍以第114師團沿溧陽、溧水公路向南京以南攻擊前進；第6師團沿廣德、洪蘭埠公路，在114師團之後向南京以南攻擊前進；國崎支隊沿廣德、郎溪公路進佔太平，爾後渡江迂回至浦口，切斷南京守軍北退之路；第18師團經宣城向蕪湖進攻，切斷南京守軍西退之路。

從12月3日至6日，經過連續4天激戰，日軍各部都突破了當面中國軍隊的防禦，正面的16師團、9師團攻佔句容，進至黃梅、土橋、湖熟鎮一線，先頭部隊甚至已經深入到孟塘、大胡山；114師團攻佔了溧水，進至溧水以北秣陵關、陸郎鎮、江寧鎮一線。日軍右翼的天谷支隊和

13師團正在向鎮江、靖江進攻之中，左翼的國崎支隊和18師團正在向太平、宣城進攻之中。

直到此時，松井石根心中才算有了點底，於12月7日下令向南京週邊陣地發起攻擊，再突破週邊陣地後，繼續攻擊南京複廓陣地，並集中全部砲火，突破城垣。上海派遣軍負責攻擊南京東北的中山門、太平門、和平門（今中央門）；第10軍負責攻擊南京西南的共和門（今通濟門）、中華門、水西門。進入南京城之後，兩軍的作戰分界線為共和門、公園路、中正街（今白下街）、漢中路一線。

12月7日，日軍以砲兵和航空兵火力掩護，全線猛攻。這時，唐生智已經接到報告，日軍16師團一部已經深入到胡塘、大胡山一線，在週邊陣地上打開了一個缺口，因此命令66軍從湯山向北，41師從射烏龍山向南，36師附戰車連（欠1個排）

■ 南京中國守軍砲擊進犯的日軍。

從麒麟門向西，三面夾擊突入胡塘、大胡山的日軍。但日軍後續部隊進展很快，已經從這個缺口沖入，對66軍的湯山陣地和41師的樓霞山陣地發起了攻擊，66軍和41師自顧不暇，根本無法再抽調部隊進行反擊，因此三面夾擊的計劃自然已經無法實施，只好急令36師在東流以西、以南佔領陣地，抗擊日軍的進攻。

12月8日，日軍第6師團也以急行軍趕到秣陵關以西，加入了週邊陣地作戰。至8日下午，日軍在飛機和坦克掩護下，先後攻佔了淳化鎮、湯山鎮等週邊陣地的重要據點。此外，日軍13師團也以佔領靖江，天谷支隊已攻入鎮江，國崎支隊已進抵太平，18師團在佔領宣城後繼續向蕪湖推進。整個戰局已經非常惡劣，唐生智只好下令放棄週邊陣地，收縮兵力退守複廓陣地，同時命令鎮江附近的103師、112師和82軍迅速撤至南京。當天16時，南京衛戍司令部下達了「衛參作字第28號令」，對複廓陣地的防禦部署進行了調整：以74軍固守牛首山至河定橋一線，88師固守雨花臺，87師固守河定橋至孩子裏一線，教導總隊固守紫金山，第2軍團固守楊坊山、烏龍山一線，36師固守紅山、幕府山一線，66軍在大水關附近整理待命，83軍156師及36師預備第2團在青龍山、龍王山一線掩護週邊陣地部隊撤退。同時以憲兵教導第2團固守水西門至漢中門一線及城外上新河河堤，憲兵第2團固守清涼山，憲兵第10團守備明故宮飛機場。

複廓陣地戰鬥

由於週邊陣地被突破後，守軍倉促撤退，日軍乘勝追擊，很多部隊退入複廓陣地後立腳未穩，就又被日軍突破，使複廓陣地應起到的作用大打折扣。至9日拂曉，日軍第16師團已進至麒麟門、蒼波門，第9師團進至光華門外，114師團進至雨花臺以南，第6師團進至雨花臺以西，並佔領大勝關。

9日，日軍一面猛攻複廓陣地，一面用飛機向南京城內投撒勸降書。對於日軍的勸降，唐生智根本不予理會，反而下達了「衛參作字第36號令」，命令「各部隊以與陣地共存亡之決心盡力固守，決不許輕棄寸土，搖動全軍，若有不遵命令擅自後移，定遵委座命令，按連座法從嚴辦理。各軍所有船隻，一律繳交運輸司令部保管，不准私自扣留，著派第78軍軍長宋希濂負責指揮。沿江憲、警嚴禁部隊散兵私自乘船渡江，違者即行拘捕嚴辦。倘敢抗拒，以武力制止。」

當天，在光華門的戰鬥最為激烈，日軍在上午10時許佔領了光華門外的工兵學校，下午起便在坦克和砲兵火力掩護下猛攻城門，並有少數人突入城內。唐生智急調清涼山的憲兵教導第2團增援光華門，同時命令守備光華門的87師全力反擊。87師從通濟門和天堂村兩個方向向日軍發起攻擊，戰鬥相當激烈，多次發生白刃肉

附圖四 南京城郊防禦戰鬥要圖（1937年12月9日-12月13日）

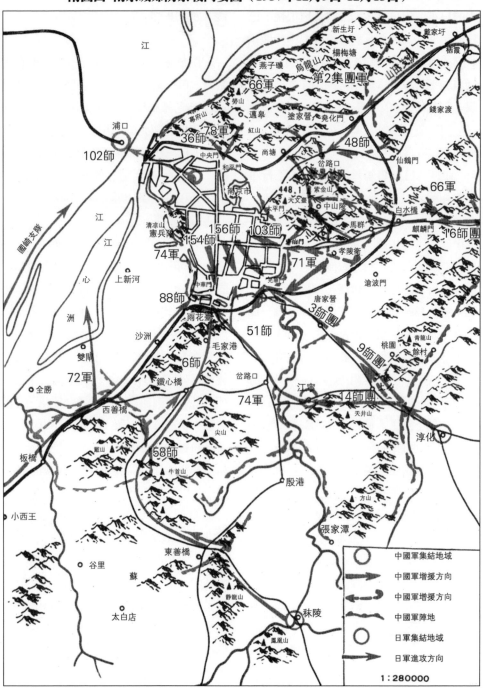

搏，最後終將日軍擊退，並奪回了工兵學校，穩定了防線。

12月10日，日軍向通濟門、雨花臺、光華門、紫金山一線發動猛攻，戰鬥比9日更為激烈。在城東南方向，由於複廓陣地已被日軍突破，日軍可以直接攻擊城垣，戰局更為危急。為此，唐生智急令83軍156師增援光華門、通濟門；將66軍調入城內，在中山門、玄武門一線構築工事，準備巷戰；將從鎮江調回南京的103師和112師劃歸教導總隊指揮，加強中山門和紫金山一線的防禦。

雨花臺方面的日軍砲火極為熾烈，守軍88師右翼第一線陣地工事全部被砲火摧毀，只好退守第二線。

增援光華門的156師見有少數日軍隱藏在城門洞內外，便組織小分隊從城牆上縋城而下，經一夜激戰，將這些日軍全部肅清。

11日，日軍攻擊重點為紫金山，據守紫金山的教導總隊拼死抗擊，激戰終日，日軍也只佔領了楊坊山、銀孔山陣地，紫金山主陣地安然無恙。為了保障攻擊紫金山部隊的側翼安全，日軍將正在鎮江等待船隻渡江的13師團中抽調3個步兵大隊和1個山砲大隊，在攻擊紫金山的16師團右翼投入戰鬥，攻擊烏龍山、幕府山。

在城西南方向，日軍繼續猛攻雨花臺二線陣地，守軍傷亡慘重，被迫退守核心陣地。中華門一線，日軍以猛烈砲火轟開城門，有少數部隊乘勢沖入城內，迎頭遭

到88師的阻擊，被殲滅在城門內外。日軍第6師團左翼沿長江東岸北進，在上新河擊退了憲兵教導第2團的1個營，佔領了水西門外的棉花堤陣地。

日軍國崎支隊也在當天在太平北慈湖附近渡過長江，沿西岸北進，直逼浦口。

遠在武漢的中國軍隊大本營一直都非常關注著南京的戰局，每天都有詢問戰局和指示作戰的電報。當發現部隊的戰鬥力和士氣都要比淞滬會戰時大大低落，週邊陣地僅兩三天就失守，複廓陣地的主要方向也不過一天就被突破，日軍很快就迫近城垣，就已經感到非常不安。當得知在

■ 守衛南京光華門的中國部隊，與日軍血戰四天四夜，大部分官兵壯烈犧牲。圖為在光華門與日軍英勇拼殺的中國軍隊。

■ 中國空軍為掩護飛機從南京機場起飛迎擊日機轟炸，正在施放煙幕。

上海派遣軍見主攻的16師團和第9師團都已疲憊，兵鋒有些頓挫，因此將在蘇州待命的預備隊第3師團投入戰鬥，於12日晨開始在第9師團左翼加入戰鬥。

在城南方向，雨花臺于上午10時許失守，雨花臺的守軍88師264旅殘部因為中華門已被堵死，無法從城門退入城內，只好沿護城河轉移，轉移路線完全暴露在日軍火力下，傷亡很大。日軍佔領雨花臺後，更是佔據了制高點，居高臨下猛攻中華門，見日軍火力猛烈，88師師長孫元良覺得已無法堅守，便率師直屬部隊擅自向下關撤退，企圖渡江北撤，在挹江門內被第36師師長宋希濂所阻止，孫元良只好再率部返回中華門。中午前後，日軍砲火終於轟開了中華門及附近城垣，日軍從缺口沖入城內，守軍88師部隊抵敵不住，開始潰退。這時中華門附近的大批居民也為了躲避日軍，紛紛向城北逃生，一時間，難民與潰兵都擁擠在街道上，城內秩序大亂。見城內已經大亂，唐生智于14時命令36師維持城中及下關的秩序。但

太平附近，又有日軍渡江，更是意識到戰局已經十分危急，為了避免在南京的守軍遭到圍殲，蔣介石於11日中午考慮撤退，命令在揚州的顧祝同轉告唐生智當晚便渡江北上，守軍則相機突圍。但唐生智認為是自己堅決主張固守南京，現在卻要先撤退，實在對部下不好交待，於是要求先向守軍將領傳達大本營的撤退意圖後再撤。當晚，蔣介石致電唐生智：「如情勢不能久持時，可相機撤退，以圖整理而期反攻。」根據蔣介石的這一指示，唐生智先和羅卓英、劉興副司令長官和周斕參謀長商量後，決定於14日夜開始撤退，接著於12日淩晨召集有關參謀人員開始制訂撤退計劃和命令。

倉促撤退

12月12日，日軍繼續全線猛攻。城東方向，日軍16師團的攻擊仍然難以奏效，

■ 南京衛戍司令長官部副司令長官羅卓英。

此時，日軍已從中華門突入城內，其他方向的守軍也在日軍的猛攻下退入城內，整個南京的防禦已經開始出現動搖，唐生智意識到已經無法堅持到原定撤退的14日晚了，於是決定提前至當晚撤退。

蔣介石11日晚致電唐生智，指示他可以在必要時相機撤退。但從內心還是希望能多堅持一段時間，因此12日中午又致電唐生智，「據報江浦附近已發現敵軍，是敵希圖對我四面合圍，或威脅我後路，逼我撤退也。五日激戰，京城屹立無恙，此全賴吾兄之指揮若定與犧牲精神有以致之。經此激戰後，若敵不敢猛攻，則只要我城中無恙，我軍仍以在京持久堅守為

日軍侵戰南京作戰序列（1937年11月12日-12月12日）

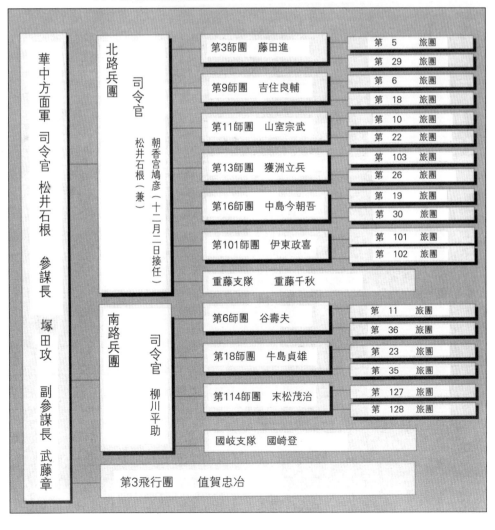

華中方面軍 司令官 松井石根 參謀長 塚田攻 副參謀長 武藤章

北路兵團 司令官 松井石根（兼） 朝香宮鳩彥（十二月二日接任）

| 第3師團 藤田進 | 第 5 旅團 |
| | 第 29 旅團 |

| 第9師團 吉住良輔 | 第 6 旅團 |
| | 第 18 旅團 |

| 第11師團 山室宗武 | 第 10 旅團 |
| | 第 22 旅團 |

| 第13師團 獲洲立兵 | 第 103 旅團 |
| | 第 26 旅團 |

| 第16師團 中島今朝吾 | 第 19 旅團 |
| | 第 30 旅團 |

| 第101師團 伊東政喜 | 第 101 旅團 |
| | 第 102 旅團 |

重藤支隊 重藤千秋

南路兵團 司令官 柳川平助

| 第6師團 谷壽夫 | 第 11 旅團 |
| | 第 36 旅團 |

| 第18師團 牛島貞雄 | 第 23 旅團 |
| | 第 35 旅團 |

| 第114師團 末松茂治 | 第 127 旅團 |
| | 第 128 旅團 |

國岐支隊 國崎登

第3飛行團 值賀忠冶

■ 日軍逼近南京城城垣。

圍計劃。這個突圍計劃基本內容是守城部隊主力從正面突圍,一部分隨衛戍司令部由下關渡江北撤。會議結束後,唐生智卻又下達了口頭命令,規定87師、88師、74軍及教導總隊如不能從正面突圍,有輪渡時可以直接過江,向滁縣集結。87師、88師、74軍和教導總隊是守軍中的嫡系精銳部隊,可以說是蔣介石的心頭肉,為了好給蔣介石交待,唐生智在部署突圍時就留了一手,讓這些嫡系部隊可以不從正面突圍,而由下關渡江。這個口頭指示一下,接到指示的部隊誰還會冒險從正面突圍?都一窩蜂地擁向了下關。而沒有接到口頭指示的部隊,見有部隊居然可以不從正面突圍,而由下關渡江,以為衛戍司令部肯定在下關準備了船隻,於是也跟著一起撤向下關。

除了撤退路線已經沒有按照命令外,撤退時間也沒按照命令來執行。有參加會議的將領在散會後就立即部署撤退,甚至有些人根本沒有回部隊就自己直接撤退了。如71軍軍長王敬久、87師師長沈發藻就根本沒回到自己部隊,給部隊打了個電話通知撤退,自己就直接到下關乘船渡江。教導總隊第2旅旅長胡啟儒更是沒等會議結束就電話通知部隊由第3團團長代

要。當不惜任何犧牲,以提高我國家與軍隊之地位與聲譽,亦為我革命轉敗為勝惟一之樞機。如南京能多守一日,即民眾多加一層光榮;如能再守半月以上,則內外形勢必一大變,而我野戰軍亦可如期策應,不患敵軍之合圍矣。」此時,蔣介石還再希望能再守半個月,南京城內的情況,已經是連一天都堅持不了了。而這個電報發來,又給南京衛戍司令部的決策增加了一份混亂。

12日下午17時,唐生智召集守軍師以上將領會議,部署撤退計劃。唐生智先簡要介紹了目前的戰況,接著就詢問大家是否還能繼續堅守?與會的將領無一人接話。見大家這樣的反應,唐生智知道部隊已不可能再堅持了,便出示了蔣介石11日晚發來的相機撤退的電報,然後由參謀長周斕下發了早已準備好了的撤退命令和突

行旅長職務帶領部隊撤退，自己以與下關的36師聯繫為由，直接去了下關。有的將領雖然回到了部隊，但馬上就離開了，如教導總隊總隊長桂永清回到指揮部，通知參謀長邱清泉處理文件部署撤退後，就離開部隊自行去下關渡江。另外，本來擔負堅守烏龍山要塞掩護主力撤退的第2軍團，應該是最後撤退的。但第2軍團軍團長徐源泉會議一結束，就率領41師和48師從周家沙、黃泥蕩乘坐事先就控制在手的民船渡江，居然成為了最早撤退的部隊。烏龍山要塞的守備部隊見第2軍團撤退了，也在當晚將要塞的大砲炸毀後撤往長江北岸。

此時，南京城內已是一片混亂，前往下關最近的中山路被散兵和難民堵得水泄不通，36師早已將挹江門左右兩扇大門堵死，只留下中間小門通行，於是各部隊都是爭先搶道，相互踐踏。連曾經率部在光華門與日軍血戰的教導總隊第1旅第2團團長謝承瑞，也在挹江門下被踐踏致死，實在令人唏噓不已。83軍156師師長李江見城門處已經人滿為患，根本無法通行，便從城牆上用綁腿布連成繩索縋城而出，才僥倖得脫。

過了混亂不堪的挹江門，就是下關碼頭了，但這裏秩序更加混亂，所有部隊到了這裏已經完全失去了掌握，所有人都只顧各自搶先上船，由於船少人多，很多船隻都嚴重超載，甚至有超載而沉沒。沒有乘上船的，就只好拆下門板或木料，製成木筏等簡易渡江器材渡江，有不少人因為木筏太過簡易，江中水勢又大而落水喪生。

12日晚，唐生智和衛戍司令部人員從下關煤炭港乘坐1艘小火輪渡江到達浦口，再徒步撤向揚州的第三戰區司令部。13日晨7時到達揚州時，顧祝同已率第三戰區司令部撤往臨淮關，好在顧祝同臨走時特意留下了6輛汽車，這才使唐生智等人乘上汽車撤到滁縣，再乘火車撤至臨淮關。

在衛戍司令部撤退後，78軍、36師等部隊也從煤炭港分批乘船渡江，先到烏衣

■ 12月13日，日軍佔領南京週邊陣地。

■ 日軍佔領南京城垣。

集結，再撤到蚌埠，最後撤到江西整頓補充。

同是粵軍系統的66軍和83軍，兩位軍長葉肇和鄧龍光商量後決定不按照唐生智的撤退命令，由葉肇統一指揮，從太平門突圍，經湯山、句容向安徽甯國撤退。12日晚20時，除156師未接到命令外，其餘3個師先後從太平門突圍，但一路不斷遭到日軍的阻擊，部隊且戰且走，途中159師代師長羅策群陣亡。到達湯山附近時，又與日軍16師團主力相遇，部隊被打散，好在突圍前各部隊都清楚突圍路線，在建制被打亂的情況下，各自為戰，數十人或

數百人一隊，分頭向集結地點轉移。20日前後，分散的部隊陸續到達安徽南陵、歙縣，其中66軍參謀處處長郭永鑣沿途收容了約1300人，到1938年1月上旬，各部隊都陸續到達甯國。未接到命令的156師則隨教導總隊從下關渡江，一路上秩序大亂，因此最後只有部分官兵渡過長江，最後輾轉歸隊。

在南京的其他部隊，除了74軍因為部隊組織較好，加上軍長俞濟時又是交通部長俞鵬飛的族侄，因這層關係而得到了1艘小火輪，使74軍有約5000人渡過江，成為各部隊中實力損失最小的。其餘部隊除少數人得以渡江外，大部分都留在南京城裏，最後的命運基本都是被日軍屠殺。

由於烏龍山的第2軍團和要塞部隊擅自提前撤退，使日軍於13日拂曉便未經任何戰鬥就輕輕鬆鬆地佔領了烏龍山，日本海軍隨即通過烏龍山江面到達下關江面，而日軍步兵也乘著登陸舟艇從烏龍山江面到達八卦洲江面，對正在渡江撤退的中國軍隊或開火射擊或直接衝撞，使渡江中的中國軍隊大量死傷，連憲兵副司令蕭山令也死在半渡之中。

14日，根據大本營的指示，唐生智在臨淮關宣佈南京衛戍司令部解散，凡撤至江北的所屬部隊都改隸第三戰區，南京保衛戰至此結束。

同一天，日軍佔領了南京最後的幾處據點——幕府山、下關，而且天谷支隊佔領揚州，國崎支隊佔領浦口，南京守軍的

全部退路都被切斷，在下關沿江一帶以及八卦洲、江心洲中未及撤到江北的中國軍隊都成為了日軍俘虜。

17日，蔣介石發表《我軍退出南京告國民書》：「中國持久抗戰，其最後決勝之中心，不但不在南京，抑且不在各大都市，而實寄於全國之鄉村與廣大強固之民心。我全國同胞，誠能人人敵愾，步步設防，則四千萬平方公里國土以內，到處皆可造成有形無形之堅強堡壘，以制敵之死命……如果中國中途屈服了，亦即自趨滅亡，永無復興之望，毋寧抗戰到底，終必有轉敗為勝之時……目前形勢無論如何轉變，惟有向前邁進，萬無中途屈服之理。此次抗戰綿亙五月，敵方最初企圖實欲不戰而屈我，我方所以待敵者，始終為戰而不屈，不屈則敵之目的終不得達，敵愈深入，將愈陷於被動之地位。敵之武力終有究時，最後勝利必屬於我。」明白無誤地向全世界宣告了中國政府堅決抗戰到底的決心。令日軍沒有想到的是，隨著北平、天津、上海、南京這樣的大都市淪陷，中國政府並沒有屈服，反而更激發起了全國民眾的愛國熱情，進一步促進了各階層、各政黨及各地方勢力之間的空前團結，掀起了堅持抗戰的高潮。

日軍進入南京後，在六個星期的時間裏，日軍屠殺了放下武器的中國軍人數萬人以及20余萬平民，總計在30萬人以上，史稱南京大屠殺。

南京淪陷之後

日軍在佔領南京之後，華中方面軍於12月15日向所轄的上海派遣軍和第10軍下達了新一步的命令：

「一、上海派遣軍以一部在揚子江左（北）岸，佔領揚州及滁縣附近，切斷江北大運河及津浦鐵路，以主力在南京、南翔之間各主要地方部署兵力擔任警備，同時須準備下期作戰。司令部設在南京。

二、第10軍佔領杭州後，在蕪湖、甯國、湖州、杭州、松江之間各主要地方部署兵力擔任警備，同時須準備下期作戰。

■ 被日軍殘殺的中國軍隊俘虜。

司令部設在杭州。

三、各軍須迅速整理、整頓軍隊和恢復戰鬥力，並謀作戰地區的安定。

四、方面軍司令部於12月17日移到南京。」

根據這一命令，日軍繼續展開作戰行動，12月20日，上海派遣軍的第13師團佔領滁縣。12月24日，第10軍第101師團、18師團佔領杭州。至此，日軍已佔領了原來國民政府統治的核心地區京、滬、杭地區，隨即便停止了大規模的軍事行動，轉而整理整頓部隊，鞏固佔領區。

1937年底，日軍華中方面軍各部隊部署情況如下：

華中方面軍司令部、上海派遣軍司令部及直屬部隊駐南京；第10軍司令部駐吳興；

第16師團駐南京；第3師團駐鎮江；第9師團駐蘇州；第101師團駐上海；第13師團駐滁縣；天谷支隊駐揚州；第6師團駐蕪湖；第1、2後備兵團駐嘉興。臨時隸屬華中方面軍的國崎支隊於12約1日返回華北歸還原建制。

此時，侵華日軍（除東北地區的關東軍外）在關內總兵力共約15個師團，1938年1月至2月，日軍又進行了一些調整，將14師團、16師團從華中調至華北，這樣一來的兵力分佈為：華北8個師團、華中6個師團、內蒙1個師團。

中國之所以要堅守南京，首先是在政治上，南京是首都，又是國父陵寢所在，不能不守。在軍事上是為了贏得前方部隊

■ 1937年12月13日，南京陷落。圖為日軍在南京中山門舉行入城式。

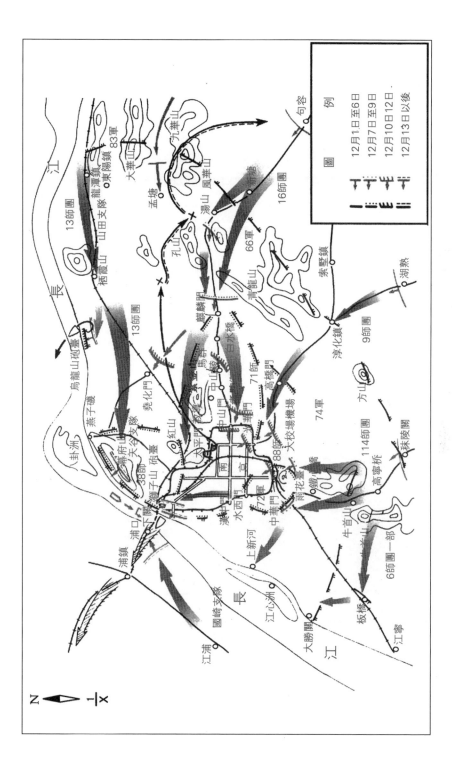

附圖五 南京保衛戰作戰經過要圖
（1937年12月1日-12月13日）

的休整和後方部隊集結所需要的時間。但最終這兩個目標都沒能實現。

南京保衛戰失敗原因自然是多方面的，戰略上採取單純防禦策略，而忽視了其他地區部隊對南京守軍的策應和配合。當時日軍在前方幾乎投入了其總兵力的90%，其漫長的後方，兵力異常薄弱，以第10軍來說，主力3個師團又1個旅團全都在一線，後方只在石灣、宣城各有半個步兵大隊，在吳興、泗安、廣德各有1個步兵中隊，加在一起總共不過3個大隊，總兵力還不到2000人！而此時，中國軍隊在

杭州有第10集團軍，在皖南有第11、15、16、23集團軍，總兵力不下20個師，儘管這些部隊剛剛經過淞滬戰場的激戰，戰鬥力折損很大，但如果真要抽部隊的話，再不濟抽一兩個師是肯定沒有什麼困難的，要是以這些部隊攻擊日軍側背，必能迫使進攻南京的日軍抽出相當兵力來保障後方，斷不能以全力進攻南京，使南京守軍不至於孤軍奮戰。

具體作戰指揮上，計劃不周，準備不足。而在關係整個戰局的撤守決策上，統帥部又是始終處在搖擺不定之中，最初

■ 日軍華中方面軍司令官松井石根（前）率隊進佔南京。

是想作象徵性防禦，後來又在唐生智的堅持下改為固守。當日軍逼近南京城垣，同時又有切斷守軍後路的危險時，蔣介石想要保存有生力量，但卻又不肯明確下令撤退，讓顧祝同轉告唐生智。等到情況已經萬急之時，才下令撤退，但電文又是含糊其詞「如情勢不能持久時，可相機撤退。」11日發出撤退電令，12日卻又反悔，要求唐生智「仍以持久堅守為要，能多守一天就多守一天。」

而身為南京保衛戰的最高指揮唐生智的指揮就更成問題，儘管他有滿腔的報國雄心，但作為軍事將領，不能光憑感情，而是必須要從實際出發，就此時的情況，應該很清楚，南京是不可能長期堅守的，在作戰計劃中應該制訂撤退的有關預案，以及必須的工程、交通、後勤保障方面的工作。但唐生智從來就沒有任何撤退的準備，有的全是死守的措施，甚至為了表示死守的決心，要求交通部長俞鵬飛將2艘大型渡輪撤往武漢，命令駐守浦口的第1軍和挹江門的36師，嚴禁任何軍人從下關渡江，如不服從可以開槍射擊。當撤退命令下達後，第1軍和36師卻未及時接到命

令，仍全力阻止撤退，甚至開槍射擊，造成了自相踐踏的慘禍。而由於缺少渡江船隻，大批部隊滯留在南岸，最後成為日軍的俘虜——要是那2艘大型渡輪在的話，可以渡過多少人啊！

更嚴重的是，唐生智為了能給蔣介石有所交待，在下達了正式撤退命令後，又向36師、87師、88師、教導總隊等中央嫡系部隊下達了可以渡江北撤的口頭指示，從而導致了守軍在撤退中的大混亂，本來敵前撤退就是遠比組織進攻更為複雜困難，唐生智形同兒戲的撤退指揮，最終將十萬守軍徹底葬送掉了！

■ 日軍華中方面軍進佔南京。

大江絕唱
喋血田家鎮

前言

田家鎮要塞位於九江城以西50餘公里的鄂東武穴市，雄踞長江北岸，背靠丘陵，南臨大江，峭壁陡岸，位置尤為險要。這是長江中下游最窄處，江面僅寬500公尺左右，江流如束，形似咽喉，素有「楚江鎖鑰」之稱。要塞東西並列有黃泥、馬口兩湖，兩湖當中有鴨掌山孤峰擎天，釣童山在西北，半壁山和馬鞍山在江對岸，半壁山東面有富池口，是富水進入長江的入口，軍山聳峙在富池口之後。三面丘陵成犄角之勢，尤其田家鎮與半壁山如同鎖江之鑰，可以阻止日艦溯江而上，此關一失，武漢東面、沿江兩岸則門戶洞開，無險可守。

■1938年10月27日武漢三鎮淪陷。

歷史上，三國時期的東吳水軍、清朝時的太平軍都曾在此橫江鎖道，與魏軍、清軍大戰；尤以1853年太平軍西征奪取田家鎮及對岸的半壁山、1854年曾國藩率湘軍分三路反撲田家鎮為著稱，後役太平軍與湘軍水師在此血戰10餘畫夜。

事後在半壁山臨江峭壁尚銘刻「鐵鎖沉江」和「楚江鎖鑰」八個大字，以表紀念。

光緒年間，湖北省砲臺僅田家鎮一路，分中南北三台，置砲31具，砲勇50人。南台在半壁山，中台在吳王廟，

武穴——田家鎮

武穴市前身是廣濟縣，設縣於唐天寶元年（西元742年），取「廣施佛法、普濟眾生」之意。1987年10月23日，經中國國務院批准，撤銷廣濟縣，設立武穴市。

武穴位於長江中游北岸、大別山餘脈南麓、鄂東邊緣，四周與蘄春、黃梅、陽新、九江、瑞昌等地為鄰，歷來是鄂、皖、贛毗連地段的「三省七縣通衢」，有「吳頭楚尾」之稱。武穴港是長江十大深水良港之一，在長江北岸武漢至安慶433公里的區間內，唯有武穴港可停靠5000噸以上的客貨輪船，客流量在湖北僅次於武漢港。早在明代即成為臨江重鎮，清初發展成為「商賈雜處鱗聚之要埠」，《煙臺條約》闢為外輪停泊港口，孫中山先生在《建國方略》中列入開發計劃，民國中期成為鄂省「七大商埠」之一，素有「入楚第一門」、「鄂東門戶」之稱。

田家鎮位於武穴市西南角，古稱蘭州，原為江邊漁民棲身之所，入明始更為今名。田家鎮依山臨江，因對岸半壁山峭立江中，江水至此陡窄，形如咽喉，自古就有「楚江鎖鑰」之稱，為歷代兵家必爭之軍事重鎮。

■田家鎮要塞舊址。

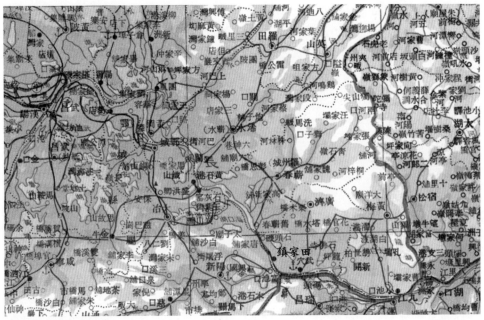

■ 田家鎮周邊地理圖。

北台在馮家山，成為控制武漢至九江這段長江的鎖鑰。若將安慶、九江、馬當等地稱作武漢的門戶及屏障，作為最後屏障的田家鎮得失則直接關係到武漢安危。

有鑒於此，國民政府統帥部於抗戰之初，在此設立田家鎮要塞司令部，由北伐軍中任鐵甲車司令的蔣必（地下黨員）任要塞司令。這個沿江要塞中最大、最堅固的堡壘，與富池口要塞夾江對峙，共扼長江水路，且是第五、九戰區之樞軸線。

戰前態勢

中國海軍以田家鎮為保衛武漢的前衛，以葛店為最後防線，構成長江中游的第三道阻塞線。1938年3月，在田家鎮及其南岸相呼應的碼頭鎮、富池口各安裝105mm艦砲8門，形成長江屏障武漢的門戶。並將九江至武漢之間的長江航路標誌逐次破除，劃分田家鎮至半壁山、蘄春至嵐頭磯、黃石港至石灰窯、黃岡至鄂城為四個主要佈雷區，先後佈設水雷1500餘枚。7月2日至3日，砲艇「崇寧」號在日機空襲中被炸沉。13日，砲艇「綏寧」號在運送水雷途中被炸沉。8月9日，魚雷艇「湖鷹」號與商船碰撞擱淺後，被日機炸毀。7月至9月的三個月中，中國海軍先後損失佈雷船「大金」號等15艘。

要塞的核心陣地由海軍的守備隊負

師出自嫡系，曾隸屬於1925年黃埔軍校教導團擴編而成的第1軍，其中第25團前身便是孫中山先生創辦的教導第2團。該軍第57師則在要塞東南面陣地守備，其中第169旅負責拱衛周邊，第171旅扼守核心陣地。7月9日，命第171旅旅長楊宗鼎兼任要塞核心司令。當時接收永久工事20個，野戰工事全未動工，隨即區分工段嚴令日夜趕築野戰工事，於8月下旬

■ 參加武漢保衛戰的中國第五戰區司令長官李宗仁（右）與第九戰區司令長官陳誠。

責，司令是梅一平少將，守備官兵2000人。軍委會副委員長馮玉祥自3月來要塞視察後，建議調陸軍精銳駐守要塞附近，並由陸軍將領全面負責該地區防務。

7月初，軍事委員會以第57師擔任守備，旋以第2軍軍長李延年任田家鎮要塞北岸（簡稱田北，下同）守備區司令。李延年率第2軍第9師於7月中旬到達田家鎮，擔任對北、西正面防守，即日軍的主攻方向。雖是沼澤地帶，但有一塊約1.5公里寬、3公里長的小丘陵，連接要塞核心陣地。小丘陵的北邊是松山，高地連綿起伏，為要塞北面的依託，是第9師第26旅的主陣地。第9

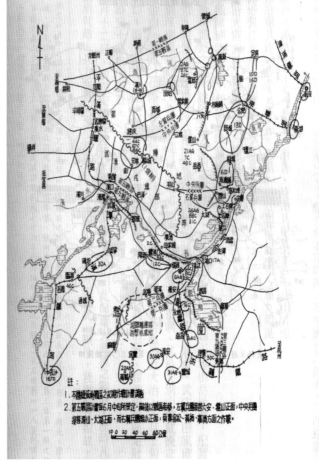

■ 武漢會戰第五、九兩戰區作戰指導要圖（1938年6月中旬）。

將對武穴方面主陣地各線完成，並同時完成對江面的工事。9月初才開始構築對北面及西北面山上之工事，其正面寬約7000公尺，全線均為岩石，永久工事僅有5個，施工困難及材料缺乏，至戰時，工事仍未完成。由此，作為長江最大而最堅固的要塞顯得名不符實。

田北要塞原歸第五戰區序列，後改歸第九戰區張發奎的第2兵團指揮。為統一指揮田家鎮地區南北防禦，8月5日軍委會決定以第2軍和駐田家鎮南岸富池口的霍揆彰第54軍組成第11軍團，由李延年任軍團長。

田家鎮要塞砲臺及火力如下：北岸它山的第2台第1、2分台配備105mm艦砲4門，北岸象山的第2台第3、4分台配備105mm艦砲4門；隊長彭瀛，全隊197人。此外還配備田家鎮游動砲兵（江防部隊野砲）野砲2

個營：裝備有日造「三一」式野砲8門，奧造「史高德」野砲2門，瀋陽兵工廠「一四」式77mm野砲12門；另有105mm輕榴彈砲4門，20mm高射砲4門，37mm戰防砲6門。

蔣介石深知田家鎮要塞至關重要。8月6日黃梅陷落後，曾就田家鎮的防衛作戰準備工作強調說，「田、富要塞為大別山及贛北我主陣地之鎖鑰，乃五、九戰區會戰之樞軸，亦武漢最後之屏障。

■ 準備出發的我海軍佈雷船。

■ 1938年5月28日，馮玉祥視察湖北武穴崔家山陣地。

■ 1938年7月4日，蔣介石在武漢主持最高軍事會議。

■ 1938年8月6日，日軍攻佔長江北岸的重鎮黃梅。

命死戰的」。

日軍部署

日本大本營也深知田家鎮在此次武漢作戰中的重要性，對其垂涎已久。擔任主攻方向的第11軍司令官岡村寧次曾對部下稱：「我作為軍司令官，最大目標就是攻佔武漢。早年，我曾屢次前往中國進行有關軍事要地的調查，從而深知田家鎮要塞對於進攻武漢的重要地位。」言外之意即為欲進武漢城，必先得攻陷田家鎮。

岡村寧次為部署攻擊田家鎮要塞，十分注意地理資料的準確性。他認為參謀本部發給的《作戰地區的軍事要地志》內容不夠充分準確。其中有一份1930年整理的地形資料說明，竟認為以一個師團便可直取武漢，可見這本「老皇曆」是多麼的荒唐。他回憶到恰巧在他制定作戰計劃期間，「駐美大使館武官平田正判大佐轉任波田支隊聯隊長，他把從美國帶來的一本有關長江及其沿岸防禦帶照片的圖冊提供給我。看過以後，對美國

其地位重要，勿待多言。而崇山對峙，江面狹窄，復有相當工事及備砲，徇我國最堅之要塞。查各該部乃國軍精銳，其各激發忠勇，以與要塞共存亡之決心，積極整備，長期固守，以利全局，以揚國威，並曉諭官兵共體茲意」，並私下與人言及，「這多年我待李吉甫（李延年的字）不薄，相信他一定會用

李延年

字吉甫。1904年出生，山東廣饒縣大王橋村人。1924年考入黃埔軍校第一期，畢業後任教導團排長、連長，東征時任國民革命軍第1軍第2師第4團營長。北伐時任國民革命軍第1軍第2師第5團團長。1928年「濟南慘案」中，率部扼守濟南，掩護國民黨大部隊撤退，因功升為第2師副師長。北伐後任國民革命軍第9師第26旅旅長。1930年中原大戰時，以一個旅的兵力頂住了馮玉祥部一個師的猛攻。1931年調任第14軍獨立旅旅長。

1932年任第2軍第9師中將師長，率部參加對江西中央蘇區的「圍剿」。1934年10月，中央紅軍主力長征後，率部「清剿」南方紅軍游擊隊，後任駐閩第三區、第四區綏靖司令官。抗戰爆發後，率部參加淞滬會戰，後升任第2軍軍長、第11軍團軍團長、第34集團軍副總司令、第34集團軍總司令、山東挺進軍總司令，其中1943年率部在潼關擊退日軍進攻，榮獲青天白日勳章。

抗戰勝利後，任第十一戰區副司令長官，負責接受該區日軍投降事宜。1946年7月率部向皖蘇解放區進攻，1947年3月，在向山東解放區的重點進攻中，任第1兵團副總司令，指揮7個整編師在臨沂地區作戰。同年秋，改任第2兵團司令官兼徐州「剿總」副司令。1949年1月，任京滬杭警備司令部副總司令兼南京江防司令。1949年5月，率部撤至福州，任福州綏靖公署副主任兼第6兵團司令，9月撤至臺灣。後被以「擅自撤退，有虧職守」的罪名判刑十年。經蔣鼎文、劉峙及山東老鄉劉安琪等作保，念其有病，服刑1年後出獄。獲釋後閒居臺北郊區，他一無軍職，二無職業，生活十分艱難，全靠老部下接濟才得維繫生計。1974年11月17日，病逝於臺北。

■ 第2軍軍長李延年。

平時調查的周密和重要文獻整理、保管的精細，感到驚訝。而我們對文獻的整理、保管及便於查找的方法不夠重視，值得反省」。靠著這份精確的軍用地圖，岡村寧次將部隊的各進攻路線，選擇得格外縝密和刁鑽。但他也更明白中國軍隊勢必在田家鎮依託險要據守，周圍又有一系列的附屬配套陣地，因此除調集陸軍精銳兵力外，也強調陸海空諸軍種的全面配合作戰，實施立體進攻。然因此段江面狹窄，又有中國海軍為防範日本海軍逆流而攻佈下的大量漂雷和沉船阻滯，大部隊不宜溯江西攻。

8月23日，岡村寧次命令：「第6師團應於8月31日向黃梅附近進發，擊敗當面之敵後向廣濟（今梅川鎮）附近前進，準備下一步的作戰。隨著進入廣濟附近，可急速以有力的一部攻佔田家鎮

雙方戰鬥序列

中國軍隊
　第五戰區 司令長官 李宗仁，代司令長官 白崇禧，副司令長官 李品仙
　　第4兵團 總司令 李品仙（兼）
　　　第2軍 軍長 李延年
　　　　第9師 師長 鄭作民
　　　　第57師 師長 施中誠
　　　第26軍 軍長 蕭之楚
　　　　第32師 師長 王修身
　　　　第44師 師長 陳　永
　　　第86軍 軍長 何知重
　　　　第103師 師長 何紹周
　　　　第121師 師長 牟廷芳
　　　第48軍 軍長 張義純
　　　　第173師 師長 賀維珍
　　　　第174師 師長 張光瑋（1938年9月19日升任）
　　　　第176師 師長 區壽年
日軍
　第11軍 岡村寧次 中將
　　第6師團 師團長 稻葉四郎 中將，參謀長 重田重德 大佐
　　　步兵第11旅團 旅團長 今村勝次 少將
　　　　步兵第13聯隊 聯隊長 中野英光 大佐
　　　　步兵第47聯隊 聯隊長 岩崎民男 大佐
　　　步兵第36旅團 旅團長 牛島滿 少將
　　　　步兵第23聯隊 聯隊長 佐野虎太 大佐
　　　　步兵第45聯隊 聯隊長 若松平治 大佐
　　　騎兵第6聯隊 聯隊長 古賀九藏 中佐
　　　野砲兵第6聯隊 聯隊長 藤村謙 大佐
　　　工兵第6聯隊 聯隊長 增田政吉 大佐
　　　輕重兵第6聯隊 聯隊長 川真田國衛 大佐
　　　獨立山砲兵第2聯隊 聯隊長 原田鶴吉 中佐（75山砲36門）
　　　通信隊、衛生隊、第1至第4野戰醫院
　　支那方面艦隊 第3艦隊 司令長官 長谷川清 中將，旗艦「出雲」號
　　　第11戰隊 司令長官 近藤英次郎 少將，指揮旗艦「安宅」號、「磑峨」號、「鳥羽」號、「勢田」號、「堅田」號、「比良」號、「保津」號、「熱海」號、「二見」號、「栗」號、「拇」號、「蓮」號；第1水雷隊
　　　第4水雷戰隊 司令長官 細萱戊子郎 少將，指揮「木曾」號；第6、10驅逐隊
　　　第1基地部隊 司令長官 園田滋 少將，指揮「落日」號、「雲泰」號、「膠濟」號、「寶月」號、「小發」號；第2、3、21掃雷隊；第21水雷隊
　　海軍第2聯合航空隊
　　　第12航空隊 司令官 三木 大佐，指揮艦上戰鬥機2個中隊（飛機45架），艦上攻擊機1個隊（飛機18架）

附近，以利艦艇的溯江。對此，海軍航空部隊應予協助」。日軍慣用的基本戰術無非是迂迴包圍與兩面夾擊。因此，他早把第6師團放在江北岸，企圖背靠友鄰第2軍（司令官東久彌宮　彥王中將）作牽制保障，從陸路經黃梅、廣濟自北向南攻擊田家鎮側後方；由波田支隊（司令波田重一少將）及實施登陸作戰的海軍陸戰隊在江面砲艦支援下，自東向西沿江而上攻擊田家鎮正面。

「只要能攻下田家鎮，佔領武漢只是時間問題。」岡村寧次特意致電稻葉中將，為這一平素果敢的愛將打氣，似乎示意其先期去領取勳章。根據軍司令部的命令，第6師團在廣濟休整7天，並補充新兵3200人後，仍從深感緊缺的兵力中抽派第11旅團長今村勝次少將指揮步兵第13聯隊、獨立山砲第2聯隊（缺第2大隊）、輜重兵第6聯隊第2中隊、師團衛生隊的1/3、第1野戰醫院等5000人改編為駄馬部隊，組成今村支隊，作為師團第1梯隊，攜帶預計一週攻克田家鎮所需的作戰物資，於9月15日清晨利用牛島滿支隊與第4兵團主力僵持之機，繞道松山口，與長江內海軍第11戰隊配合，偷攻距廣濟30公里的田家鎮。

這是一次艱難的進軍。對於這個支隊的不少官兵來說，是一條不歸的死亡之路。今村勝次少將尚還蒙在鼓裏，他的對手、第

五戰區代司令長官白崇禧正喜孜孜地盼著這支孤軍脫離第6師團部及牛島滿支隊，深入沿江地帶。白崇禧向各部，特別是田家鎮正面守軍施中誠第57師、鄭作民第9師發布急令：「日軍步、砲各一聯隊，在飛機協助下，正向田家鎮前進中，正是強弩之末，各師務必痛下與敵偕亡的決心，固守反擊，再創大捷」。

首戰交鋒

9月7日廣濟失守，第26軍原在鐵石墩護衛的部隊北向松陽橋進攻，要塞的左側遂失去屏護而暴露。9月14日，李延年見廣濟日軍有南下趨勢，經報請第2兵團總司令張發奎批准，變更部署：（1）第57師任馬口、靈泉庵、桂家灣、梅家灣、左家咀以南地區的守備；（2）第9師以一部任九華山、烏龜山、沙子腦、鴨掌廟及馬口湖南岸的守備，以主

■ 1938年9月5日，日軍向廣濟進犯。

力於得粟橋、潘家山、菩提壋街之線佔領陣地，並於鐵石墩、田家墩配置警戒部隊；（3）砲兵第16團的一個連及砲兵第6營在崔家山、梅家府、下大官廟一帶佔領陣地，與要塞砲臺協力阻擊敵艦，並於沙子腦以北選預備陣地；（4）要塞核心守備隊任要塞核心及西至馬口之守備，阻擊敵艦。

當日，波田支隊主力沿江西進進入碼頭鎮西南5公里處，由九江進攻碼頭鎮的該支隊第2聯隊永井大隊也抵達該鎮附近。在海軍及航空兵協同下，支隊主力與吳港第5特別陸戰隊在碼頭鎮聯合登陸，守軍李精一的第49師撤出已成焦土的陣地，退守西側高地。該地失陷致使北岸武穴一帶雷區逐漸喪失控制，江防亦因此告急。要塞遂奉命將77野砲2個連及僅有的105mm輕榴彈砲、75mm高砲各1個連，在臨戰前夕的9月13、14日竟調赴加強江南富池口要塞的火力。由此使得原本強大的田北要塞如同釜底抽薪，機動砲兵大大削減，尤其是對日軍飛機構成嚴重威脅的高砲竟全部調走，其惡劣後果可想而知。

9月15日，日機數十架、日艦20餘艘向要塞區轟擊竟日，其海軍陸戰隊500餘人試圖在武穴以東的潘家灣、中廟、玻璃庵一帶登陸，被守軍第57師第337團堅決擊退。同日，今村支隊的第13聯隊及獨立山砲兵第2聯隊奇襲攻佔了第9師第26旅第52團第2營在鐵石墩的警戒陣地。

李延年當即電請第五戰區調部隊南下與第2軍聯繫，夾擊當面日軍，另命第57師派部隊接替九牛山第9師防務。

松山是田家鎮西面高地。高地延綿10餘里，海拔300餘公尺，險隘狹口僅有東、西、中三處，易守難攻。由第2軍主力鄭作民的第9師負責防禦。16日拂曉，第13聯隊在數十門火砲掩護下，以大隊為單位輪番向松山口中段的第9師第25旅正面縱深陣地全面猛攻。黎明，敵機一個中隊前來助戰，對我軍陣地輪番轟炸和肆虐掃射，持續到日暮，使我軍全部戰壕被填平、摧毀；許多戰士遭土埋、震昏。從早晨到黃昏，日軍潮水般撲來，雙方展開苦戰，戰鬥之酷烈，前所未見。處於第一線的第50團陣地被砲火摧毀，士兵們只能在彈坑中堅持射擊，子彈用盡，即憑藉刺刀與敵肉搏。師長鄭作民鑒於我軍缺乏防空武器，遂令各部以機槍、步兵狙擊手對空射擊，迫使敵機不敢低飛，有效減輕其對地面的威脅。戰況至烈時，一架敵機低空俯衝掃射時竟撞上了我軍發射後正在下落中的迫擊砲彈，頓時空中開花。喜訊傳開，極大的鼓舞了我軍士氣。第9師攻守結合，當夜派隊向敵右側背反擊，但傷亡過眾。第1營營長謝景安重傷，以營附王惜時代理營長，繼續指揮戰鬥。據曾親身經歷此戰的第9師某營長回憶：「第9師整個陣地上硝煙彌漫，血肉橫飛，真是驚天地、泣鬼神。我英勇官兵奮不

■ 1938年9月12日，田家鎮大戰前夕，日軍長江艦隊
的軍艦進犯至武穴。

■ 第2軍9師師長鄭作民。

顧身，與敵血戰兩畫夜。許多負傷的官兵，裹傷後繼續堅持戰鬥……第50團下士班長時克俊，在與敵肉搏時，和敵人扭在一起，被敵人咬掉左耳，他奮力用雙手卡住敵人的咽喉，將敵卡死……」在兩天的激戰中，第25旅傷亡營長以下軍官60餘人，士兵近900人；日軍也付出屍橫遍野的慘重代價！終因我右翼陣地被敵突破，同時小股日軍竄擾松山口陣地西北後方，第25旅主力遂退守松山口西北段，維護後方交通。

16日6時40分，續木禎貳中佐率日海軍吳港第4特別陸戰隊在艦砲掩護下，乘快艇在武穴下游吳村堤防缺口搶攤登陸突襲，江岸守備隊不支，中午退守城內。守軍第57師第169旅第337團與敵激戰，入夜日軍憑藉夜霧從呂祖祠江堤決口處附近登陸猛烈攻擊武穴，亦被擊退。激戰至16時，李延年決心縮小正面：（1）第57師崔家山、九牛山主陣地改為前進陣地，師主力移至周家、蒼谷腦、烏龜山、沙子腦、老鶴窠之線，為主陣地。要塞核心守備隊及砲兵第16團歸第57師師長施中誠指揮；獨立砲兵第6營變換陣地於沙子腦附近，協助第9師及第57師作戰。（2）第9師守備烏龜山至老鶴窠部隊，俟第57師接防後即歸還建制。

因北面情況緊急，第9師全部調往應付，第57師奉令後立即行動，以該師

為守備要塞的總預備隊，第342團調防黃馬湖中間地區，調留防要塞的砲6營（欠2門）及第57師砲兵營山砲2門赴該地協同作戰，要塞守備力量因而削弱。同時調回原防守武穴的第169旅劉獻捷第337團主力為師預備隊，僅留一個營守備武穴。17日2時許，日海軍陸戰隊在艦砲火力支援下登陸，猛攻武穴。至9時，日軍1000人增援，留置的楊營與強敵巷戰竟日，斃、傷500多人。終因寡不敵眾，四面被圍，雙方以白刃手榴彈肉搏廝殺，死傷百餘人，始終不退。入夜，餘部突圍，武穴遂入敵手。守軍在撤退前破壞了武穴以東下游約6公里的江堤，使江水灌入武穴的武山湖、黃泥湖、龍感湖，形成氾濫，一度使日軍地面部隊行動受阻，遲滯其對田家鎮要塞的正面進攻，給後方的守軍梯次配備陣線贏得寶貴的8天時間。

同日拂曉，今村支隊猛攻第9師正面的李福陣地。激戰至7時許，該陣地被突破，松山口高地山腰失守。守軍轉移至駱駝山、涂家灣、潘家山之線，佔領側面陣地。

中國海軍的要塞部隊也取得了不小戰果。9月8日，漂雷炸沉2艘敵艦。18日，日艦2艘進犯曬山，被田家鎮砲臺砲擊傷後撤。20日，以猛烈砲擊擊退巡洋艦、驅逐艦、砲艦等6艘及11艘汽艇的進攻，後又在21、22日以子母彈將14艘企

■ 1938年9月17日在武穴登陸的日軍海軍陸戰隊。

圖前來掃雷的日軍砲艇先後擊沉8艘，極大地鼓舞士氣。23日，敵以沿江正面被我砲臺扼守，進展困難，改派汽艇在上巢湖偷渡，被砲臺發覺，又擊沉2艘汽艇。

今村支隊的困境

9月14日，李宗仁到浠水第五戰區司令長官部復職，正值田家鎮保衛戰如火如荼的緊張激烈地進行之際。17日，軍事委員會令田家鎮要塞北岸所有守軍復歸第五戰區指揮，便於田家鎮西北山地的李品仙兵團側擊日軍，就近策應要塞周邊作戰。李即令第26軍蕭之楚部攻擊日軍側背，直接支援要塞的作戰。

18日，蔣介石致電李宗仁：「敵自攻陷廣濟，迄今旬餘，並未積極西進，而近兩日來，猛攻我鐵石墩及在武穴強行登陸，是敵已轉用主力，企由該兩方面夾攻我田家鎮要塞已可概見。希貴長（官）嚴督該方面各軍，確保蘄春以東潘家山、栗水橋之線，以掩護田家鎮要塞北側，並努力策應該鎮守軍作戰為盼。」

策應田家鎮守備戰，本身就是田家鎮保衛戰的重要組成部分，關係全局，責任重大。對其重要性，從統帥部到第五戰區都有充分的認識。身為第五戰區副司令長官、第4兵團總司令的李品仙一直在大別山南麓前線直接指揮作戰。他既是這一地區各戰役的組織者，又是前敵指揮者，深感兵力不敷分配，且有些部隊調轉不靈，惟恐對保衛戰不利，遂也於18日連夜從界牌嶺指揮所致電蔣介石，懇求派部增援：「竊查鄂東方部歸職指揮者共有十軍，現蕭之楚、何知重兩軍已令南下，協同李軍作戰，王瓚緒部內容複雜，指揮不靈，已失去作戰效用。至曹福林軍，病兵最多，劉汝明軍參戰之後，現在前方服務者均不過二千餘人，第31軍第138師已開麻埠，其餘兩師自經太湖及廣濟兩次會戰，損失甚大，現有兵力補四千人；第84軍原僅兩師，現每團僅得五、六百人，以上各軍似應速調側後方或加編併、或事補充，懇祈核奪。目前勉強應戰者，惟第7軍及第48軍各兩師而已。依目下情況，敵以一部死守廣濟，我軍屢欲圍殲，尚未奏效，若敵增援改取攻勢，則更難應付。為求鞏固鄂東防務起見，擬懇迅派精銳趕速調防為禱」。

作為最高軍事統帥的蔣介石眼見救兵如救火的緊迫局面，但是各地戰場都極缺部隊的不利態勢，竟一時無法抽調得力部隊迅速增援戰略地位至關重要的鄂東戰場，惟有致電第五戰區師長以上各級將

■ 第五戰區第4兵團總司令李品仙。

領及田家鎮田北要塞指揮官李延年，給予精神上的嘉勉，並進一步嚴明軍紀，以激勵廣大官兵奮勇作戰。電文如下：「溯自抗戰以來，賴我全軍將士敵愾同仇，忠勇用命，萬眾一心，屢予敵以重大打擊，粉碎敵人『速戰速決，三月亡華』之企圖，提高國家民族國際上之榮譽，足證精神一致，克服萬難。當敵寇深入，攻我武漢，我軍第三期會戰展開之際，凡我官兵，更應如何砥礪，協同殲敵，挽回局勢，乃近查有少數部隊，或對敵情偵察不明，或對友軍支援不力，跡近觀望，予敵各個擊破之好機，無異坐以待斃，影響全局，殊堪痛恨。須知唇亡齒寒，非團結不足禦敵，惟協同乃可致勝。特此令仰各該指揮官咸體斯旨，並嚴令所屬切實遵照，繼續努力，共同奮勉，為民族國家之生存，爭取最後勝利為要。如再有互相推委、觀望不前，致失機宜，定予嚴懲。」

18日，是「九一八事變」7週年紀念日。武漢軍民群情激昂、同仇敵愾，各界代表紛紛抵前線勞軍，極大鼓舞了守軍的戰鬥意志。而日軍方面，自開戰以來，推進速度甚慢。特別是17日晚的小雨，18日轉為連日暴雨，山地泥濘，沼澤水漫，使日軍慣用的步砲配合也成困難，飛機支援更受限制，加之道路被我軍破壞，使敵重武器難以發揮作用，通信聯絡無法保障。而熟悉當地環境的守軍抓住戰機，不斷從側背實施襲擾攻擊。今村勝次不顧惡劣天氣影響，將步兵第13聯隊的涉谷第3大隊（欠1個中隊）配置在松山口南側高地擔任側背掩護，而以中野英光大佐的第13聯隊主力2個大隊，在原田鶴吉中佐的獨立山砲第2聯隊2個大隊的火力掩護下，於18日晨孤注一擲的猛攻前哨主陣地駱駝山。守軍憑藉陣前的兩道鐵絲網及以堅固的水泥碉堡為依託的數道陣地頑強抵抗。10時陣地被攻佔，終告松山口東側山頭陷落，守軍犧牲1000餘人，被繳獲機槍10挺、手槍30餘枝、步槍400枝。第9師退守香山、竹影山、潘家山之線。16時30分，日軍續攻香山，守軍全連犧牲，陣地失陷。18時，日軍續攻竹影山，被守軍擊退。

當日，日軍反覆向第9師控制松山口陣地的制高點312.0高地發起攻擊。為減輕友軍側翼的壓力，由黔軍組成的第86軍奉命由栗木橋趕赴松山口阻敵，軍長何知重以第103師主動攻擊日軍佔領的262.5高地。當時松山口南北高地均被敵居高臨下的控制，若由山麓沿山脊仰攻衝鋒，必為敵所阻。接受攻擊任務的第103師第309旅第618團第3營營長趙旭率500餘名官兵，採取出其不意的突襲戰術：令第7連長王家楨所部沿山脊佯攻，以迷惑日軍；主力則利用山腳水溝作掩護，沿水溝躍進到松山口以南500公尺的敵後山腳陣地，再將重機槍連的4挺重機槍配屬第8、9連發起猛烈奇襲，一舉擊

潰日軍，斃敵10餘人，繳獲輕機槍1挺及步槍7枝。14時，涉谷大隊長組織反攻，激戰竟日，「不斷傷亡，形勢危險」。至19時，今村支隊從前線抽調一個步兵中隊，並令山砲中隊支援，向我營發起第3次攻擊。前沿陣地失守，該營主力仍堅守主陣地的3個山頭，為攻擊262.5高地確保了前進基地。

當晚，第103師得到第121師2個團增援，更全力奮戰，使敵陷入苦戰。20日5時，第618團團長陳永思令第3營陣地由第121師陶心的第362團接任，趙旭率部撤離陣地，奉命將前日因攻擊262.5高地受挫的第618團第1營殘部100餘人補充所部。然後攻擊262.5高地，仍以第7連突擊，其他連集中火力掩護。當第7連衝至半山腰，遭遇已攻佔312.0高地的日軍機槍及92步兵砲的側擊，攻擊受阻。趙旭即令孫亮清的第9連攻擊312.0高地，支援第7連正面進攻，並得到613團團長王景淵調撥的一個重機槍連增援。經過30分鐘準備後，2個連分別向各自高地攻擊，期間日機10餘架自北向南空襲，遭我軍對空射擊。突擊隊奮勇作戰，突入敵陣，以刺刀、手榴彈與日軍展開肉搏，奪佔前沿陣地，殘敵退守反斜面負隅頑抗。第8連連長李西平率2個排迂迴日軍左側，策應第7連對262.5高地殘敵攻擊。第615團第3營見第618團戰況異常艱苦，即派一個排偕同第1連攻擊262.5高地反斜面之敵。經20多分鐘的誓死鏖戰，終將

敵擊潰，佔領262.5高地。第8連和機槍連對312.0高地突擊時，第1、7連固守262.5高地。隨後在第613團支援下，我軍也攻佔312.0高地。全殲今村支隊側衛的涉谷大隊一個步兵中隊及一個重機槍中隊，繳獲全部武器裝備，並繳獲今村少將的作戰命令。至此，松山口南北高地的咽喉為我軍卡住，田家鎮形勢暫趨穩定。第86軍第103師扼守312.0高地及松山至吳灣之線；第121師則固守262.5高地，構成一道堅固的阻擊線，進攻沙子腦的日軍處於我南北腹背受敵的態勢。第121師不失時機的向日軍側襲，田家鎮要塞同時向日軍砲擊，對今村支隊形成三面夾擊之勢，使其傷亡慘重。困境中的日軍不分晝夜的輪番衝鋒攻擊，均未得逞。

今村支隊無暇顧及側後危急的局面，19日晨仍繼續以主力由松山口向沙子腦進犯，第103、9師協力夾攻，同時第121師又抵鐵石墩迎戰日軍。不料，第9師的潘家山陣地被突破，李延年不惜再抽調周義重的第339團前往增援，傷亡驟增。同時第6師團1000人在飛機和大砲掩護下，由老鸛窠附近登陸，進逼陳選鋪，但被守軍第57師的頑強擊退。敵艦砲不斷向第57師新廟的前進陣地轟擊。駱駝山日軍不斷增加，11時分每路約300餘人的多股縱隊轉向第9師及第57師第342團的沙子腦、鴨掌山、烏龜山陣地滲透攻擊，激戰數小時亦遭到我守軍的堅決阻擊，日軍大量施放窒息瓦斯，但陣

地仍歸然不動。經第9師組織反擊,當日中午收復胡家山陣地,殲敵甚多。第26軍在進攻日軍的側背發起猛攻,佔領四望山、鐵石墩等地,切斷今村支隊與廣濟的聯繫。此時,今村的第11旅團前有第57師阻止,後有第26軍反擊,已被包圍於馬口湖與黃泥湖之間及其以北地區,陷入南、北、西三面圍攻的苦戰之中,只有東面大片湖沼地帶未設防,但

■ 日軍違背國際公約發射毒氣彈,照片上有日本新聞檢查機構「不許」發表字樣。

退往該處只能是絕路。至此,彈藥、糧食等均已告乏,只得就地掘取旱地的山芋,又採摘未熟的稻穀裝在鋼盔裏搗爛去殼為食,並收羅繳獲的彈藥為繼;同時,醫藥、給養供應極度緊張,人員傷亡劇增,處境極其危險。覆滅的夢魘籠罩著今村支隊。素來堅忍的今村勝次不得不向稻葉師團長連連告急。

解圍與反撲

第6師團主力也禍不單行,正遭受李品仙各部日夜纏鬥,無法脫身。但師團長稻葉四郎為解今村支隊之圍,仍於20日晨急派第36旅團第45聯隊第2大隊長山本中佐所部增援,同時請求航空兵支援。日海軍第2聯合航空隊所屬三木大佐的第12航空隊在雨後雲霧彌漫的不利氣象條件下,於21日下午起飛猛炸守軍陣地,並向第13聯隊空投糧食、藥品及100

發山砲彈等軍需物資,這才使今村愁眉稍展。但空投物資畢竟極其有限,只是權宜之計,為供應該部長期作戰,稻葉四郎不得不請求岡村寧次特派舟艇部隊補給支援,派駐第11軍的海軍參謀付出極大努力,取得武穴鎮海軍部隊的積極協助。23日,獨立工兵中隊的鐵船數隻滿載彈藥、糧秣,冒險駛過武穴下游6公里武山湖及黃泥湖的氾濫水路,到達今村支隊東面的黃泥湖畔,實行補給,給這支已失去活力的僵屍注入一絲生氣。再利用舟艇的返回,將傷病員運送後方。第6師團於23日正午發電報告:「今村支隊現已查明傷亡合計為680名」。直至24日以後天氣轉晴,日機重新活躍起來。

補給部隊如此順利,而同時負責增援的部隊卻遭受挫折。正當山本中佐的第45聯隊第2大隊於22日18時攻佔四望山,第103師2個連的守軍全部犧牲。正

欲乘勝南下時，即被半路裏殺出的程咬金——第26軍第32師主力阻止，屢攻不逞，叫苦不迭。稻葉師團長又於21日夜拼湊步兵4個中隊、山砲2個中隊、工兵1個小隊、輜重兵1個中隊等1000餘人組成的混成大隊，由第23聯隊第2大隊池田少佐指揮馳援。前進不及10公里，也被第26軍第44師阻止於鐵石墩附近，進而以絕對優勢兵力圍困該大隊於此，動彈不得。第11旅團得知師團已派出增援部隊後，為救援與引導援軍，22日從捉襟見肘的兵力中抽派第13聯隊第3大隊長涉谷少佐指揮以3個步兵中隊、1個速射砲中隊組建的混成大隊600人從松山口東面突圍，向鐵石墩方向前往接應，企圖救引增援部隊。同時以主力由黃泥湖猛攻第9師的烏龜山、沙子腦陣地，並施放毒氣，大有決死地而後生之勢。烏龜山守軍2個連遭受3倍之敵攻擊，苦戰至21日22時殘部突圍南撤，陣地失陷。「我師一少尉排長袁次榮，在彈藥用盡，全排士兵陣亡的情況下，眼看他的陣地被敵人攻佔，他把手榴彈集中在一塊兒向敵人投擲，炸死炸傷數十人。最後，袁排長把唯一一顆手榴彈抱在懷裏，拉斷導火線，轟地一聲，袁排長頓時血肉四濺……進攻的敵人，一個個驚得目瞪口呆」。

21日夜，李延年命第9師將柘嘴上、竹影山、潘家山一帶防地交第26軍第44師，轉移至馬口湖南岸，協同第57師防守要塞。又調劉獻捷的第337團，繼又調守備核心陣地第340團第1營馳援，但各部均頗有傷亡，而我守備要塞之力量更為薄弱，不足2個團，卻仍未能挽救頹勢，馬口湖及沙子腦陣地僅堅守到次日即相繼丟失，守軍轉而向胡家新莊、下東坡、甲垸之線固守。 22日，第9師撤守松山口時，以一個連在陳家灣一帶斷後，掩護主力撤退。陳家灣四周皆為平地，毫無遮擋。連長觀察地形發現，灣前有棵三人合抱的古樟樹，他令其他人撤走，僅親率5名戰士，找來門板在樹上搭設一個簡易的重機槍掩體。當日軍毫無防備的走近，只聞一陣槍響，驚惶失措的丟下幾具屍體狼狽逃跑。接著日軍又向村裏謹慎地走近，待進入射程之內，隨著槍響又倒斃數人。幾經反覆，日軍死傷數十人，惱怒之下用砲火將整個陳家灣村炸平，仍未弄明白槍響自何處。如此被阻擊達一週，最

■ 田家鎮以北山岳地帶行進的日軍砲兵。

後還是請求增援的日機偶然貼著樹尖低空飛過，才發現其中奧秘，這才集中砲火將這個掩體摧毀……村民們含淚收殮這位英雄連長的遺體，僅知他姓黃，只好在其墓碑上寫上「黃連長之墓」。

今村支隊主力屢屢對當面守軍攻擊之時，企圖接應增援部隊的涉谷混成大隊遭受第86軍第103師的攻擊，被阻於312.0高地，未能與援軍會合。日軍仍將涉谷混成大隊作為救命的稻草，把拯救江北戰局的希望寄託於該部的破圍行動上。涉谷少佐，這位北海道漁民出身的少壯派軍官，率部實施逆襲。此舉出乎守軍意料，我軍將陷入絕境的今村支隊輕視為斷了脊樑的癩皮狗，把注意放在援敵方向，未想到背後這把犀利的飛刀。涉谷大隊一鼓作氣，猛攻第26軍第32師第95旅防守的鐵石墩陣地，旅長蔣修仁率部堅決反擊。為穩定戰局，師長王修身親率特務連一個排，赴前方督戰。他在第95旅後方山嶺用望遠鏡觀察戰況時被日軍發覺，敵即以密集砲火向該山頭轟擊，一發砲彈在王修身右前方爆炸，幸好無恙的他隨即被衛士拉下山坡躲避。鐵石墩防線被突破後，繼向第86軍側背攻擊，攻佔第121師陣地，並進襲第103師師部，佔領張家灣。 隨天氣轉晴，日機30餘架對田家鎮區區彈丸之地，狂轟濫炸，每天投彈500餘枚。大江之中，敵砲艦以橫隊展開一線，集中全部艦砲轟擊要塞，砲彈密如雨注，戰壕

全被炸毀，人員多被活埋於壕內。而我方只能在夜間整理工事，救出被活埋的人員。第121師的262.5高地幾乎被砲火夷平。日軍還施放毒氣，我方中毒人員數以百計。山本中佐的第45聯隊第2大隊這才得以在四望山解圍，對當面的第121師衝鋒，守軍傷亡更為慘重。隨著兩翼高地相繼失守，該高地才於23日陷落。涉谷大隊與山本大隊會師後，一同向池田混合大隊移動。第26、86軍為防止三股日軍合攏，斷然以師為單位，猛攻池田混合大隊，給予該大隊重大殺傷，同時增加兵力插入夾隙，阻止破圍日軍回援。

早在增援之敵反撲的20日，蔣介石即以田家鎮為武漢之門戶，保衛武漢之決戰要地，下令要塞部隊死守。21日，第26軍軍長蕭之楚向蔣介石電告戰況：「奉李副長官班格爾馬辛電轉奉鈞座手諭，謹悉。田家鎮要塞關係成敗全局，遵照鈞意，抱有死無生之決心，報效黨國。前本軍四次猛攻，業已犧牲過巨。現第44、32師實有戰鬥員均不過一千餘人，除第44師已經竹影廟向香山進攻外，其餘一旅於鐵石墩以東之地激戰中。第32師與四望山之敵亦在激戰。兵力如此情況。如此，最後只有集合官佐民夫編併戰隊，與敵拼死一戰，成功固佳，成仁亦所甘願也。」

23日，李品仙為殲滅圍攻田家鎮之敵，增加兵力，下令「三日以內將敵

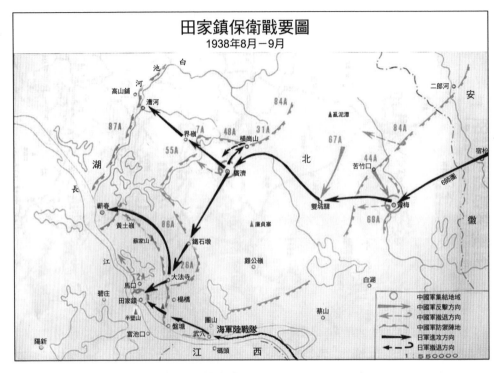

田家鎮保衛戰要圖
1938年8月－9月

人壓迫於馬口湖、黃泥湖中間以北之地區，捕捉殲滅之」。令第48軍張義純軍長親率第173師經漕河鎮，迅即開赴栗木橋附近集結待命，抵達後，第174師即歸還該軍建制，用於圍殲今村支隊；第84軍開河西驛附近整備，為第4兵團二線部隊。

如果今村支隊被全殲，第6師團部及牛島滿支隊便面臨滅頂之災；該師團中路頹敗，則整個南、北兩路便失去重心，攻佔武漢只能是水中撈月。岡村寧次清楚局勢的危險性，被迫放棄正面突擊戰略，緊急與海軍協商，令其掩護從長江登陸策應解圍的波田支隊及陸戰隊，以迅速攻克富池口要塞為目標。

江防戰局惡化

早在9月16日，波田支隊以臺灣步兵第1聯隊、第2聯隊永井大隊及山砲聯隊1個小隊組成的右翼集群逼近富池口，在艦艇、飛機掩護下，對富池口發動攻擊。經8晝夜激戰，支隊在加強了一個裝甲車中隊與一個野戰重砲兵大隊後，將富池口要塞陣地大部工事摧毀，守軍第54軍第18師奮勇抗擊，傷亡殆盡。張發奎嚴令第18師師長李芳郴再堅守3日，否則以軍法論處。李芳郴作戰意志頹廢，無心再戰，竟不顧下級軍官的一致反對，於9月23日星夜棄部坐小舢板畏罪潛

逃，以致軍心渙散。張發奎令工兵營將富池口要塞的主要設施徹底破壞，殘部至午夜撤退完畢，要塞乃於次日失陷。波田支隊進而得以山砲聯隊主力等部編成左翼集群，協助第6師團佔領田家鎮附近地區。從而致使象徵骨牌的田家鎮整體防禦體系出現裂痕，與富池口互為依託的田家鎮的正面與東面完全暴露於日海軍及對岸富池口的砲火之下，尤其作為正面的南面頓失屏障且腹背受敵，戰局出現惡化跡象。

更為嚴重的是，經過10天的排雷作業，日海軍近藤英次郎少將的第11戰隊得以安然沿江上駛，田家鎮要塞於25日遭敵機及艦砲的猛烈轟擊，工事及防守人員損失甚巨，尤其第1、4分台同時被炸毀，對敵火力頓時削弱一半，局勢已極為危殆。李延年抽調第9師一個團至馬口湖北的周家鋪，歸第198師指揮，構築預備陣地。李品仙派第174師增援第26軍，阻止第36旅團西進。第174師及第26軍第32師於25日進至四望山、鐵石墩時，第36旅團已攻佔崔家山、九牛山陣地，第57師在桂家橋、蕎麥塘一線陣地固守。同時，李品仙嚴令第48軍張義純、第86軍何知重、第26軍蕭之楚部「向進犯田（家鎮）要塞之敵攻擊前進」。同時，圍攻廣濟第6師團主力的第55、7軍在北線積極反擊也頗有斬獲，攻佔廣濟附近的部分據點，有力支援了田家鎮保衛戰。

此時，第11戰隊及其登陸部隊已對田家鎮要塞構成北、南、西三面包圍態勢：北面自鳳凰山南下，西面越蒼谷腦高地進犯，南面則由上洲頭、盤塘、馮家山等三處強行登陸，企圖直接威脅要塞核心。26日開始，雙方交戰進入白熱化。日軍以空中、水上火力猛烈轟擊要塞地區長達數小時，再以陸海空聯合力量由東、北兩面大舉進攻，北面我軍因傷亡過重，黃馬湖中間陣地被敵突破，敵遂進佔黑家山、八峰山。東面敵約千餘於5時在飛機砲火掩護下由阮家灣向我周家山、蘆家嘴、兔山、蒼谷腦猛攻，激戰竟日，迄夜仍在相持。16時，日海軍第11戰隊的吳港第5特別陸戰隊及上陸山砲隊從上洲頭登陸，負責固守要塞核心陣地的施中誠之外甥、第57師第341團團長龍子育英勇督戰，不幸於20時30分中彈陣亡，全團官兵死守不退，激戰至夜，悉數戰死在核心陣地。硝煙嫋嫋，戰火獵獵，陣地上已空無一人，但為守軍大無畏氣勢所震撼的日軍仍心有餘悸，不敢貿然踏入。至此，第57師所屬5個團已基本成建制損失，殘部被迫退守蓮花心、玉屏山、陳細灣之線。李延年命新歸屬的第198師第1142團加強第57師。該團以一個營進守陽城山。第57師軍需處糧服課課長趙炳回憶田家鎮第57師的防守情形：「日軍先以陸空兩軍猛攻濫炸，八天未能進展一步。敵乃增派小型淺水兵艦駛進長江，沿武穴南

岸一字擺開，輪流不停地砲轟我陣地，旋又駛來一艘，加入戰鬥。第57師浴血鏖戰，守到十二天，不見一兵一卒的增援部隊。因富池口周邊友軍陣地被敵突破，日兵從廣濟陸路潮水般湧來，分頭截我接濟，堵我後方交通，因此我軍的給養、彈藥供應都被遮斷，遂陷於孤軍應戰形勢，裝備陳舊，傷亡慘重。師長（施中誠）毅然下令：『誓與要塞共存亡！』士兵熱血沸騰，與敵白刃格鬥，敵兵被迫後退，其跟進部隊槍砲齊鳴，我軍無法對抗，返回工事堅守」。

至黃昏時，李品仙令第48軍為右翼，第26軍為左翼，協力夾攻馬口湖、黃泥湖及其以北的今村支隊；第86軍在四望山附近掩護左側，各部同時推進。尤以第48軍趁敵稍有懈怠之機，一鼓攻下山本中佐第45聯隊第2大隊扼守的香山陣地，駱駝山日軍迅即增援反攻，雙方展開肉搏，致使香山陣地得失三次，終為第48軍控制，日軍黔驢技窮，喪心病狂的使用毒氣，第48軍守軍死傷甚重。但第48軍另一部經頑強衝鋒拼殺，竟再次奪回262.5高地，擊潰日軍。第26軍左翼部隊經過苦戰，攻佔日軍陶寨陣地。

日軍被分割兩地，並處於我軍大包圍圈的攻擊中，處境十分不利。日軍憑藉空中優勢，以20餘架戰機集中轟炸阻擊日軍援兵的我軍陣地，步兵也拼命衝鋒。至26日，經過3天追逐與反追逐，堵截與反堵截，涉谷、山本兩個大隊拋下累累屍體，終得與今村支隊主力會合。當日夜，實力得到補充增強之後的今村支隊也繼續展開對田家鎮要塞主陣地的進攻，但因第13聯隊將校傷亡過重，戰鬥力相當低落，改用潛伏前進和奇襲、強襲的戰術。所屬第13聯隊的左翼白濱少佐率第1大隊夜襲突破我陣地縱深達3公里，27日晨佔領魯家山。右翼岡山少佐率第2大隊突破陣地2公里，27日強襲佔領黑家山。田家鎮周邊防禦體系大部被擊破，日軍前鋒已抵要塞防禦體系的核心地帶。

儘管如此，各處陣地上的中國守軍仍克服連續作戰、缺乏有效補給和支援的種種困難，拼死抗擊，常常戰至傷亡殆盡，陣地才告易手。27日，日軍砲兵2個中隊向田家鎮北側守軍砲兵陣地發射毒劑彈28發，榴彈52發，幾乎喪失戰鬥力的守軍才被迫停止射擊。

經7天苦戰，至27日拂曉，日軍以艦砲、飛機連續向要塞區支援轟擊達3小時，尤以重轟炸機每組3、5架不等的輪番轟炸，北岸要塞核心工事大部被毀，並炸毀備砲5門。清晨，第36旅團與今村支隊接應的一個大隊向蒼谷腦、桂家灣陣地合擊。至此，今村支隊傷亡已達上千人，兩部日軍會合尚有5000人，今村勝次便集中主力，向守軍黃泥湖至馬口湖間主要防禦陣地體系發起攻擊，當日由新屋下附近突破防線，佔領星家山。防守該地的第57師第169旅第339團

傷亡甚眾，僅存約一個營殘兵。施中誠嚴令該營固守蒼谷腦，另派部隊接防後壁山、蕎麥塘陣地。第339團奉命苦戰到最後，團長周義重負重傷，營長傷亡各一名，官兵突圍撤出者僅餘40餘人。至此，日軍距核心砲臺僅3公里。李延年鑒於第57師正面戰況危急，增兵支援，並縮短防禦正面。李品仙命第26軍積極策應，由北向南側擊。但該軍行動緩慢，進展甚微。

山本大隊在攻佔松山口附近高地和香山後，擔任今村支隊側背掩護。從27日黎明遭到周邊第26、86軍人海戰術的攻擊，傷亡巨大，尤其第2中隊，自中隊長以下減員40餘名，但遏止了我軍的攻擊。同時，增援而來的池田大隊攻擊岡山第13聯隊第2大隊右側平地方面的我軍，雙方均死傷慘重。池田大隊付出第2機槍中隊長橋口與熊大尉以下多人斃命的代價。

最後的血戰

28日凌晨開始，日軍出動78架戰機，集中獨立山砲第2聯隊第1、3大隊及江上砲艦在內的數百門大小火砲協同組成重砲集群，實行空地一體轟擊，陷入敵三面砲火之中的田家鎮核心陣地防禦工事全部被毀，要塞海軍守備隊司令梅一平少將與砲臺總台長秦德生等人堅守砲位，相繼陣亡。日軍記錄：「28日我方出動400架次戰鬥機、轟炸機，在持續進行地面掃射的同時，向中國軍隊陣地投擲1500顆重約100多噸的炸彈」，給缺乏有效防空火力掩護的守軍造成極大損失，更將田家鎮江邊碼頭和繁華街市，全部化為焦土。砲火延伸攻擊後，海軍陸戰隊登陸作戰，從東南和東北兩個方向對田家鎮及要塞核心區展開進攻。凌晨2時，敵汽艇20餘艘由富池口企圖掩護海軍陸戰隊向我盤塘、馮家山登陸，未得逞。至6時，第11戰隊不甘失敗，以陸戰隊100餘人在飛機砲火掩護下，強行在盤塘附近登陸，與第340團第3營激戰，被守軍殲滅殆盡。

12時，防守陽城山、鳳凰山的第198師第1142團第1營與第13聯隊的岡山第2大隊發生激戰，並有敵機10餘架助戰。至13時，陽城山失陷。增援的第23聯隊之池田第2大隊與岡山大隊繼由該山聯合猛攻田家鎮以東、盤塘核心要塞以北就近的最高峰玉屏山，與第342團之一連白刃戰，該連全部殉國，14時玉屏山也告失守，繼而山澗、楊樹坪被敵佔領並以火力封鎖公路。守軍第342團與敵反覆衝殺後，團長李翰卿負傷不支，退到附廓陣地。繼而演武山、南山、牛關廟等要塞周圍要點陸續陷敵。山澗、楊樹坪被敵佔領並以火力封鎖公路。至此，第11旅團的5個步兵大隊及獨立山砲第2聯隊第1、3大隊距核心要塞僅5公里。

13時，敵由南岸駛來汽艇數十隻，

載敵數百名於上洲頭登陸，猛攻我上公、陳家嘴之線，因我守軍第340團第2營第5連傷亡殆盡，遂被迫扼守桃園、葉家畈、兔山之線；同時敵機砲大肆轟擊，備砲又毀一門，並炸毀彈藥庫兩所。敵再以數百人在進至柯六營的艦艇5艘直接支援下仍從盤塘登陸，血戰一個小時，盤塘失守。盤塘以南江岸的敵海軍第11戰隊的吳港第4、5特別陸戰隊及上陸山砲隊2000人組成聯合陸戰隊，從上洲頭、周家山向北推進，猛攻上公、陳家嘴的第57師一個連，守軍傷亡殆盡。兩路日軍陸戰隊進而迫近象山砲台，與第57師守備部隊形成混戰。鏖戰至19時，日軍利用黑暗掩護，從各路猛衝入田家鎮鎮內，致使守軍防禦體系徹底崩潰，彼此失去聯絡和協同，敵我進入最後的混戰。失去周邊陸軍拱衛的海軍守備隊砲臺官兵雖有少數在猛烈的砲火中僥倖活命，但很快被蜂擁而入的日軍如數消滅。至半夜，守軍被壓迫至馮家山以西地區扼守待援。蔣介石在瞭解到戰局最新狀況之後，於29日凌晨電示，『轉移兵力，鞏固北方正面，第11軍團調上巴河整理』。李品仙隨即奉命下令放棄要塞。李延年根據指令，開始組織殘部陸續轉移，並以第57師派一部兵力搶佔馬口隘路，掩護主力撤退。第2軍主力於29日凌晨經楊公祠、馬口閘退至鑄鐵爐，後又奉命至上巴河休整。第6師團天亮後佔領要塞周圍砲臺，進而擊退守軍後衛抵抗，於11時30分佔領田家鎮，第11戰隊也同時佔領象山砲台和宅山砲台。守軍撤退時，將火砲砲栓等部分零件拆走，其餘則灌入王水，予以腐蝕，以免資敵。截至10月1日下午，日軍繳獲砲臺2處、汽艇2艘、探照燈2個、火砲10門、機槍70挺、砲彈2000發、子彈70萬發、白米1000袋，其他築城材料等無數。

田家鎮要塞失守後，軍委會審時度勢，為保存持久抗戰的命脈，令第4兵團調整部署，所屬各部分別向北側蘄春、浠水、上巴河各高地轉移，繼續佔領陣地，重新組織防禦；同時留第7軍等部於大別山區建立根據地，準備進行敵後游擊戰。而周邊的第32、44、121、171、174師等部於29日仍不遺餘力的對掩護側背的山本大隊發動攻擊，予各路日軍以重大打擊後，直至10月1日奉命相繼交替撤出戰場，10月6日向蘄春方面後退，無法帶走的傷病員均慘遭殺害。

因富池口、田家鎮的相繼陷落，長江最大的堡壘防禦體系僅有的半壁山要塞隨即遭橫行無忌的32艘敵艦、80餘架日機的毀滅性轟炸，工事盡毀，守軍第98軍第193師第385旅第1124團第2營除生還60餘人外，其餘全部犧牲。守軍馬驥加強旅無力堅守，以陣亡826人，傷278人的代價，先掩護重砲營及高射砲連轉移後，再奉命秘密撤出。直至10月4日，心有餘悸的日軍才敢進入要塞。

中國海軍為守衛葛店最後防線，9月30日起緊急在黃巔口至沙鎮以及團風、葛店、陽邏、諶家磯等處佈雷1120枚，以此遲滯日軍攻勢達近一個月之久。而敵經2週以來苦戰，傷亡奇重，已無力再犯，遂盤桓於田家鎮，尚無積極動作，其兵艦仍在要塞遊弋，正從事掃雷工作，敵艦決難越雷池一步。

不朽的史詩

此戰最終未實現蔣介石下達的「田家鎮要塞須作固守兩月以上的準備」的最高指令，意味著武漢會戰最後階段的提前來臨。至此，武漢保衛戰進入困難階段，軍委會放棄死守武漢三鎮的計劃，而將武漢衛戍部隊分調增援第五、九戰區。

守軍將士們，用生命和熱血演繹出一幕驚天地、泣鬼神的英勇壯舉。為武漢軍民的撤退，贏得寶貴的時間。第五戰區在戰後上報，田家鎮之役斃、傷敵五千餘人。據當地老人回憶，日軍每天都要焚燒戰死者屍體，僅在田家鎮東北大法寺附近一次就焚化400具，焦臭傳播數里。從而予敵最精銳的第6師團以沉重打擊，給日軍造成極大恐慌，並一度促成圍殲該敵的大好態勢。但因南岸富池口陷落，日軍北渡增援，李延年等要塞守軍在敵強大攻勢下不支後退，終使田家鎮要塞陷落。守軍連同周邊援軍在

持續半個月苦戰中，也付出達1.7萬人的重大犧牲。其中在周邊的四望山戰鬥，第86軍2萬人傷亡過半，建制全被打亂，基本喪失戰鬥力，其中第103師犧牲2000多人。第86軍在隨後的南嶽軍事會議中被裁撤，所屬第103師撥歸第8軍，遠征滇西；第121師改隸第94軍序列，擔任江防任務。第26軍傷亡失蹤5712人，所剩4955人。鄭作民師在鴨掌山等戰鬥中，傷亡2000多人，其中旅長以下軍官達130多人。第57師殉國官兵有師部副官張雲亭、第341團團長龍子育以近3000人，重傷第171旅旅長楊宗鼎、第342團團長李翰卿、營長王敬篋、副營長董冠英、連長閻廣瑞、朱邦泰等不下4000人，第57師殘部700人僅編成幾個連併入第9師。因經敵砲火猛轟，我軍將士的大部分身軀已支離破碎，加之烈日暴曬，遺體迅速腐爛。戰後，當地民眾僅將搜尋到的1000具稍微完整的第57師烈士遺體埋葬在五福寺旁，並立碑以誌，永世長存。

儘管我軍傷亡慘重，但客觀上打破日軍一週攻佔田家鎮的狂妄計劃，明顯延緩其作戰進程。正如日軍戰後所承認，對於「打通蘄（春）廣（濟）公路預期很短」，但由於「不斷遭到中國軍隊的頑強抵抗，結果進展不大，拖延了時間。日軍前線軍官曾產生顧慮，蘄廣戰線的激戰程度與地形的複雜性，是超過日軍預料的」。據日軍文件，「今村

■ 1941年修建的五福寺前後山脈抗戰陣亡官兵墓地。

短暫的時間問題。隨即致電華中派遣軍司令官　俊六大將，請他轉呈東京大本營，為稻葉四郎申請須由天皇批准頒發勳章。並令駐蕪湖的第116師團第120聯隊及其配屬的山砲大隊進駐田家鎮要塞，並與石原旅團長親率的2個步兵大隊合編為石原支隊，入列第6師團。而命損失慘重的第11旅團及第36旅團增援部隊返回廣濟，與第6師團其他部隊會合整頓，補充新兵3000人，作下一步進攻武漢的準備。10月17日補充後，繼續西進，22日攻佔上巴河，24日進抵漢口以北30公里的黃陂，25日首先攻入武漢。

支隊的損失甚重，第6師團9月30日的電報：截至現在查明我方損失為，戰死284名（內將校7），負傷866名（內將校15），合計1150名；預料還要增加（主要是步兵第13聯隊）」。

第6師團作為以能征善戰著稱的精銳部隊，但經黃梅、廣濟、田家鎮苦戰後已殘破不堪，錯過未能及時擴大戰果的良機。其中今村旅團步兵第47聯隊自侵華以來戰死達454名，負傷1612名。而坐鎮九江的岡村寧次獲悉今村支隊已佔領該要塞，欣喜萬分，認為攻佔武漢只是

沉痛的教訓

第五戰區右兵團總指揮李品仙全權負責指揮田家鎮保衛戰，將指揮所一直推至前線界牌嶺，始終把握戰局動態，直接指揮周邊作戰。對田家鎮失守的原因，此戰結束後的第3天，即10月1日，李品仙曾請示軍事委員會，作如下細緻分析，「查田家鎮要塞失守原因頗多，至李（延年）軍團長原任防守專責，要塞陷落，在理亦應負相當責任，至其指

揮督率亦欠適當，因部隊使用未能集中，指揮位置在王家灣要塞之外，對守兵心理不無影響。及前線部隊之潰退，要塞核心守備人員擅自退出，未能嚴為督導，不無過失。至蕭軍長之楚、何軍長知重策應要塞作戰行動遲緩，未能依照命令及時夾擊，亦有相當過失。至其他各官長之失職貽誤戎機者，已令李軍團長查明詳報矣。自職奉命指揮要塞及派遣各軍南下作戰，供職無狀，以至要塞失陷，影響戰局，尚乞嚴處為禱」。

蔣介石考慮到李延年是資歷頗深的黃埔一期學生，而且覺得李延年所部第2軍確實已盡力，並未給予懲處，卻於失陷當日嚴令懲辦要塞司令楊宗鼎。楊宗鼎忿忿不平，將田家鎮北區核心陣地失陷原因向軍令部長徐永昌提交申訴報告：「一、本區周邊守備軍（第9、57師）因傷亡過重，被敵強力壓迫，與核心守軍失去聯繫，敵得任意攻擊核心陣地。二、臨戰時工事未得全部完成。三、地區大，守備兵力不足。查本核心陣地對武穴方面右自上公大堤起，左至後壁山（不含）止，其正面寬約3000公尺；對江面右自馮家山西端起，經盤塘沿大堤，左至上公附近止，其正面寬約6000公尺；對北及西北方面右自郭家衝東門起，經黃谷腦、立兒腦、臘燭腦、陽城山、楊樹坪至馮家山西端止，其正面寬9000公尺；共計四周正面寬18000公尺。如擇要配備，以每營擔任3000公尺

正面計算，也需6營守兵方敷分配。而當時核心尚不足3營，曾一再請求增加迄未辦到，卒以守備力薄增援無人，一被突破遂致無法維持。四、對江面封鎖無力。因備砲被敵機炸毀（因75高射砲調走），輕榴彈砲、野砲調走，南岸失守，以致對於敵艦上駛與其掃雷工作無力制止，敵可在其飛機砲火掩護下任意掃雷，隨意登陸」。

具體戰術指導思想上，著名的軍事歷史學家張秉均曾一語中的的指出：「田家鎮要塞在之前應以力保要塞為主眼，第4兵團應變更部署，集中主力與第2軍協力圍攻敵第6師團，以達戰略持久之目的；乃竟以主力反攻據點，被敵牽制反消耗，尤以調第26軍北攻松陽橋，陷要塞於孤立；第2軍初戰又使第9師與第57師重疊配備，未能發揮統合戰力，遂被敵各個擊破，殊堪惋惜」。

此外，田家鎮要塞戰前隸屬第九戰區，戰役開始的第三天才就近歸屬第五戰區第4兵團，以致指揮生疏、臨時調整部署、協調不力等，竟以「添油戰術」（指逐次增兵的方式）的抽調要塞部隊，以致最終守備異常空虛，為敵輕取。這也是戰役失敗的重要因素。

中日1939年隨棗會戰

■守衛襄陽城頭的國軍戰士。

發生在1939年5月的隨棗會戰，是抗日戰爭相持階段繼南昌會戰後的又一大規模戰役。4月，第五戰區根據軍委會指示發動「四月攻勢」，為加強第五戰區戰力，軍委會命令直轄的第31集團軍開赴棗陽集結，歸李宗仁指揮。日軍為減少損失爭取主動，驅逐湯恩伯集團，鞏固武漢周圍佔領區，調集第3、第13、第16師團及騎兵第4旅團等部，由信陽、應山、鍾祥一線向桐柏、隨縣、棗陽發動進攻，岡村寧次明確指出「作戰的主要目標是敵人的第31集團軍」。

本文作者通過挖掘兩岸史料，對雙方作戰計劃、佈局，戰鬥經過、得失等皆有相當著墨，對戰役中的國軍高級將領李品仙、張自忠、湯恩伯、覃連芳等人及其部隊的表現都有客觀的評價。尤其是鮮明地肯定了湯恩伯第31集團軍的英勇作戰，並對李宗仁有欠公允的指責湯氏提出了自己的看法。

武漢會戰後的第五戰區

1938年10月中旬，隨著信陽、陽新、浠水先後失守，南北兩線日軍已逐步向武漢逼近。蔣介石於14日上午召集何應欽、徐永昌、林蔚、劉斐等人商討今後作戰計劃與部署，決定第五戰區除留得力部隊於大別山實行游擊戰外，其餘均向鄂西（北）、豫西轉移。第九戰區留一部於九宮山開展游擊戰，其餘部隊向贛北、鄂南、湘北轉移。16時，蔣介石指示第五、第九戰區應「於一個星期以內變更現在態勢並重新部署各部隊」。16日，第五戰區司令長官李宗仁致電蔣介石，認為「此時即變更原來方針，放棄武漢過早」。李宗仁指出「日軍雖在華南登陸，我被迫需向南方轉用一部兵力，但尚不影響第五、第九戰區作戰，不如先擬定撤退腹案，準備於戰況有重大變化時，再分令實施」。17日，蔣介石覆電李宗仁：「所陳意見，若僅就目前情況而論，甚有理由，惟以此期抗戰方針，重點在南，現南岸戰況緊張，敵在粵登陸，兵力連日續有增加，倘轉用之稍一延緩，爾後將感困難。」要李宗仁「照所擬計畫，分期妥為實施」。李宗仁當日召開軍事會議，決心分期實施撤退。

鄂湘川黔邊區綏靖公署主任劉峙向蔣介石建議，平漢路以西豫南、鄂西一帶兵力空虛，為適應爾後戰況，應立即於桐柏、隨縣、棗陽、應城、京山等處及襄陽、南陽控置重兵，預為佈防。劉峙此前曾負責平漢路北段指揮，因戰事失利而飽受非議，此番進言倒極富戰略眼光。23日，沿平漢路南下的日軍第10師團（師團長篠塚義男）一部佔領應山；被阻於大別山北麓的日軍第13、第16師團，亦越過小界嶺、沙窩之線，向麻城急進。24日，蔣介石正式下令放棄武漢，告別了十個月以來的軍政大本營。

11月下旬，軍委會在南嶽衡山召開軍事會議，蔣介石在會上宣稱抗戰已進入第二期。軍委會制訂的第二期抗戰戰略方針是：「連續發動有限度之攻勢與反擊，以牽制消耗敵人，策應敵後之游擊戰；加強敵後方之控制與襲擾，化敵後方為前方，迫敵侷促於點線，阻止其全面統制與物資掠奪，粉碎其以華制華、以戰養戰之企圖；同時抽調部隊，輪流整訓，強化戰力，準備總反攻。」根據武漢會戰後的敵我態勢，軍委會重新劃分了戰區，第五戰區轄區調整為：自沙市至巴東段的長江江防；豫西舞陽、方城、南陽、鎮平、內鄉地區；鄂北隨縣、棗陽、襄樊地區；鄂西荊門、宜昌地區；大別山、皖北、皖西部分地區。整個戰區西扼川陝、南臨長江，控制著上游入川門戶，與第九戰區隔江相望，進可威脅武漢，退可與日軍周旋。從軍事地理角度來看，鄂東武漢、

鄂北襄樊、鄂西宜昌可視為湖北的三大重心。鄂北屬於山區、丘陵地，岡巒起伏，河流密佈。武漢淪為敵手，襄（樊）東（部）荊山、大洪山、桐柏山成為俯瞰江漢盆地，屏障宜沙、襄樊的抗戰要地。襄樊是襄陽和樊城的總稱，兩城隔漢水南北相望，是鄂北中心地帶。

漢水為長江第一大支流，由襄樊北上，可抵抗戰後方陝西漢中。在樊城東北7公里處與唐河、白河匯合後往下這一段，又俗稱襄河。唐河上通豫南唐縣、方城；白河可通豫南新野、南陽。另外，源自陝南龍駒寨的丹江亦在老河口以西注入漢水。位於漢水中游的襄樊自古便是南北交通要衝和軍事戰略要地。

據《襄陽府志》記載：「襄陽北楚大郡，上通關隴，下連吳會，北控宛洛，南達滇黔，漢晉以來，代為重鎮。」襄陽以東和東南的隨縣、棗陽、長壽店、豐樂河、流水溝等地也是鄂北軍事要地。隨縣位於大洪山與桐柏山之間，東南通安陸，北接棗陽，扼隨棗盆地進口。棗陽係隨棗盆地出口，無論是阻擊敵軍還是主動出擊，均十分重要。長壽店地處大洪山與襄河間，扼襄河東岸平地之進口，與隨縣作用相似。豐樂河、流水溝均係襄河上的渡河點，是國軍攻守進退、轉用兵力的樞紐。毫無疑問，鄂北地區是第五戰區第二期抗戰的核心所在。

李宗仁偕第五戰區長官部於11月

■襄陽古城，始建於漢朝，依山傍水，易守難攻。

中旬到達棗陽，旋遷樊城樊侯祠。李宗仁後來在口述回憶錄中說：「樊城實為指揮本戰區內戰事的最適中地點。長官部到樊城後，我遂將在武漢保衛戰中打殘了的部隊約十餘萬，加以整頓，重新部署，準備向武漢反攻。這一時期，我五戰區的戰略是死守桐柏山、大洪山兩據點，以便隨時向武漢

■國民政府第五戰區指揮部舊址。

外圍出擊，同時與平漢路東大別山區內的廖磊集團軍相呼應，威脅平漢路的交通，使敵人疲於奔命，發揮機動戰與游擊戰的最高效能。」第五戰區的兵力在徐州會戰後期達到最高峰60萬人，武漢會戰期間亦有40多萬人，變更態勢至平漢路以西之後，所轄部隊尚有第11集團軍、第21集團軍、第22集團軍、第29集團軍、第33集團軍、江防軍等6個集團軍，合計34個步兵師、1個騎兵師、1個騎兵旅和2個游擊縱隊。如果從番號數量和部隊編制來算，最少也得合30萬人，實際則不然，各部歷經徐州、武漢會戰，傷亡缺額很大，有些缺二分之一，有些甚至缺四分之三。部隊構成也比較「雜」，主要有桂系、川系、西北軍系和中央嫡系。龐盛文先後擔任第五戰區司令長官部軍機督察處督察官、密查

隊長、調查科長等職，他在回憶錄中寫道：「李宗仁所轄五戰區地域遼闊，作戰區域包括長江中游以北，黃河泛區以南，津浦路以西的豫鄂皖三省的大部地區，是當時最大的一個戰區，也是情況最複雜、部隊戰鬥力最低、裝備訓練最差、『雜牌軍』最多的一個戰區。」這一番話倒是頗能概括武漢會戰後的第五戰區。

第11集團軍轄第39軍和第84軍，集團軍總司令由戰區副司令長官李品仙兼任。第39軍相當複雜，軍長劉和鼎係安徽合肥人，保定三期出身，為人沉默寡言，長於文墨，據說一般函電均親自草擬。所屬的第56師是他的起家部隊，前身是李宗仁、白崇禧在漢口收編的陝西督軍吳新田部和安徽馬祥斌部組成的第13師。1929年6月，蔣桂之爭，桂系不敵

退走鄂西，還是副師長的劉和鼎倒向南京，率部由宜昌移防蕪湖改編。另一個為第34師，原係國民二軍岳維峻一部。1931年3月，該師奉令參加圍剿鄂豫皖紅軍根據地，師長岳維峻以下5000餘人被紅軍俘虜，後收集殘部才得以重建。第84軍是1938年春夏間新組建的部隊，原先所轄的第188、第189師都是廣西民團改編而來。在武漢會戰黃梅、廣濟戰役中，第188師因損失甚大被縮編，士兵全部調撥充實第189師，另將第31軍所屬的第173師、第174師改歸第84軍建制。覃連芳軍長是廣西柳江人，保定六期畢業，留學法國巴黎盎里若航空修理學校，其人文采不錯，躍馬作詩不在話下。但筆者認為他作為軍事主官，缺乏駕馭之術是其致命傷。覃此前曾擔任過第31軍副軍長，按理對第173師和第174師的指揮

應無問題，可是事實相反，據時任第189師師長凌壓西回憶，覃連芳不僅為第84軍指揮不能統一所困惑，還與軍參謀長鍾紀經常鬧意見。其桀驁不遜的脾氣得罪了不少桂系權貴人物，如廖磊、李品仙、白崇禧。

第21集團軍轄第7軍和第48軍，集團軍總司令廖磊，廣西陸川人，保定二期步科畢業，在李宗仁眼裡他是一位「篤實持重、責任心強、勇於任事、能征善戰的將領」。武漢會戰後期，李宗仁根據軍委會「保留大別山為游擊基地」的指示，留下廖磊率第21集團軍在豫鄂皖邊區與鬼子周旋。可惜廖總司令一直身體不好，患有心臟病和輕微腦溢血，後竟於1939年10月不治而亡。因大別山游擊區不在本文敘述範圍內，故對第21集團軍僅此一筆帶過。

■第11集團軍轄第39軍和第84軍，集團軍總司令由戰區副司令長官李品仙兼任。

■第84軍軍長覃連芳。

■第21集團軍總司令廖磊，廣西陸川人，保定二期步科畢業，該集團軍轄第7軍和第48軍。

第22集團軍轄第41軍和第45軍，集團軍總司令孫震，四川成都人，保定一期步科出身。第41軍軍長由孫震兼任，轄第122師、第123師和第124師，原係四川田頌堯第29軍。第45軍軍長陳鼎勳，轄第125師和第127師，原係四川鄧錫侯第28軍。1937年10月，單衣草鞋的川軍將士翻越秦嶺到達寶雞，滿懷希望能夠乘車至西安換裝武器和冬季被服，未料西安行營奉轉軍委會命令，各軍立即開潼關渡黃河，隸第二戰區戰鬥序列。本想到山西打鬼子，閻錫山多少會補充些東西，可是這位「閻老西」特摳門，說什麼山西的庫存武器彈藥和軍需物資都已轉移後方，託詞拒絕補充，結果僅送給第41軍20挺晉造輕機槍了事。娘子關戰事失利後，敗退的川軍沿途打開晉軍軍械庫，擅自進行補給。閻錫山大為惱怒，電請軍委會將川軍調離。蔣介石試圖把第22集團軍就近轉調第一戰區，第一戰區司令長官程潛認為川軍素質差，一口咬定不要，最後還是白崇禧從中撮合，部隊歸入李宗仁麾下。李長官以諸葛亮率蜀中健兒北抗司馬懿的故事激勵川軍，後來便有了台兒莊會戰第122師師長王銘章血灑滕縣（1938年3月）的壯烈篇章。李宗仁曾頗為自豪地說：「這些雜牌部隊在其他場合，往往畏縮不前，但是到了五戰區，卻一個個都成了生龍活虎。」

第29集團軍轄第44軍和第67軍，集

■第22集團軍總司令孫震，四川成都人，保定一期步科出身，該集團軍轄第41軍和第45軍。

團軍總司令王纘緒，四川西充人，四川弁目學堂畢業。因王纘緒兼任四川省主席，不能出川，總司令職務實際由副總司令兼第67軍軍長許紹宗代理。許紹宗雖是河北青縣人，但係四川陸軍速成學校出身，畢業後一直在劉湘所部服務，32歲便已當上第21軍第2師師長，可謂劉湘親信將領之一。1938年3月，第29集團軍在成都成立，第44軍下轄第149師、第150師，前身是第21軍第2師、暫編第1師等部；第67軍下轄第161師、第162師，亦是改編自劉湘的第21軍。第29集團軍的裝備極其簡陋，步槍多數是四川造，少數是漢陽造，輕重機槍、迫擊砲也多是四川貨，第161師的部分捷克式輕機槍算是整個集團軍最新式的武器了。在武漢會戰黃梅、廣濟戰役中，第29集團軍傷亡過半，後由四川順營師管區徵補兵員補充恢復。人員雖有著落，但武器補給一時跟不上，連20年代手工造的「夾板槍」都拿出來使用，王纘緒也算「抗戰到底」了。

第33集團軍轄第59軍和第77軍，集

■川軍裝備十分簡陋，不過其抗日報國的決心頑強，並不比別的部隊差。

團軍總司令張自忠，山東清河人，1914年放棄法政專業，入第20師隨營學校當學兵，開始戎馬生涯。第59軍和第77軍都是從第29軍中分編而來，第59軍軍長由張自忠兼任，下轄第38師、第180師、騎兵第9師。張自忠原是第38師師長、天津市市長，在盧溝橋事變前曾被認為是宋哲元集團中的「主和派」，事變發生後因滯留北平善後，而被世人視為「漢奸」，後經李宗仁等人為其剖白，才重執虎符投入烽火抗戰。第77軍軍長馮治安，下轄第37師、第132師、第179師。馮治安是河北故城人，既沒讀過多少書，亦缺乏正規的軍事養成，盧溝橋事變時是第37師師長、河北省主席，打

響全面抗戰第一槍的便是他手下的團長吉星文、營長金振中。故在宋哲元集團中有「主戰派」、「抗日派」之稱。另歸張自忠指揮但未正式列入建制的還有第55軍，第55軍下轄第29師和第74師。軍長曹福林是河北景縣人，行伍出身，他和孫桐萱是當年韓復?身邊的「哼哈二將」。

江防軍的主力是第26軍、第75軍、第94軍，此外還有第128師和一些要塞守備隊等。江防軍司令郭懺，浙江諸暨人，保定六期砲科出身，係陳誠得力幹將之一。江防軍雖歸第五戰區戰鬥序列，但具有很大獨立性，對鄂北戰事影響甚少，軍委會曾有言在先「守宜昌的

■第33集團軍轄第59軍和第77軍，集團軍總司令張自忠。

三個軍不許他調」，據時任第41師師長丁治磐回憶，部隊實際上是受蔣介石直接指揮。1940年6月，江防軍正式脫離第五戰區作戰序列，改屬陳誠重設的第六戰區。

第五、第九戰區所面對的強敵是日軍第11軍。第11軍成立於1938年6月，是為攻佔武漢而編成，司令官岡村寧次。武漢易手後，第11軍為擴大佔領區及保障武漢的安全，又相繼攻佔安陸、花園、岳陽等地，大本營要求華中派遣軍將佔領地區保持在信陽、安陸、岳陽一線之內。

這時的岡村寧次手中主要有7個師團和2個混成旅團，負責對第五、第九

戰區中國軍隊進行戰役上的有限攻勢，以達到戰略上的保守任務。作戰地區大概限定在安慶、信陽、岳陽、南昌之間地區。具體佔領部署為：藤田進的第3師團司令部位於湖北應山，警備地區為信陽、廣水、應山；稻葉四郎的第6師團司令部位於武昌，警備地區為汀泗橋以北的鐵路、公路，咸寧、楠林橋、崇陽公路沿線地區，武昌地區；吉住良輔的第9師團司令部位於湖北蒲圻，警備地區為汀泗橋西南粵漢鐵路，嘉魚附近長江對岸，岳陽地區；荻洲立兵的第13師團司令部位於湖北黃陂，警備地區為黃陂、河口鎮、宋埠、新洲，一部位於宣化店、麻城；藤江惠輔的第16師團司令部位於湖北孝感，警備地區為安陸、花園、孝感、應城、雲夢，一部在皁市和漢川；伊東政喜的第101師團司令部位於江西德安，警備地區為九江及九江對岸地區；松浦淳六郎的第106師團位於湖北陽新，警備地

■日軍第11軍司令官岡村寧次。

隨棗會戰國軍戰鬥序列（1939年5月）

第五戰區

司令長官　李宗仁

副司令長官 李品仙

參謀長　　徐祖詒

副參謀長　王鴻韶

左集團軍 總司令 李品仙（兼）

　第11集團軍 總司令 李品仙（兼）

　　第39軍 軍長 劉和鼎

　　　第34師 師長 公秉藩

　　　第56師 師長 湯邦楨

　　第84軍 軍長 覃連芳

　　　第173師 師長 鍾 毅

　　　第174師 師長 張光瑋

　　　第189師 師長 凌壓西

　第22集團軍 總司令 孫 震

　　第41軍 軍長 孫 震（兼）

　　　第122師 師長 王志遠

　　　第123師 師長 曾憲棟

　　　第124師 師長 曾甦元

　　第45軍 軍長 陳鼎勳

　　　第125師 師長 王仕俊

　　　第127師 師長 陳 離

　第31集團軍 總司令 湯恩伯

　　第13軍 軍長 張 軫

　　　第89師 師長 張雪中

　　　第110師 師長 吳紹周

　　　第193師 師長 馬勵武

　　　獨1旅 旅長 李俊彥

　　　獨2旅 旅長 張連三

　　第85軍 軍長 王仲廉

　　　第4師 師長 石 覺

　　　第23師 師長 李楚瀛

　　　第91師 師長 王毓文

右集團軍 總司令 張自忠

　第29集團軍 總司令 王纘緒，副總司令 許紹宗（代理總司令）

　　第44軍 軍長 廖 震

　　　第149師 師長 張竭誠

　　　第150師 師長 楊勤安

　　第67軍 軍長 許紹宗（兼）

　　　第161師 師長 官焱森

　　　第162師 師長 佘念慈

　第33集團軍 總司令 張自忠（兼）

　　第59軍 軍長 張自忠（兼）

　　　第38師 師長 黃維綱

　　　第180師 師長 劉振三

　　第77軍 軍長 馮治安

　　　第37師 師長 吉星文

　　　第132師 師長 王長海

　　　第179師 師長 何基灃

　　　騎9師 師長 張德順

　　第55軍 軍長 曹福林

　　　第29師 師長 許文耀

　　　第74師 師長 李漢章

　長江上游江防司令部 總司令 郭 懺

　　第26軍 軍長 蕭之楚

　　　第32師 師長 王修身

　　　第41師 師長 丁治磐

《《《 接上頁
 第44師 師長 陳 永
第75軍 軍長 周 嵒
 第6師 師長 張 琪
 第13師 師長 方 靖
 預4師 師長 傅正模
第94軍 軍長 郭 懺(兼)
 第55師 師長 李及蘭
 第121師 師長 牟庭芳
 第185師 師長 方 天
 第128師 師長 王勁哉(直隸)

支援部隊
第2集團軍 總司令 孫連仲
 第30軍 軍長 池峰城
 第27師 師長 黃樵松
 第30師 師長 張華棠
 第31師 師長 乜子彬
 第68軍 軍長 劉汝明
 第119師 師長 李金田
 第143師 師長 李曾志

隨棗會戰日軍戰鬥序列(1939年5月)

第11軍 司令官 岡村寧次
 第3師團 師團長 藤田進
 步兵第5旅團
 步兵第6聯隊
 步兵第68聯隊
 步兵第29旅團
 步兵第18聯隊
 步兵第34聯隊
 騎兵第3聯隊

野砲兵第3聯隊
工兵第3聯隊
輜重兵第3聯隊
第13師團 師團長 荻洲立兵
 步兵第26旅團
 步兵第58聯隊
 步兵第116聯隊
 步兵第103旅團
 步兵第65聯隊
 步兵第104聯隊
 騎兵第17大隊
 山砲兵第19聯隊
 工兵第13聯隊
 輜重兵第13聯隊
第16師團 師團長 藤江惠輔
 步兵第19旅團
 步兵第9聯隊
 步兵第20聯隊
 步兵第30旅團
 步兵第33聯隊
 步兵第38聯隊
 騎兵第20聯隊
 野砲兵第22聯隊
 工兵第16聯隊
 輜重兵第16聯隊
騎兵第4旅團
 第25聯隊
 第26聯隊
野戰重砲兵第6旅團
獨立工兵第3聯隊
獨立山砲第3聯隊
戰車第5大隊

區為陽新，長江東岸蘄春、田家鎮、武穴，一部在箬溪附近。

收效甚微的「四月攻勢」

1939年1月，南嶽軍事會議結束一個多月之後，軍委會頒布了《國軍第二期作戰指導方案》，方案要求第五戰區「應以一部保持大別山游擊根據地，積極向鄂東、豫南、皖北游擊。主力守備荊沙（漢宜公路）及襄樊（襄花公路）各地區，極力保持現在態勢，儘量吸收敵人多數兵力而消耗之。」李宗仁大體上以江防軍守備宜昌以下長江北岸至襄河間及當陽、宜昌、宜都、江陵一帶地區；以第29集團軍、第33集團軍等部組成右翼集團軍，由張自忠指揮，擔任大洪山南麓、京（山）鍾（祥）公路、襄河兩岸防務，置重點於漢（陽）宜（城）公路方面。以第11、第22集團軍組成左翼集團軍，由李品仙指揮，擔任大洪山至桐柏之間防務，重點在襄（陽）花（園）公路隨縣至棗陽間地區；以第21集團軍在大別山區開展游擊戰爭，牽制日軍，以為策應。2月，軍委會決定「加強游擊戰區兵力，並相繼轉移攻勢，以牽制消耗敵人，援助我游擊部隊，打破敵扼守要點，抽轉兵力，建立華北軍事根據地之企圖」。規定第五戰區於3月上旬，以一部約兩師攻擊武勝關方面之敵，以主力約五師指向孝感、花園間，與鄂東、豫南游擊部隊相策應，尋殲平漢路南段之敵，並徹底破壞交通線。

未等第五戰區展開攻勢，日軍進犯京山，張自忠指揮所部退守孫家橋預設陣地。日軍正面進攻不逞，於3月5日迂迴攻佔鍾祥，兵鋒直抵襄河東岸，迫使我軍放棄孫家橋，向長壽店、大洪山轉移。張自忠以未能拒敵、有負職守，致電軍令部：「河東戰役，職指揮無方，以致未能拒敵，乞賜處分。」軍令部次長劉斐出面批覆：「該軍苦戰兼旬，各出力將士，均應嘉獎。國軍抗戰，原不以勝敗論功罪。望繼續努力奮鬥，以摧頑寇，所請應予免議。」

京鍾公路戰事失利，重慶決意加強第五戰區戰力，軍委會命令直轄的第31集團軍開赴棗陽集結，歸李宗仁指揮。第31集團軍轄第13軍和第85軍，第13軍下轄第89師、第110師、第193師和獨立第1旅、獨立第2旅，第85軍下轄第4師、第23師、第91師，因係中央嫡系部隊，官兵人數較為充足，武器裝備也相對優良。集團軍總司令湯恩伯，浙江武義人，日本陸軍士官學校第十八期砲科畢業，在中央軍校擔任軍事教官和第六期學生大隊長等職時，獲得蔣介石賞識。抗戰軍興，湯恩伯率第13軍與日寇血戰南口，一時名聲大震，在《大公報》名記者范長江筆下，湯恩伯成了名符其實的「抗日鐵漢」。翌年3月，

湯又率第20軍團參加台兒莊戰役,重創日軍第5師團(師團長板垣征四郎)和第10師團(師團長磯谷廉介)。武漢會戰後,第31集團軍一直處於整訓狀態,接到調動命令,湯恩伯還在南嶽兼任游幹班教育長,一時不克分身,特派參謀長萬建藩率總部先行出發。湯恩伯的部隊在抗戰初期打了多次硬戰,活躍在前線的戰地記者紛紛以不同角度記錄了自己的親身感受。《掃蕩報》記者胡定芬說:「記者隨湯軍團生活雖只三天短促時間,可是到第一線去過三次。經過兩次夜行軍,在宿營上、行軍上、陣地上看到這一個龐大的軍團的動作和精神,實在令人蕭然起敬。他們久負盛名,實非偶然。」《新華日報》記者陸詒也在一篇台兒莊戰役期間的訪問報導中寫道:「11點鐘,到達湯恩伯將軍的前線指揮部守南口的名將湯將軍,仍然保持著勇邁的作風,帶了兩三個衛兵,到火線督戰去了。」著名記者曹聚仁先生則說:「湯將軍的作戰,機動飄忽,和紅軍戰術頗相近,當其盛也,他的部隊不獨是紅軍的勁敵,也是日軍的勁敵,有『中將湯』之稱。」

■第31集團軍轄第13軍和第85軍,集團軍總司令湯恩伯。

李宗仁對第31集團軍的加入感到信心大增,根據軍委會《國軍第二期作戰指導方案》等相關指示,第五戰區的作戰計劃很快出爐。第五戰區參謀長徐祖貽,江蘇崑山人,先後畢業於吉林陸軍小學、清河陸軍第一預備學校、保定軍校第三期砲科、日本陸軍士官學校和日本陸軍大學,按理應該是一位優秀的幕僚長。但據曾任第五戰區高參的張壽齡和軍務處長梁家齊回憶,徐祖貽其實並無赫赫之名,而且有些自命不凡,目空一切。實際為李宗仁所器重,負責作戰業務的是副參謀長王鴻韶。王鴻韶字真吾,河北寶坻人,保定軍校第三期、陸軍大學特別班第二期畢業,張壽齡稱讚此人「精明穩健,戰略指導和對部隊部署都很精細周密,總是強調瞭解敵情,並針對敵情將己方部隊分配在適當的位置上。每次對敵作戰前,對參謀處擬出的方案都仔細予以審核糾正,極盡運籌帷幄之能事」。且看下面的《第五戰區作戰計劃》。

敵情判斷:日軍佔領鍾祥後,即負隅固守,以作為保守武漢外圍的據點;企圖在鍾祥、沙洋間渡河;對隨縣、棗陽正面增加兵力,有先對我左、右兩集團軍攻擊的可能。

方針:戰區集結兵力,由襄花公路方面待機反攻,但為牽制日軍渡河,須有隨時向南側擊的準備。

指導要領:後續兵團受第一線部

隊自然掩護，集結於唐縣鎮、澴潭地區，準備由左集團軍之一翼或兩翼，採取攻勢。日軍如果先行渡溳水，應以主力由左集團軍之右翼，向漢宜公路方面側擊。日軍如果先向我左集團軍正面攻擊，應推進後續兵團於第一線後方，分由兩翼或左翼反攻，應視當時情況而定，不得已時，亦須在後方適宜之線上，佔領陣地，待第一線部隊撤至該線時，施行反攻。上述之攻勢中，右集團軍除固守襄河右岸外，應竭力增強左岸部隊，向京鍾公路攻擊。江防部隊除固守襄河右岸及江防外，應以沔水、潛江一帶部隊，渡河向漢宜公路側擊。豫鄂皖邊區西進部隊，由平漢鐵路東側策應主力之攻勢。當面之敵如向其他戰區轉移，或出現其他有利的時機，則在準備完成後，即自動採取攻勢。主力發動攻勢時，桐柏方面第一戰區友軍向信陽之敵夾擊，我左集團軍應有策應南陽、桐柏作戰的準備。

兵團行動：左集團軍之第11集團軍及第127師以現在態勢，掩護第31集團軍向唐縣鎮、澴潭鎮一帶集結。第127師視情況許可，歸還第45軍建制，防務由第31集團軍派一個師接替。第173師先期歸還第11集團軍建制，控置在該集團左翼。以第31集團軍全力，由左翼發起攻勢，先以一部接替溳水以北防線，主力推進至高城附近，向花園、安陸間攻擊。如第31集團軍由兩翼出擊，應推

進至高城及貫莊店附近，與該方面第一線部隊及襄花公路正面部隊，同時向平壩、平林市、應山之線反攻。第一線部隊受敵猛烈攻擊時，應力避決戰，向澴潭鎮、唐王店之線既設陣地撤退。第31集團軍預備控置於朱家集及青苔鎮附近，由兩翼夾擊突進之敵。右集團軍以第29集團軍及第55軍鞏固河防。第33集團軍主力與第45軍先向京鍾公路鍾祥和東橋鎮攻擊，續向京山、舊口鎮方面推進。江防軍以第26軍主力及第44軍固守襄河西岸及潛江附近，並以第26軍一部和第94軍鞏固江防。以第128師等部向應城、白馬廟、瓦廟集等地側擊漢宜路日軍。如果日軍先行渡過襄河，則以第31集團軍主力轉移至柳林、新集、三里店、向平壩、京山之線攻擊，並向應城、瓦廟集推進。

第31集團軍的動向很快被無孔不入的日軍情報部門偵知，3月22日半夜，日軍「中國派遣軍」司令官山田乙三、參謀長吉本貞一向在指揮南昌作戰的岡村寧次緊急通報：「蔣介石企圖以第一期整編部隊為基幹，決心自4月上旬轉入反攻，作最後一戰。特別是在選拔兵團上，要使用一貫傾向最高統帥意志的一些黨軍。調第31集團軍的兩個軍六個師從江南向江北移動，自18日起正向棗陽以南地區集結，據判斷在監督第一、第五戰區各兵團反攻的同時，可能從棗陽附近向隨縣附近採取攻勢。」此時，日

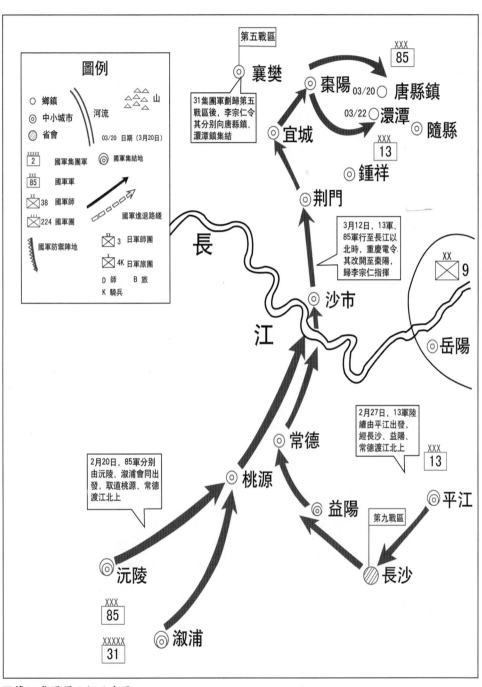

圖例

- ○ 鄉鎮
- ◎ 中小城市
- ▨ 省會
- ～ 河流
- △△ 山
- 03/20 日期（3月20日）
- ▣ 2 國軍集團軍
- ▣ 85 國軍軍
- ⊠ 38 國軍師
- ⊠ 224 國軍團
- ◎ 國軍集結地
- ➡ ⇢ 國軍進退路線
- ⋀⋀⋀ 國軍防禦陣地
- ⊠ 3 日軍師團
- ⊠ 4K 日軍旅團
- D 師　B 旅
- K 騎兵

第五戰區

31集團軍劃歸第五戰區後，李宗仁令其分別向唐縣鎮、澴潭鎮集結

3月12日，13軍、85軍行至長江以北時，重慶電令其改開至棗陽，歸李宗仁指揮

2月27日，13軍陸續由平江出發，經長沙、益陽、常德渡江北上

2月20日，85軍分別由沅陵、漵浦會同出發，取道桃源、常德渡江北上

第九戰區

■第31集團軍北調示意圖。

軍新編成的第33、第34師團已奉命編入第11軍序列，預定4月中旬進至武漢地區，6月以後換下第9、第16師團回國。第11軍司令官岡村寧次認為：「軍隊若停滯不動，就好像一潭死水一樣會產生子孓。如果沒有目標，空喊強調訓練，也不可能做到嚴肅認真。必須適當確切地按照作戰、休整、訓練、作戰的這一循環規律進行安排，這對維持軍隊本身的戰鬥力是必要的。」日軍第101師團攻佔南昌，岡村寧次即把眼光從長江以南投向鄂北，為了減少損失爭取主動，驅逐湯恩伯集團，鞏固武漢周圍佔領區，有必要利用第33、第34師團到來之際，第9、第16師團未回國之前「乘第五戰區

暗中活動之機，迅速秘密而全面地做好準備，以期消滅敵人的戰鬥力」。

3月27日，第五戰區遵照軍委會「轉移攻勢」的命令，開始對當面日軍進行威力搜索。事實上，襄花路方面的戰鬥持續不斷，武漢會戰結束不久，日軍第3師團7000餘人便沿著襄花路及應山通往隨縣的公路向第84軍防線進犯，主力抵馬坪後，先頭部隊即推進至淅河，展開於蔣家河左岸、淅河塔兒灣和高城前方之線。覃連芳軍長根據敵情，將第一線陣地分為兩個守備區，以第174師為左翼守備隊，佔領左起蔣家河右岸河濱經竹林鋪、混山之線；以第189師為右翼守備隊，與第174師相銜接，經萬家店、七里

■日軍「中國派遣軍」司令官山田乙三。

崗跨過襄花公路，至隨縣右前方高地之線；以第173師為預備隊，控制在唐縣鎮整訓。日軍選擇七里崗及襄花公路兩側猛撲，遭到第189師頑強抵抗，只能在馬坪、淅河及廣水等地，各留駐500餘人，與第84軍形成對峙。嗣後，覃連芳軍長一面鞏固防禦工事，一面以游擊方式夜襲日軍據點，戰事雖不大，但斷斷續續亦沒有停過。4月8日，戰區下達「攻勢命令」，覃軍長指定第174師和第173師第517旅，出擊隨縣以北和廣水間的日軍零星據點。時值日軍第3師團一部循漢水左岸北上進擾，覃軍長復令第173師第519旅前往堵擊，梁津旅長率部到達隨縣西面的板凳崗時，日軍已退回鍾祥，據說是在豐樂河附近遭到了當地游擊隊設伏打擊。日軍竄擾失利，第174師等部的出擊也不順利，梁津旅長返回厲山後，即奉命率第1037團開赴萬家店以東江家灣附近佔領陣地，掩護出擊部隊退回。未幾，第174師師長張光瑋帶著部隊陸續撤回，但不見第173師第517旅的蹤影，迎來的卻是日軍的追擊部隊。接火不久，梁津旅長便與一線失去聯繫，眼看旅部駐地頻有槍彈「問候」，梁旅長下令警衛旅部的軍士隊增援前線，好在午後又是霧又是雨，日軍未敢進一步迫近。梁津深感戰況緊張，打電話給師長鍾毅，請求本旅補充團歸還建制。鍾師長以補充團警衛軍部為由，答應調派第517旅第1034團兩個營增援。第1034團

的動作很快，李振雄團長將團部設在梁旅長左側二里之地，相反第1037團團長劉棟平早已將團部轉移到旅部後方，難怪梁旅長與他「溝通」不到了。

■第173師師長鍾毅。

日落黃昏，第517旅旅長粟廷勳電話通知梁津，已率部由高城方面退回。這樣一來，掩護出擊部隊回撤的任務已完成，鍾毅師長稍後即命梁津轉回萬家店西面蔣家河右岸，自草廟以南至烽火山之間佔領陣地，以防止日軍來攻。旅長找到，李振雄亦帶著人馬歸還建制。

雖然第33集團軍也以一部向京鍾公路附近的舊口、鍾祥、洋梓、黃家集日軍據點攻擊，並取得了一些戰果，但第五戰區的「四月攻勢」總體收效甚微，毫無勢頭可言，部隊都在忙於補充恢復元氣，能「守」就不錯了，所謂「攻勢」也就是做點樣子。再說重慶也顯得比較保守，雖將第31集團軍劃歸第五戰區指揮，但又特地向李宗仁強調：「對湯集團應作機動部隊，須呈候本會核准，方得使用。」日軍戰史記載：「4月上旬至中旬，敵人以數量上稍大的兵力向第11軍的整個正面，特別是向應山西

北地方及舊口鎮方面出擊。15日蔣介石一再催促『總反攻』，但是反攻是消極的、不徹底的，並且受到我的反擊而失敗。當時第3師團第一線部隊，堅決守住了洋河鎮、長台關、新集、駱駝店、徐家店、淅家市一線。第16師團在策應南昌作戰後西進，以其第一線部隊經黃家集、洋梓鎮佔領了漢水左岸下游要地，並擊退了敵人的反攻。」

岡村寧次與李宗仁的較量

1939年4月中旬，日軍第33、第34師團到達武漢，編入第11軍，岡村寧次即決定給第五戰區一次大的「打擊」。17日，第11軍制訂了《毛號作戰會戰指導策略》。作戰目的為「確保作戰地區、加強安定和進一步挫傷敵軍繼續抗戰的意志，決定乘新兵團的到來，大概在5月上旬於江北地區消滅企圖向我西北正面採取行動的敵軍」。意圖以「江北兵團秘密做好準備，捉住敵軍準備進攻的態勢，採取快速奔襲給予反擊，一舉在棗陽附近捕捉和殲滅敵軍」。

「毛號作戰」計劃指導要領為：決定利用新兵團到來之機和敵軍正在準備進攻的間隙，大概在5月初以前，秘密將江北各兵團及軍直屬部隊的主力集結在應山、安陸附近，做好會戰準備。以強有力的一部在主力發動攻勢之前從大別山南麓地區突破敵軍左翼，把敵人的主力牽制在這深長的東南面，主力概由安陸及其以東地區前進，向棗陽南側地區及該地西北地方一線迂迴突進。同時，以機動兵團向縱深的泌陽以南地區迂迴，切斷向南陽方面的退路，在棗陽附近捕捉敵軍的重點兵團，予以殲滅。在完成作戰目的後，迅速回到原來態勢，但必須確保隨縣一帶。兵團部署方面要求：第3師團須於4月底前在確保孟畈店、徐家店、淅河市一線的基礎上，將主力集結在孟畈店周圍，迅速把江北德安（即安陸）地區的警備移交給第13師團。根據情況，可主動暫時放棄淅河市附近，退保馬坪附近，目的是把敵軍引誘到東面去。要在5月初開始進攻之前，以快速奔襲突破敵軍左翼，大概從孟畈店、高城鎮、唐縣鎮沿線地區向西面縱深突進，將敵牽制在深長的東南面。在淅河市附近以一個支隊牽制敵人，儘量避免過早力攻，尤其是坦克部隊。主力如能按計劃進入唐縣鎮附近，即組成數個支隊通過山地進入棗陽東北地區。第11軍主力將以棗陽為中心，從其西面白河左岸向東北折回，將敵軍的重點兵團捕捉和消滅在棗陽周圍。第11軍主力轉移後，即回到原來態勢，在此期間須確保隨縣附近。第13師團以一部確保平壩鎮、宋河鎮一帶，於5月初以前在黃家集周邊集結，然後突破進入吳家店、雙溝鎮一線，切斷敵軍向襄陽方面的退路。第16師團以一部確保安陸以南漢水左岸

要地，主力集結安陸附近，須於5月初突破進入吳家店、雙溝鎮一線，可根據情況用一部兵力在宜城上游渡過漢水佔領襄陽。騎兵第4旅團要在第16師團到達大廟山附近進入山地時，超越該師團向前挺進，在雙溝鎮轉向白河右岸向新野方向挺進，切斷敵軍向南陽方向的退路。

「毛號作戰」計劃最後明確指出「此次作戰的主要目標是敵人的第31集團軍」。日軍大本營於次日批准「華中派遣軍」可以在漢口西北正面，暫時實施越過現作戰地區作戰，也就是超越信陽-岳陽之線。日軍參謀本部同時指令「華中派遣軍」在實施作戰後「要盡快返回現作戰地區內」。20日，「華中派

遣軍」根據大本營和參謀本部的批覆，命令第11軍「在4、5月間，可以伺機在大概唐河以南地區將漢口西北正面之敵擊敗，粉碎其抗戰企圖，將敵消滅後應盡快返回大概連接信陽、隨縣、安陸一線以南地區」。岡村寧次緊接著下達了會戰準備令，進行了兵力部署：第3師團配屬步兵1個聯隊（缺1個半大隊）、機槍1個大隊、坦克1個大隊、輕裝甲車2個中隊、山砲兵1個大隊、氣球1個中隊、獨立工兵1個聯隊等。自5月初以主力急襲突破敵軍左翼，從孟畈店、高城鎮、唐縣鎮公路沿線地區向西面深入挺進。另以一部盡可能長時間牽制敵軍在淅河市正面，要以一部由信陽向桐柏方向進

■日軍的輕型裝甲車，這些火力其實並不強大的裝甲車卻能在反裝甲能力十分薄弱的中國軍隊面前耀武揚威。

擊。第13師團配屬迫擊砲1個中隊、獨立工兵1個中隊，調出步兵1個聯隊（缺1個大隊）、騎兵1個大隊。主力5月5日前在黃家集以南地區集結，從大洪山西面向梁家集、琚家灣一線挺進。第16師團配屬獨立步兵1個大隊、輕裝甲車1個中隊、山砲兵1個大隊、野戰重砲兵1個聯隊、獨立工兵1個聯隊（缺1個中隊、1個小隊），調出騎兵1個聯隊。以一部確保安陸以南漢水左岸地區內要地，面對張自忠軍，掩護軍的左側。主力5月5日在洋梓鎮以南地區集結，突破長壽店敵軍陣地，進入張家集、雙溝鎮一線。騎兵第4旅團要在5月5日前將兵力集結在鄭家集、游家集附近，隨著第16師團攻擊前進，接踵通過宜城以東的山岳地帶。當第16師團進至樊城東南方集、大廟山一帶時，迅速超越該師團，攻擊雙溝，並向新野、唐河迂迴。

顯然，岡村寧次的如意算盤是：以第3師團在右、騎兵第4旅團在左，迂迴包圍棗陽地區，再以第13、第16師團北進，圍殲國軍精銳第31集團軍。岡村寧次為此特別強調：「各兵團對意圖須嚴加保密，竭盡虛實智謀。不考慮城鎮的攻陷，立足於單純作戰，專心消滅敵軍。望全軍發揮傳統的頑強精神，宣揚皇軍的精華。」不過，岡村寧次在回憶錄中坦言：「這是一個極為大膽的行動計劃，但這不是由於我的意見，是參謀本部提出由我同意決定的。會戰計劃的要點是對襄河東岸敵軍最精銳的湯恩伯部隊以第3師團從正面進行猛攻，並以我軍主力攻擊敵軍右翼，更重要的是將敵軍從中間切斷，騎兵團則壓迫敵後。」岡村寧次畢業於日本陸軍士官學校第十六期，他對畢業於第十八期的學弟湯恩伯頗為敬重，認為：「湯恩伯是蔣介石最信任的將領之一，其部隊是蔣介石嫡系的精銳部隊。湯恩伯是非常勇敢的將軍。我知道他的性格，如果他的一部受到攻擊，便親自率領大軍進行反擊。」

第五戰區的情報工作比較到位，情報科在4月13日之前就收到諜報人員何益之自上海拍來的密電，對日軍即將展開的行動或多或少有所瞭解。13日，參謀長徐祖貽出面致電軍令部次長劉斐，請求使用第31集團軍一部，電文言辭懇切地說：「頃接滬訊，敵對我左翼集團，將有採取攻勢，擬進佔隨、棗，迫我退襄河西岸。近日前方，亦以敵到處增兵反攻，我軍僅勉維現狀數日以後，或將維持現狀而不可能，則有影響本陣地之虞戰區自京、鍾戰後，右翼兵團實力大損；左翼兵團兵力，依此次反攻測之，殊感不足，消耗後更將薄弱。萬不得已時，是否可使用控置部隊之一部，支援該方之戰鬥」軍令部的覆電令李宗仁有些失望，蔣介石寧可放棄一些點線，亦堅決不准輕易使用第31集團軍。按蔣委員長的想法，湯恩伯的部隊是「為準

備長期戰爭，策應五戰區與一戰區危急狀況時的事先部署」。李宗仁為此感到鬱悶，既然已明令歸五戰區指揮，在使用上卻要經重慶點頭，實在是太束手束腳了。李氏後來在回憶錄中抱怨蔣介石說：「我們的最高統帥蔣委員長的一貫作風，便是鼓勵他部下將帥不和，以便分化控制。湯恩伯、胡宗南等不服從我的命令，是蔣先生所最高興的。他們也知道，如果他們認真執行我的命令，就要失去『天眷』了。所以他們動輒直接向委員長報告。戰區司令官哪在他們眼裡呢？」

4月下旬，李宗仁連續將戰區當面日軍動向報告重慶：由鐵道、汽車及徒步開進鄂西北之敵，約43000餘人，砲160餘門，各種車輛2789輛；敵第13師團師團長荻洲立兵率步騎2600餘，於4月23日到安陸。其應山、淅河之敵，為第3、第13師團大部20000人，似有企圖；應山、淅河間為敵第3師團（欠第34聯隊），近由花園、廣水方面，增加萬餘人，為田井、森川兩部，其番號續探中。第16師團第9聯隊在三陽店附近，有大舉進犯模樣。25日，李宗仁一面命令各部停止「四月攻勢」，整頓部署，以備即將到來的大會戰；一面將戰區作戰計劃呈報重慶核實：戰區決以長久保持桐柏、大洪兩山地帶，以攻為守，予敵以打擊為方針。以第31集團軍第13軍主力集結於唐縣鎮、唐王店、青苔鎮、太山廟間，一部準備於高城兩側，求敵主力側背攻擊。以第85軍集結於鹿頭鎮、遠家堂、吳山店、馬家寨間，準備對桐柏方面掩護戰區左翼，並相機向敵側背攻擊。以第45軍集結於茅茨畈、長崗店間地區，準備策應左、右兩集團。以第26軍主力向沙洋、十里鋪、沙市間推進，作河防預備隊；其第41師移潛江以東地區。其餘各部仍駐原防，確保前方已得各要

第13師團師團長荻洲立兵

荻洲立兵（1884年～1949年），為第九任臺灣軍參謀長，「祖國事件」的始作俑者。是臺灣軍重要人物之一，於臺灣日治時期替臺灣軍協助軍事發展，專責管理臺灣軍。他的任期為1935年8月～1937年3月。當時日本軍部氣焰高漲，1936年，霧峰林家、有「台灣議會之父」之稱的林獻堂參加「華南考察團」前往中國廈門、上海等地遊歷，林在上海對華僑團體致詞時，有「林某歸還祖國」等語，荻洲由日本間諜得知此事，便意圖以羞辱林獻堂來警告臺灣人。於是當6月17日林獻堂應台中州知事之邀參加始政紀念會時，荻洲立兵便唆使右翼浪人賣間善兵衛當眾毆打林獻堂一記耳光，此即「祖國事件」。該事件使得林獻堂與楊肇嘉避走東京。荻洲立兵之後曾任第13師團師團長，參與1938年的武漢會戰。

點，常派隊出擊，妨害敵之攻擊準備。並請求第一戰區所屬的第2集團軍，南移桐柏、唐河附近，鞏固兩戰區接合部；同時令第21集團軍派正規軍兩師，配合游擊部隊西向平漢路沿線攻擊。

重慶匯集各方情報，確認第五戰區當面日軍正在增加，似以襄、樊、荊、宜為主要攻擊目標，判斷日軍主力可能由襄花路方面先攻襄、樊，排除西進右側威脅，一部沿漢宜路向荊、宜方面進攻；同時信陽方面也將以一部進逼南陽或東南地區，威脅第五戰區左側背，使主力作戰容易，如在襄花、漢宜兩路攻勢無進展時，此項可能更大。軍令部按照蔣介石的意思於26日電覆李宗仁：「第2集團軍在目前第一、第二兩戰區攻勢進展時，暫不能轉用；對唐河、南陽方面之警戒，可將位於襄、樊的第41軍推進於唐河、桐柏間，協同第68軍掩護第五戰區左側背；第26軍之第32、第44師可控置於十里鋪附近，為河防預備隊，其第41師應在沙港附近，不可推進潛江；宜昌和沙市的守備任務，可分別交由第94、第44軍一部擔任；第31集團軍可於襄花路方面，為五戰區總預備隊，不可使用過早；長久保持大洪、桐柏之方針，及其他部隊之調整均同意。」蔣介石稍晚又親自打電報給李宗仁：「第五戰區敵軍增兵，無論其為防為攻，我軍應仍照預定計劃進行。正面各部隊更應利用氣候、地形與民眾等

有利條件，分路出擊，應用無孔不入之要領，繼續不斷予以打擊，以粉碎其進攻之企圖。而總預備隊應仍控置相當地點，作為最後使用。」同時又向第一戰區司令長官衛立煌強調：「第一戰區對於明（港）、桐（柏）方面防務，應就該戰區現有兵力，權衡緩急，妥為部署具報，本會別無兵可增。盼督飭劉汝明軍與第五戰區確切協同作戰為要。」重慶雖不放行第2集團軍轉用，好歹對於第31集團軍的使用還是「鬆口」了。但李宗仁覺得第68軍掩護戰區左側背力量不夠，28日再度致電重慶：「因我以重兵扼守大洪山，如敵進展困難時，必以一部自信陽趨桐柏，以有力一部自京鍾路北進，以圖夾擊；仍請第2集團軍南移，鞏固桐柏，則直接掩護襄、樊、南陽，間接可使西北各戰區爾後作戰容易。」顯然重慶兩天來對此已有同樣判斷，欣然同意李宗仁的請求，當即下令第2集團軍總司令孫連仲，速率位於臨汝、鄖城的第30師和獨立第44旅，兼程向桐柏附近集中，限5月10日以前到達；第27師、第31師於交接黃河河防後，向南陽集中，限5月12日以前到達。

李宗仁為何執意點將孫連仲來掩護第一、第五兩戰區結合部呢？孫連仲字仿魯，河北雄縣人，所部第30軍當年便是台兒莊戰役中的守莊部隊，孫連仲曾在危機時刻對死守最後陣地的池峰城師長說：「士兵打完了你就自己上前填進

去。你填過了，我就來填進去，有誰敢退過運河者，殺無赦！」孫連仲部在台兒莊戰役中累計傷亡2萬餘人，為戰役的勝利作出了巨大貢獻。李宗仁覺得孫連仲的部隊不僅善守，而且服從命令不打折扣，平時與孫連仲見面，總是親切地稱之為仿魯兄。武漢會戰後，孫連仲率部開往南陽、新野、樊城一帶整訓，後歸第一戰區指揮。1939年1月，孫連仲升任第一戰區副司令長官，仍兼第2集團軍總司令，軍委會將第68軍撥歸孫部建制。第68軍軍長劉汝明，因南口戰役時婉拒湯恩伯第13軍入境佈防而飽受爭議，據說他的部隊人事任命自成一系，集團軍總司令孫連仲亦無權過問。這就不難理解李長官緣何非要孫總司令南移了。

重慶同意第2集團軍南下，意味著最高統帥部對於即將展開的隨棗會戰準備指導，已成具體決定。透過戰前雙方的作戰計劃，我們發現敵我彼此很瞭解，

剛剛在南昌會戰中大顯身手的岡村寧次要與李宗仁過過招。岡村寧次此刻志在必得，不僅自持兵強馬壯，更重要的是「各

■第2集團軍總司令孫連仲。

兵團長也積極體會軍司令官的意圖，彼此緊密聯繫融洽無間。」據其高級幕僚宮崎周一透露，第3師團師團長藤田進雖和岡村寧次是陸士、陸大的同期同學，但在公務上表現出了使人敬慕的服從態度。第13師團師團長荻洲立兵則以勇猛果敢而著稱。第16師團師團長藤江惠輔被認為是精力充沛，學識淵博。而令李宗仁感到欣慰的是，魯南會戰並肩禦侮的孫連仲、張自忠、湯恩伯如今又聚到自己麾下，白崇禧曾評價說：「打陣地戰有孫連仲，能攻能守的是張自忠，

第16師團師團長藤江惠輔

藤江惠輔（1885～1969.2.27）1905年畢業於陸軍士官學校第十八期砲兵科。1914年畢業於陸軍大學二十六期。1934年8月1日任砲兵學校幹事。1935年8月1日任野戰重砲旅團旅團長。1936年8月1日任關東軍憲兵隊總務部部長。1937年3月1日任關東軍憲兵隊司令。1937年8月2日～1938年7月15日任關東軍憲兵司令官。1938年7月15日～1939年8月20日任第16師團師團長。1939年8月20日調參謀本部。1939年10月26日～1941年4月10日任陸軍大學校長。1941年4月10日～1944年3月22日任西部軍司令官。1944年3月22日～1945年3月9日任東部軍司令官。1945年2月1日～1945年3月9日任第12方面軍司令。3月31日轉為預備役。1945年6月22日～1945年10月15日任第11方面軍司令。

但打彈性最大的運動戰，便只有湯恩伯。」

左集團軍纏鬥日軍第3師團

1939年4月30日，第五戰區司令長官李宗仁、副司令長官李品仙遵照重慶指示及相關指導方針，下達了第一號作戰命令。作戰命令向所屬部隊通報了日軍集結動向，並表明戰區有決心粉碎日軍「夾擊我在襄河東岸主力兵團」的企圖。規定第21集團軍約兩個師和游擊部隊，向花園、廣水、信陽西進；江防軍以第26軍主力推進沙洋、十里鋪、沙市間；河防部隊竭力阻止日軍由鍾祥渡河，並以有力一部在襄河東岸牽制日軍；右集團軍須增強襄河東岸部隊，阻敵北上；左集團軍以一部阻敵西進，主力控置左翼，相機向敵側背廣水、應山、馬坪間攻擊，不得已時，可引敵深入，在唐縣鎮、澴潭鎮以東擊破日軍主力；第22集團軍為戰區第二線兵團，以第41軍在唐白河及襄河西岸堅固工事，準備策應右集團軍作戰。第45軍暫歸左集團軍區處，準備對洛陽店、平壩或黃家集、洋梓方面使用。

左集團軍的作戰地境大致就是鄂北桐柏山、大洪山之間，襄花公路居中穿越防區，由襄陽東經棗陽、唐縣鎮、隨縣至花園，與平漢鐵路相銜接，是鄂東與鄂北間的主要交通幹道。第五戰區多次強調要長久保持桐柏、大洪兩山地帶，李品仙肩上的擔子並不輕。戰區第一號作戰命令下達後，第39軍在大洪山東南麓迄慈山一線守備，第84軍在余家店互泉口店之線與日軍對峙。30日，第31集團軍均已按照李宗仁命令，全部到達以下指定位置：第13軍軍部宋家河，第89師青苔鎮附近，第110師接替第45軍第127師白家灣、何家灣、高城、雅山砦、天河口市一線陣地，第193師興隆集，獨立第1旅棗陽店，獨立第2旅江家河；第85軍軍部羅家岩，第4師後崗附近，第23師大王灣附近。李宗仁要求第13軍準備由高城、天河口間求敵主力側背攻擊，第85軍對桐柏方面掩護戰區左翼，並與第13軍成梯次配備，向敵背側擊。李品仙亦旋即對第84軍作出調整：第189師（欠第1108團，附第173師第1037團、砲5旅第9團第3營、戰防砲第14連）以府君山、獨山、碾子灣、李家灣、獨屋之線為前進陣地，以太子山、竹林灣、柏樹灣、槐樹灣之線為主陣地；第174師（欠第1044團）以孫家砦為前進陣地，槐樹灣、龍王廟之線為主陣地；第173師（欠第1037團，附第127師第758團、王鼎立補充團等部）以青龍山、宮家砦、九里崗之線為前進陣地，塔兒灣、226高地、草廟、長灣、三清觀之線為主陣地；第189師第1108團為預備隊，控制於厲山西端。

5月1日，集結在淅河、馬鞍山、李

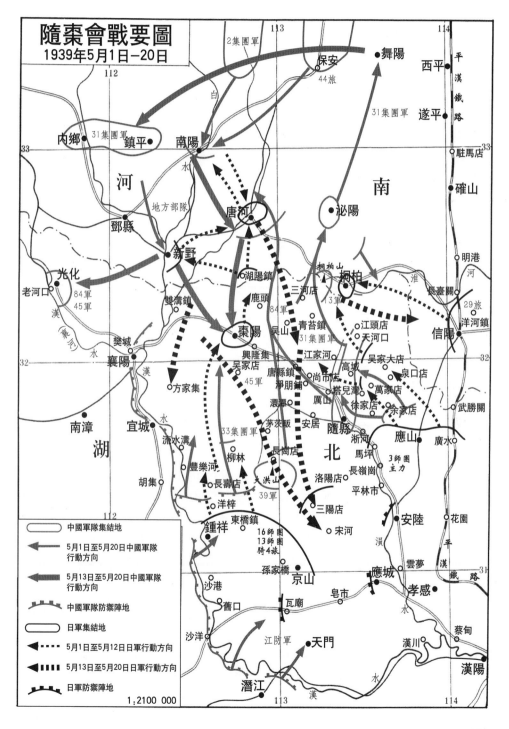

隨棗會戰要圖
1939年5月1日—20日

1:2100 000

家砦、徐家店一帶的日軍第3師團開始向第84軍進攻，其中一部約500人直撲孫家砦。第174師第1040團第1營第3連以重機槍兩挺，幾度擊退鬼子瘋狂攻勢，戰至全連僅存8人，於8時30分丟失前進陣地孫家砦。位於淅河、馬坪的日軍砲兵向劉家灣、龍王廟、龍頭灣等地猛轟，國軍砲5旅第9團第3營的幾門山砲幾無還手之力。第173師一部受敵壓迫，撤回界河新店、余家店、萬家店、東九里山、吳家大店一帶。日軍隨後跟進，一路陷界河新店向萬家店前進，一路陷泉口店向吳家大店前進。第173師奉命以第519旅主力守備蕭家灣亙草廟主陣地及宮家砦、九里崗、黑子山之線前進陣地；王鼎立補充團等部向萬家店、界河新店游擊；第758團（欠一營）集結七姑廟以北。2日9時，日軍進佔萬家店，砲擊第173師王家灣、松坡灣陣地兩小時，然後以步兵200餘由老店子、王家灣進迫第517旅第1034團第2、3營前進陣地。李振雄團長率部奮力阻擊，以犧牲三分之一的代價打退日軍。李宗仁當日電報重慶：「我軍英勇抗戰，斃敵官兵近千，今敵攻勢已挫，本日自晨至午，僅以火砲向我各陣地轟擊。」

事實上，戰況並不是李宗仁電報中陳述的那樣樂觀。在砲火掩護下，日軍騎兵百餘由吳家大店進迫桃花尖以東，續又以步騎300餘人，由萬家店經落天坡，另一股700餘人，由吳家大店經雙樓子溝，分向桃花尖迂迴。第110師騎兵連抵擋不住，16時逐步撤至雷公山以南靈山寺拒敵。李品仙試圖以第31集團軍的攻勢來緩和第84軍正面的壓力，急令第13軍主力推進王家灣、高城、天河口一線，以一部遠出陣地，佔領有利據點，準備攻擊；第85軍即向太山廟、唐王店、青苔鎮推進策應。但是，日軍的推進速度很快，先於第110師迂迴佔領了馬鞍山，第659團一部傷亡甚重，連失龍泉寺、三家砦等地，被迫退守雷公山。李品仙當即電令張軫：「應即派有力部隊驅逐馬鞍山、三家砦、白廟附近之敵；對於陣地前方以岩子河為中心，各山地隘路要點確實控制，以便主力部隊出擊容易；獨立第2旅由朱家店極力向財神廟、東嶽廟敵之側背攻擊，與正面出擊部隊協同殲敵。」當夜，第328旅第655團向馬鞍山、龍泉寺、三家砦之線反攻，連克清水嶺、碑記嶺，斃敵300餘。第656團續向三家砦反擊，日軍據險頑抗，我軍數次攀登，均告失敗。第328旅旅長黃子華調集迫擊砲8門向砦內一頓猛射，第656團第5連一舉突入。在第328旅鼓舞下，第330旅第659團也經兩小時猛攻，斃敵30餘人，奪回龍泉寺。

3日，敵我在塔兒灣附近展開血戰。第173師第1037團第1營營長黃玖輝十分勇敢，自備2箱手榴彈，控制2挺重機槍，扼守在塔兒灣附近的要道上，拒敵猛攻。黃營長在足部被砲彈破片擊斷的

情況下，仍堅持不退，所部官兵大為感動，面對日軍強大砲火，毫不畏懼。守備青龍山陣地的第1034團第6連，全連官兵與陣地共存亡。18時，日軍轉攻宮家砦第1034團第8連，並以一部由兩營結合部繞攻，第8連犧牲殆盡，陣地易手。李振雄團長連夜組織夜襲，奮戰至21時，終於將日寇驅逐。日軍第3師團在與第84軍較量的同時，以步、騎500餘人側擊第110師第655團關帝廟陣地，第655團且戰且退，撤至落天坡、張家灣一線。第89師當夜投入戰鬥，張雪中師長以第530團全部，經土門、百尺溝，向祖師頂出擊，並以第534團一部，由右翼滴水溝、

楊家灣、章家灣策應夾擊。午夜過後，第530團官兵奪取馬鞍山，向325.1高地繼續攻擊前進，日軍擲射毒瓦斯，以至我攻擊受挫。幸好第89師是中央嫡系，配備有少量防毒面具，旋即擊潰日寇反撲，迫其向財神廟敗退。

4日1時，日軍趁第173師第1034團逆襲部隊立足未穩，一個反撲又將宮家砦奪去。天色漸明之際，第173師官兵反擊進犯之敵，一度奪回青龍山，但在日軍側擊之下無法固守，只得放棄塔兒灣陣地，退至蔣家河西岸。蔣家河防線是經塔兒灣直達厲山、唐縣鎮的捷徑，北可席捲整個第173師防線，南可截斷第174

■我軍奮勇抵抗日本人的進攻。

師和第189師的後路。蔣家河寬30公尺左右，水淺可涉，第519旅梁津旅長囑咐劉棟平團長於土丘上面多作偽裝工事，欺騙敵人吸引火力。2個多小時的砲火過後，日軍滿以為守軍非死即傷，以密集的隊形蜂擁而至，隱藏在散兵坑和各掩體內的國軍，用輕重機槍交叉射擊，打得鬼子死傷累累。與第84軍的「守」相比，第13軍的「攻」更具難度。財神廟之敵不甘失敗，在飛機助戰下向第89師王家灣、大高山陣地猛攻，第265旅大高山、龍衝一帶工事籠罩在一片煙霧之中，官兵雖傷亡慘重，但士氣極旺，不愧是與日寇精銳第5、第10師團交過手的國軍主力。鬼子咬不開正面，便以一部迂迴側擊，第265旅也不示弱，夜襲殷家店以南，硬是迫敵向南敗逃。

5日拂曉，日軍集中山、野砲20餘門，從第173師第517旅和第519旅的結合部突破一個缺口，衝進陣地200多公尺。第519旅遭敵側射，傷亡劇增，梁津旅長通過電話約定第517旅派出預備隊夾擊突入之敵，經一番廝殺，日軍200餘人悉數被殲，第519旅亦死傷不少。梁津致電鍾毅師長和覃連芳軍長求援，覃軍長就近指派第127師第758團暫歸梁旅指揮。第758團團長李岳嵩自己並沒有來，而是派了一名少校團附攜官兵花名冊和武器冊來到梁旅報到。梁津接過一看，第758團只有兩營兵力，主要裝備是成都造「七九」步槍，沒有輕機槍和迫擊砲，

僅有的4挺「馬克沁」算是「大傢伙」了。不禁鄒起眉頭說：「我的劉團已苦戰了五晝夜，正希望貴部暫來接替，給他們片刻休息。但陣地的正面頗寬，深恐你部的兩個營不夠分配，而且你部缺輕機槍和迫擊砲，劉團所構築的工事，不適合你部應用。怎麼辦？」少校團附回答說：「請旅長放心，我部原是完整的一個師，參加山西、河北、山東、江蘇各戰場作戰後，僅剩下縮編而成的一個團，官兵都沉著勇敢。陣地不合我們應用，可以修改。」黃昏後，第1037團退到後面村莊休息整理，陣地交由第758團接防。第517旅戰況同樣緊張，第1034團草廟、劉家砦一線頻遭日軍毒氣攻擊，陣地一度失陷，後經第1033團逆襲方才奪回。覃軍長著眼持久抵抗，當天晚些時候命令第1037團第2營和第1108團主力開七姑店西北地方，歸鍾毅師長控制為預備隊。第174師也同時退守周家灣、竹林灣一線。

相比之下，第13軍方面的戰鬥更為慘烈。第89師晨間數次打退日軍反撲，午後敵陸續增加3000餘人，在飛機、火砲掩護下，大舉進攻殷家店及其東北地區。面對鬼子熾熱火力，第529團和趕來增援的第530團，誓死迎戰，先後倒下營長以下官兵300餘人，儘管殷家店附近已成一片焦土，可是殺敵之聲迄晚不斷。第110師當面日軍略少，第659團在沙子崗3010、3710高地成功擊退由萬家店來犯

之敵。第31集團軍當晚得到情報，財神廟、白廟、關帝廟之敵，續有增加；塔兒灣以西蕭家灣附近，集結有日軍3000餘人，似有繼續西犯的可能。參謀長萬建藩等人判斷日軍企圖兩翼進犯高城，即決定調整部署：第13軍第110師固守原線，對雷公山、龍泉寺高地各前進據點，酌增兵力鞏固，以為爾後出擊之據點，並控置有力一部，於三清觀附近與右翼第84軍切取聯繫。如敵向七姑廟進犯，應盡全力向南側擊，策應第84軍作戰。獨立第1旅（欠一團）本晚接替第89師宮家砦、土門衝、周家灣、板子橋之線守備。第89師交防後，以一部仍在殷家店西北各高地，拒止敵軍西進，集結主力由殷家店東北地區向南出擊。獨立第2旅極力向財神廟、東嶽廟日軍側背襲擊，牽制敵北竄。第193師本晚開始於樊家灣、雙河店至江家河，沿江家河西岸對東構築陣地，須有隨時出擊的準備。第85軍第23師本晚開始於江家河（不含）、筆架山、鴉山砦、互尖山、天河口之線對東構築防禦陣地，做好出擊準備，其餘兩師原地待命。萬建藩畢業於日本陸軍士官學校第二十二期，回國後入陸大特別班第7期學習，曾在南昌行營擔任科長。在湯恩伯從南嶽游幹班趕到戰區之前，29歲的萬建藩一直擔負著第31集團軍的指揮任務，因對敵情判斷正確，被第五戰區長官部稱為「小諸葛」。

6日天濛濛亮，日軍即向第758團陣地大舉壓上，該團的兩挺重機槍很快被炸毀，另兩挺也發生故障，無法使用。鬼子趁機以疏散隊形徒涉過蔣家河，第758團沉著應戰，先以步槍、手榴彈禦敵，繼之展開白刃戰。拼殺中日軍漸佔上風，衝進陣地數百公尺縱深，情勢危急萬分，梁津只得電話調第1037團復上前線增援。剛交防撤至後面修整，部隊似乎還未喘夠氣，劉棟平團長有些不樂意，藉口白天易被日軍氣球望見，行動不便，請求緩調。梁津想到四月攻勢時，劉棟平不打一聲招呼，擅自撤至後方，這次又藉故婉拒調派，很想在電話中發作。但又考慮到劉團幾天戰鬥下來，確也表現不錯，便按住怒火耐心地說：「現在川軍正與敵人肉搏，敵人一定不敢開砲，你用疏散隊形前往，可保無恙。」劉棟平這下無話可說，中午時分親率所部投入反擊，恢復了原來陣地。14時，日軍又向第1038團第3營側面攻擊，第3營傷亡殆盡，226高地失守。日軍接著砲擊王家灣附近的第1038團第1營，第1營第2連連長羅玉久被砲彈擊中陣亡。梁津旅長奉命率第758團、第1037團第2營轉守261.1和224.1高地及唐家灣之線。第517旅第1033團第2營、第1034團第1營也撤守唐家灣以北之線。更令覃連芳軍長焦急的是第174師，日軍連續砲擊2000餘發，並施放毒氣和煙霧彈，掩護步兵600餘人攻擊223.1高地、高廟坡

■戴著防毒面具的日軍向我軍陣地發射毒氣砲彈，為奪取陣地而不擇手段。

等陣地，另以700餘人攻擊紫檀寺陣地。第174師官兵缺乏防毒面具，先是嘔吐流淚，後又感到鼻孔、胃腔熱辣，痛如火燒，急忙轉移到高處，用濕毛巾塗上肥皂蒙面，繼續抵抗。

湯恩伯的決心和猶豫

左集團軍殷家店至塔兒灣一線烽火連天，第31集團軍總司令湯恩伯終於風塵僕僕從南嶽趕回部隊指揮。得知湯恩伯要赴鄂北前線，南嶽游幹班不少教員、學員在告別時刻激動的一眶熱淚，副教育長葉劍英也祝湯恩伯此去旗開得勝。在太山廟附近總部駐地，湯恩伯聽取了萬建藩等人的戰況報告，得知昨夜日軍趁第89師移動、獨立第1旅接防尚未穩定之際，突向楊家灣、張家灣西竄，已達橋頭附近。判斷日軍第3師團大力進犯我左翼，如不能迅速予以擊破，大

有包圍第31集團軍於現地決戰的企圖。湯恩伯命令第110師，迅即抽派有力一部，向黑子山、東西九里崗日軍側背猛攻，以牽制敵主力繼續西竄；第89師第267旅及第23師第68團，由尖山附近向橋頭之敵攻擊；第85軍第91師以一團推進黎子溝東安寺高地，向東佈防，第193師第562旅由阮家灣南溝里向北夾擊。吳紹周師長奉命後，把出擊黑子山、東西九里崗的任務交給了第330旅。廖運周旅長連日目睹血肉之軀的官兵倒在暴日鐵騎之下，親率有力健兒側攻黑子山、東西九里崗，或許是湯恩伯返回前線增加了部隊士氣，500餘日軍節節敗退，向劉家廟潰逃。廖旅長清點人數，只傷亡50多人，這次出擊不僅斃敵眾多，同時策應了第173師白家灣防線。第85軍出擊各部進展也較順利，第23師第68團攻抵九里崗彭家衝之線，第89師第267旅及第193師第562旅攻抵碾子灣、南溝里、阮家灣一

線。王仲廉將軍在回憶錄中說：「敵受我南北夾擊，採用各個擊破戰法，以一部向北牽制我軍主力，極力向我攻擊部隊逆襲。彼此反覆衝殺，夜以繼日，激戰達旦，計斃敵第3師團第5旅團1000人以上，陣地遺屍800餘具，獲軍用品及文件甚多，我傷亡亦重。」日軍戰史沒有詳細透露這一段作戰經過，但不得不承認：「隨著戰況的進展，湯恩伯集團的全部逐次向東南方向推進，抵抗變得頑強起來。」

7日，經數日激戰的第173、第174師終因傷亡過重，分別退守余奎元、風火山和七姑店等地。開戰以來，第189師方面相對比較平靜，日軍沒有採取積極進攻，只是增加一些兵力，作佯攻的牽制。第1108團雖為第173師預備隊，但一直控制在後方厲山，沒有投入第一線。如今第173、第174師均已後撤，第189師陣地就顯得過於突出了。更讓李宗仁、徐祖貽、王韶鴻等人憂心的是，右集團軍方面戰況不利，日軍突破豐樂河、長壽店陣地後，還在續行北進，大有繞攻左集團軍側後之勢。另一方面，根據李品仙迭次電報，日軍第3師團「似有一部延伸吸引我主力於天河口，同時以主力由高城以南地

區行中央突破，向左右席捲」的企圖。李宗仁據此決定「左集團軍主力變換正面，以桐柏山為左翼，對隨棗公路成側面陣地，牽制西進及阻止北進之敵」。同時也做好了最壞的打算，「不得已第84軍向唐河、白河以西地區轉移，湯集團向新野轉移，切實與第一戰區友軍聯絡」。李品仙按照李宗仁的指示精神，於9時電令覃連芳：「該軍不得已時，轉移槐樹灣、許灣沿江家河西岸高地亙厲山、仄灣之線拒敵。」覃軍長奉命後，即令各部調整部署：「軍決於七日晚轉移陣地於隨縣、厲山之線逐步抵抗，拒

■戰鬥中的第84軍。

敵西進。第173師佔領茶安畈、厲山亙仄灣間陣地，在第13軍未到達仄灣、李家灣陣地前，由該師派隊守備。第189師佔領隨縣之茶安畈間陣地。第174師為預備隊，位置於淨明鋪南端。」11時，李品仙又電令湯恩伯：「鍾祥北攻之敵，似在黃龍疇集結，其一部已進至張家集；新集、雙河等處敵與我各部激戰中。第31集團軍應以桐柏山依託，轉為對南佔領陣地，確實鞏固江頭店要隘，側擊西竄之敵，爾後漸次向唐河方面轉進。」

第84軍所屬各師奉命之後，紛紛準備夜晚實施轉移陣地。但湯恩伯無意完全執行李宗仁和李品仙的命令，第31集團軍各部正與日軍第3師團膠著，從態勢來看並不處於下風，再說敵前變換陣地一時也非易事，如能先給當面日軍全力一擊，再依託桐柏山側擊日軍也不遲。湯恩伯經過一番考慮，以積極的姿態向所屬各部下達了全線攻擊令：敵第3師團第5旅團主力，竄到劉家河以東地區，經我張、王兩軍派隊南北夾擊，傷亡殆盡，本日陸續增援，猛攻我王軍李師天河口一帶陣地，似有向我左側迂迴或牽制我軍以掩護主力由塔兒灣附近向隨棗路西竄之企圖，我右翼覃軍苦戰連日，本晚轉移小槐樹港、兩水灣、厲山、仄灣之線佔領陣地。本集團軍已擊破當面之敵，並粉碎其由隨棗路西竄企圖之目的，以一部守備現陣地，主力由左翼方面轉移攻勢。第13軍（欠第89師）以第

193師附獨立第1旅，本日於仄灣、樊家灣、雙河店、江家河、劉家河之線佔領陣地，固守重點置於右翼。第110師明日拂曉前，即向七姑店、萬家店之線敵側背攻擊，以牽制敵主力西竄，該軍獨立第2旅，即開天河口東北檯子上一帶高地，掩護王軍左翼，並暫歸王軍長指揮。第85軍酌留一部，佔領劉家河西北牛子溝、獅子口一帶高地掩護，主力即由江頭店向當面之敵攻擊，爾後逐次漸向右旋迴，指向萬家店、吳家大店前，攻擊前進。第89師為總預備隊，集結於太山廟、倒映流一帶地區。

命令發出後，湯恩伯與萬建藩等人又反覆分析，日軍猛攻天河口，恐不僅僅是戰區長官部所判斷的「延伸吸引我主力」，實則更有向我左側迂迴的企圖。為增強左側力量，確保進出桐柏山的要隘江頭店，湯恩伯又拿起電話命令王仲廉軍長，先以一部馳佔江頭店附近要點，掩護集團軍攻勢轉移。王仲廉將此重要任務交由第4師完成，第4師前身是教導第2師，自1930年11月改編以來，長城抗戰、江西剿共、福建平叛幾乎無役不從，也是全面抗戰爆發後最早投入抗日前線的中央嫡系部隊之一。除轄3個團外，師直屬部隊陣容強大，計有82mm迫擊砲營、37mm反坦克砲連、20mm機關砲連、搜索連、特務連、工兵連、通信連、輜重連、野戰醫院、政工隊、防毒排、傳令排等單位。師長石覺係廣西

義寧（臨桂）人，畢業於黃埔軍校第三期，1939年1月升任師長要職，剛過而立之年。王仲廉軍長在電話中反覆強調江頭店的重要性，石覺深感任務艱鉅，即刻率部急行軍佔領了江頭店南北10公里正面，封鎖了戰區左翼最為重要的河谷。14時，日軍坦克10餘輛及步兵2000餘人再度向天河口、曹家灣猛烈突進，另有步騎2000餘向天河口以北迂迴。鬼子坦克藉著天河口附近地勢平坦，橫衝直撞，以熾熱火力對我壓制，第23師被迫

在黃昏後撤至劉家河以北地區，沿河扼守。20時，日軍以坦克為步兵前驅，進抵天河口陸家灣一帶，向北執行迂迴任務的步騎2000餘亦到達江頭店東北與第4師對峙。

8日拂曉，第31集團軍各部均已到達7日電令指定的位置。儘管湯恩伯昨日下達全線攻擊令時顯得信心十足，但此刻他卻猶豫起來。日軍昨晚迂迴至天河口、江頭店一帶的兵力已達4000餘人，超過了事先估計，整個第五戰區左

第4師師長石覺（1908～1986）

黃埔軍校第三期畢業。國軍高級將領。廣西義寧人。原名世偉，字為開。1924年冬，考入黃埔軍校第三期入伍生總隊。1925年6月，參加平定劉楊叛亂。7月，正式升入黃埔軍校第三期學生隊步兵科。1926年1月畢業後，任黃埔軍校第五期入伍生隊排長。1928年夏，黃埔軍校正式遷南京後，任第六期學生總隊第2大隊副中隊長（大隊長為湯恩伯）。1929年春，隨湯恩伯到教導旅，任營長。1930年4月，參加蔣馮閻中原大戰。中原大戰結束後，湯恩伯升任第4師副師長兼第10旅旅長，石覺又被調到第4師第10旅，先後任營長、團長等職。1930年冬，參加圍剿方志敏領導的贛東北紅軍。1933年至1934年，參加對中央蘇區的第五次圍剿。1935年冬，又率部到陝北地區，參加圍剿長征到達陝北地區的中國工農紅軍。

1937年7月抗日戰爭爆發後，石覺任第4師第10旅少將旅長，率部開赴華北，參加對日作戰；8月，參加南口戰役。1938年3月，參加台兒莊作戰；7月，參加武漢會戰。1939年1月，升任第4師師長；5月，參加隨棗會戰。1940年5月，參加棗宜會戰。1941年，升任第13軍副軍長兼第31集團軍訓練處長。1942年，升任第13軍軍長，下轄第4、54、89三個師。1944年4月，參加豫中會戰，所部在河南中部地區潰敗。1945年初，石覺的第13軍隸屬湯恩伯的中國陸軍第3方面軍；同年5月至8月，參加對入侵廣西的日軍的反擊作戰。

1949年到臺灣後，石覺任臺灣防衛總部副總司令兼臺灣北部防守區司令，後調任臺灣南部防守區司令。1957年，任國防部副參謀總長，並晉級為陸軍二級上將。1959年7月，任聯勤總司令。1963年7月，任考試院銓敘部部長。1969年以後，任國民黨中央評議委員會委員、總統府國策顧問等職。

集團軍的最左翼面臨著極大壓力。另外，第173師轉移陣地後，日軍連陷草廟、長葛、白家灣等地，第84軍能否守住廬山一線，顯然不容樂觀，第31集團軍右翼形勢同樣險峻。考慮到集團軍的兩翼都不同程度存在安全隱患，湯恩伯退了一步，電話指示各部「於原陣地誘敵通攻，相機出擊殲敵」，同時又命令第110師一部開紅石嶺附近，策應第193師作戰。從「全線攻擊」改為「相機出擊」，湯恩伯可能很不情願，但戰事的發展很快證明他的「改變」是對的。8時許，日軍2000餘人由七姑店猛攻第110師、第193師仄灣、樊家灣、紅石嶺、拱背橋、陳坡砦、高龍寺等處陣地，經兩師官兵奮力抵抗，分別將其擊退。可是襄花路日軍行動十分快速，輕易佔領隨縣，並以步騎千餘人強渡江家河猛攻廬山，第173師最初還能層層阻擊，當日軍坦克10餘輛沿公路突進時，便無法進行有效阻擋，不得不放棄廬山撤至西端高地與敵對峙。

廬山一失，日軍500餘人沿襄花路正面，迂迴到淨明鋪，意圖抄襲第193師側背，馬勵武師長急令警戒部隊在尚市店將敵擊退。第110師陳坡砦陣地同時亦遭日軍砲火猛轟，第660團第2營第4連誓死不退，全連官兵壯烈成仁。吳紹周師長雖有心「相機出擊」，無奈長崗嶺、270.9、297.4高地先後陷入苦戰，實在抽不出力量來改變被動態勢。集團軍

右翼出擊無望，左翼第23師東嶽廟方面戰鬥不斷，第4師防守的江頭店更是砲火紛飛。日軍步兵3000餘人在30多輛坦克、裝甲車掩護之下，向江頭店以東罐子垜、閔先溝、戴家灣、森林山一線猛攻。第4師官兵前仆後繼，奮力阻敵，面對日寇坦克肆虐，石覺師長急調戰防砲連前往阻敵。德造37mm反坦克砲在午前擊毀敵坦克6輛，但由於數量少，無法支援閔先溝、戴家山、森林山一帶陣地，致使該兩處被日軍佔領。14時，日軍續向罐子垜、江頭店東南主陣地進攻，石覺師長組織敢死隊逆襲，激戰至16時，日軍受挫退回閔先溝、戴家灣、森林山之線與我對峙。石覺將軍的口述訪問記錄與相關戰史記載略有不同，石將軍說：「5月8日晨6時曹家灣附近之敵砲十餘門，向我陣地猛擊，7時步兵五千餘，坦克四十餘輛，向我江頭店東南之陣地猛攻，本師利用地勢地貌，作縱深潛伏配備，吸引敵軍接近，發揮熾盛火力，並行側背逆襲，敵雖反覆猛衝，終為我逐次擊退，入暮後成對峙狀態。」

李宗仁對湯恩伯沒有立即執行變換正面的命令感到不解，據李氏回憶，為了這道命令，他曾耐心地向湯解釋說：「你以桐柏山為後方，有什麼危險？」結果，湯恩伯未待解釋完畢，便大發脾氣說：「不行，不行，你不能胡亂拿我的部隊來犧牲！」筆者在此無意評價李湯或者說是桂系與中央嫡系間的是是非

■第4師戰防砲連使用德造37mm反坦克砲狠揍鬼子坦克。

非,但戰事瞬息萬變,右集團軍方面形勢持續惡化,湯恩伯的危險正在逐步增大。李宗仁顯然也開始著急了,8日他以特急電報告重慶:「漢宜路敵迭遭我攻擊後,即向京鍾路撤退,會合鍾祥敵北竄,突破我第180師馬家集、關門山陣地,現一部已竄抵黃龍疇、峪山、張家集、麻陽店一帶,有截斷襄花路企圖為適應敵情,利於爾後作戰計,現已令左翼以桐柏山為依託,逐次向北移轉,以脫離敵之包圍」同樣是「以桐柏山為依託」,李宗仁對湯恩伯的要求卻已從「側擊西竄之敵」改為「脫離敵之包

圍」。從5月1日到8日,第五戰區左集團軍主力與日軍第3師團血戰甚烈,李宗仁在給蔣介石的電報中還是充分肯定了第31集團軍等部的戰績:「第13軍及第85軍之一部在殷家店、劉家河、天河口,第84軍在蕭家灣、草廟、紫檀寺、七姑廟附近,殲敵頗累,我亦傷亡甚重。」筆者以為,日軍第3師團激戰近旬,在左集團軍正面只突進了幾十公里,說明湯恩伯的部隊確實有所作為,覃連芳的部隊亦尚可一守,第五戰區防禦體系的瓦解,問題是出在右集團軍方面。

襄東阻敵失利

1939年4月25日，李宗仁下令停止「四月攻勢」。右集團軍所屬的第67軍、第55軍、騎9師、第132師等，沿襄河西岸姚家集至李家營一線佔領陣地，與日軍隔河對峙；在第132師北面，張自忠將他的「坐師」——第38師控制在總部駐地宜城至李家營一帶；在宜城西北邊的南漳，缺額甚多的第179師正在整訓；第37師、第180師位於長壽店以南東西山地，與鍾祥日軍對峙，在第37師右側和漢水之間有4、5華里寬的平原地帶，沒有配備部隊，漢水對岸便是騎9師控制所在；第180師右翼連接第37師，左翼則是第39軍大洪山陣地。另外，歸張自忠區處的第124師集結在襄陽、宜昌間，第122師正準備向左、右集團軍結合部茅茨畈集中。4月30日，張自忠依據戰區第一號作戰命令關於「右集團軍須增強襄河東岸部隊，阻敵北上」的意旨，在宜城總部向所屬各部下令：第67軍除河防部隊外，應以有力部隊向鍾祥側擊，牽制敵之北進。第55軍除河防部隊外，保持重點於左翼，並派有力部隊渡河，側擊鍾祥之敵。騎兵第9師準備接替第122師防務。騎兵第13旅除以一部擔任利河口、桐木嶺各渡口警戒外，餘仍駐胡家集附近維護交通。第132師（附砲兵第16團第5連、軍砲兵第2連）以主力推進鄒家嘴、轉斗灣，一部推進豐樂

河掩護浮橋，並為集團軍預備隊。第38師（附第59軍野砲排）以一團推進流水溝，為右集團軍預備隊，其餘仍任李家營至宜城河防及宜城守備。第37師仍固守薛家集、張公廟、火神廟原陣地。第180師（附騎兵一團）仍固守原陣地。第41軍第122師在騎兵第9師未接防前，仍守備原陣地，主力集結於右翼，相機攻擊敵左側。

張自忠認為「當面之敵，自經我軍出擊部隊先後猛烈將敵擊潰後，敵乃陸續增兵，先壓迫我河東部隊西退後，再行北進，以攻我襄花路左集團側背，以遂其攻略襄、樊之企圖。軍之任務為粉碎敵之企圖，長久保持襄河東岸各要點，並掩護左集團軍右側安全之目的，使我主力軍作戰容易。」張自忠對於日軍的作戰意圖和自身須承擔的任務十分明瞭，只是對「四月攻勢」所取得的成績太過於樂觀。事實上，右集團軍當時投入力量不大，沒能大規模破壞漢宜、京鍾公路，更談不上什麼「猛烈將敵擊毀」。4月下旬，日軍第3、第13、第16師團、騎兵第4旅團按照「乇號作戰」計劃，陸續開始集結。和李品仙相比，張自忠沒有像第31集團軍那樣的精銳之師不說，且在人數方面亦無優勢可言。據右集團軍戰後統計，當面日軍（包括偽軍劉桂堂部在內）約在35000人上下，我方初期為第67軍2個團、第55軍3個團、第37師全部、第180師（附騎兵第1團）全部，並指揮第122師全部，會戰

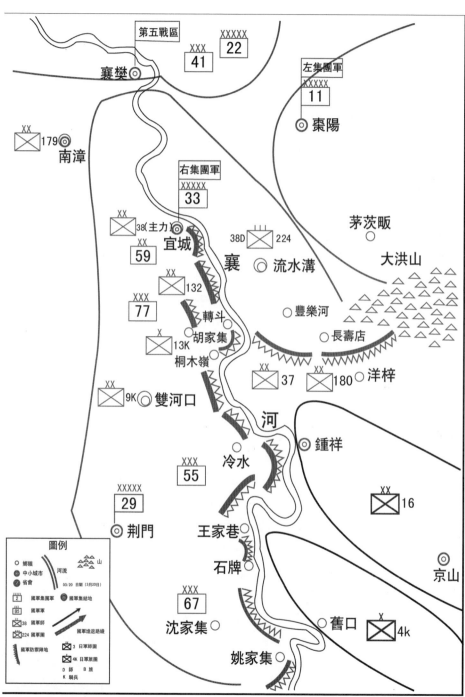

■右翼集團軍襄河兩岸佈防示意圖。

激烈時期，增加第55軍3個團、第38師2個團、騎兵第9師2個團，總兵力約30000餘人。不用說，這是一場難打的惡仗！張自忠為此親筆致書第33集團軍諸將：「今日之事，我與弟等只有兩條路可走：第一條是敷衍，大家敷衍，一切敷衍，我對弟等敷衍，弟對部下也敷衍，敵人未來我們是敷敷衍衍地佈置，敵人既來我們也是敷敷衍衍地抵抗，敷衍一下就走這條路的結果，一定是身敗名裂，不但國家因此敗壞於我們之手，就連我們自己的生命，也要為我們所斷送，這就等於自殺我與弟等同生死、共患難十餘年，感情逾於骨肉，義氣重於同胞，我是不忍令弟等走這條滅亡的死路我們只有走另一條路，就是拼。我們既然奉命守這條線，我們就決心在這條線上拼，與其退到後面還是要拼，我們就不如在這條線上拼得有價值、有意義萬一不幸而拼完了，我與弟等也對得起國家，對得起四萬萬同胞父老，我們沒有虧負了他們的豢養，我們亦不愧做一世的軍人……」

「毛號作戰」規定第13、第16師團和騎兵第4旅團，北進突破時間是5月5日後，狡猾的日軍為了迷惑我軍，既擺出一副要渡漢水西進的模樣，又拉開北攻架勢。據李宗仁給重慶的密電陳述，從4月下旬開始，敵機便連日狂炸荊鍾路沿線及荊門、沈家集、十里鋪各地。26日，日軍25架飛機及各類火砲10數門，向我中阜頭一帶河防陣地轟擊，300餘步兵隨後實行強渡，旋被我擊退。28日，日軍第16師團竟日砲擊第37師、第180師前進陣地。30日，第180師當面日軍增至步騎千餘、砲6門。5月1日，日軍第3師團開始進攻第84軍，第16師團遙相呼應，1000餘人在火砲、坦克掩護下，進犯第37師薛家集、新店鋪、求實大橋等前進陣地，一部攻擊第180師陳家坡、楊家市陣地。張自忠判斷「敵在襄河東岸雖續有增加，而兵力大部北移，測其用意，似將以主力先攻我長壽店、豐樂河，再北進，以拊我棗陽之背，並由豐樂河一帶強渡，直犯襄、宜。另以一部在鍾祥方面助渡，一面在舊口等處實行擾亂。」當日命令「第55軍、第67軍以主力嚴守河防，並派奮勇隊向河東側擊，以牽制敵之北進。第59軍、第77軍主力悉數增加河東，迎擊北犯之敵。第122師速將主力集結右翼，相機攻敵右側。」張自忠還賦予集團軍副總司令兼第77軍軍長馮治安全權指揮河東各部。

2日，日軍一度北攻龔家集、珠寶大橋，又在羅漢寺高調運輸三節舟50餘艘，並大肆徵集民船。中午，敵300餘人由中埠頭、獅子口間向我第55軍第29師第169團猛攻，同時以小部乘船強渡，但均被我擊退。3日晨，日軍第16師團4000餘人進攻陶家廟、良普廟，一部攻佔已被第37師破壞的珠寶大橋，續向楊家崗、樓子廟攻擊。4日夜，藤江惠輔增加1000餘人附砲16門，由京山經東橋

鎮投入楊家崗一線，第37師第217團陣地戰鬥尤其激烈。5日，日軍再度由鍾祥增到2000餘人，第37師、第180師分別在楊家山、馬家嶺、洪家大橋以南至靈山寺一帶，與敵反覆爭奪。16時，楊家崗失陷，部分日軍轉向西進，樓子廟不久也告失守。時任第180師第538團團長的陳芳芝回憶說：「經過一天的激烈戰鬥，我第1營陣地被日軍突破，敵人繼向長壽店進攻，被我團和第540團兩面夾攻，將敵人阻止在長壽店以南周家衝、李家畈地區。」面對日軍大舉北犯，第37師和第132師前進陣地紛紛易手，馮治安指示各部：第37師集結佔領姚家河東西之線，拒止敵人；第180師以一部據守長壽店，主力佔領蓮花堰、王家河、八人廟、李家台之線；第132師（欠渡河

部隊）及騎兵第13旅仍任右岸河防；第38師以一團進駐流水溝，餘在原陣地待命；騎9師為預備隊，集結於轉斗灣附近。

馮治安的這一部署改變了騎9師準備接防第122師陣地的任務，張自忠以情況有變，改令第122師在原陣地拒敵，並集結主力於左翼，相機攻敵右側。陳鼎勳軍長接到命令心情沉重，日軍第13師團步騎千餘附砲6門，連陷烏龜山、獅子尾、半邊街、彭灣、客店坡等地，第122師節節抵抗，退至周家集、分水嶺勉力支持。6日4時，日軍2000餘人由周家集猛攻溫家廟，第122師第731、732團各以一部阻擊，由於裝備太差，官兵傷亡逐漸增大。陳鼎勳正著急之時，日思夜盼的第127師終於歸建了。因第758團暫歸

■日軍騎兵部隊。

第84軍指揮，陳離師長只帶來第762團與臨時配屬的第125師第750團。陳鼎勳迅速作出處置：第122師竭力據守溫家廟附近主陣地，阻止敵軍，以一部保持雲霧砦、筆架山，以掩護左集團之第39軍。第127師以第762團經雙河、吳家集，向田家集方面求敵側背而截擊之，師長率其餘第750團，於7日拂曉進駐雙河，拒敵北竄。由於援兵只有兩個團，陳鼎勳沒有直接給第122師增兵，戰至22時，第732團傷亡過重調至戴家衝西北高地整頓，第731團退守雲霧砦、筆架山，第122師第727團轉至張家集附近阻敵。

日軍第16師團加強有獨立步兵1個大隊、輕裝甲車1個中隊、山砲兵一個大隊、野戰重砲兵一個聯隊等，火力遠遠超過第13師團，在進攻上顯得更為猛烈。劉振三師長率第180師師部及師直屬部隊由豐樂河向馬家集行進時，在羅家店附近與敵遭遇，被阻隔在馬家集以西，此際他所擔心長壽店陣地正激烈地進行著攻防戰。據陳芳芝回憶，日軍集中10餘輛坦克掩護步兵向我第538、540團之間猛撲，在敵我兵力和裝備的懸殊下將我陣地突破。儘管右集團軍後來在呈報的戰鬥詳報中不願使用長壽店陣地被敵突破的字眼，但不得不承認「敵此次傾力北犯，人數眾多，連日東橋、黃家集各地續有增加。敵除以主力由長壽店東西兩方北進外，並以小部由三里崗、東三僻小路分頭竄擾。」和藤田進的任務有所不同，藤江惠輔不需要過多纏

鬥當面國軍，他的目的是北上，迅速北上切斷襄花路，進入張家集、雙溝鎮一線。突破長壽店，日軍第16師團步騎500餘人北進至流水溝，另有步騎200餘進抵啞口以東白路坎、石廟一帶，第38師第224團前往截擊，黃維綱師長報稱「竄至流水溝附近之敵，經我楊團迎擊，已向東竄潰」，實際日軍是千方百計鑽隙北進。在姚家河、豐樂河、豐山嘴一線的第37師，同樣無法阻擋鬼子北上，官兵死傷甚重。第180師更糟糕，一部在黃起庵陣地被日軍衝破潰敗，與上級失去聯繫，由副師長李樹人帶領一路北退，期間「與敵接觸6次，突圍3次，迫不得已繞經南陽抵鎮平」，後開武安堰一帶整訓。

這樣一來，第33集團軍在襄河東岸的兩個師均被敵衝亂，日軍戰史記載：「第13、第16師團乘機果敢地把攻擊計劃提前一天於5月5日一齊開始前進，一舉突破了長壽店東、西的敵主陣地，擊潰敗敵後北進。」

7日，為扭轉戰局，張自忠做了一番調整部署：馮治安改為負責河西防務，統一指揮騎兵第13旅、第132師（欠1個團）、騎兵第9師（欠2個團），擔任陳家台至郭海營間河防；自己親自指揮第37、38、180師及騎兵第9師主力，於馬家集、清水橋、流水溝地區佔領陣地，阻敵北進，並以一部兵力留置敵後及佔領沿河側面陣地側擊敵人。第132師以一團佔領豐樂河據點，掩護全軍右翼。張

第38師師長黃維綱

黃維綱（1897～1943），字振三，號雨辰，項城市鄭郭鎮范營村人。我國抗日戰爭時期的愛國將領，陸軍中將。曾任馮玉祥部參謀處長。中原大戰馮玉祥失敗後，該部改編，他任第29軍第38師第112旅旅長。直接在張自忠的領導下指揮部隊，1937年升第59軍第38師師長。1940年擢升第59軍軍長。

黃維綱為人正直，富有愛國思想和民族氣節。平時治軍嚴謹，與官兵同甘共苦，作戰時身先士卒，指揮有方。1933年3月在喜峰口戰役中，他奉命馳援喜峰口，抗擊進犯日軍；3月11日，在與日軍交戰中，他赤膊上陣，指揮戰士，反覆衝殺，迫使日軍潰退；14日，第112旅再次擊敗日軍多次反攻。此次戰役，黃維綱戰功卓著，被南京中央軍事委員會授予「青天白日勳章」。

「七七事變」後，日軍圍攻臨沂，戰況吃緊，在攻城和沂河戰役中，黃維綱所率第38師，每戰衝鋒在前，首當其衝，犧牲較重。戰前全師15000人，戰鬥結束時，只剩下不足3000人，終於擊退了敵人。1938～1941年，黃維綱率部轉戰豫鄂等地，戰功卓著。1939年4月，日軍發動隨棗戰役，第38師在宜城田家集與日軍激戰三晝夜，斃、傷日軍500餘人，繳獲戰馬80餘匹。張自忠殉國後，就是黃維綱率部突入敵營搶回了張上將的忠骸。1940年5月，黃維綱升任第59軍軍長。次年2月4日，日軍佔領南陽；6日，黃奉命攻打南陽，在友軍配合下，收復南陽，再次榮獲「青天白日勳章」。

黃維綱十數年轉戰疆場，抗日救國，積勞成疾。1943年3月3日病逝於湖北南漳前線，終年46歲，歸葬於本村。當時，國民政府曾明令褒獎，追晉陸軍中將。此後，以抗日殊功入祀忠烈祠。

自忠固有阻敵決心，可是戰局卻進一步在惡化。被漢代科學家張衡譽為「龍飛白水、松子神陂」的棗陽旋被異族鐵騎無情踏入，關於棗陽陷敵的經過鮮有記載，且在時間上說法不一。據棗陽地方史料，日軍一部是在8日竄擾棗陽，正午時分，我軍第1連在暴風驟雨中馳至雙河鎮，雙方激戰2小時，日軍趁雨止行三面包抄，迫使國軍撤退。李宗仁在8日晚些時候獲知棗陽易手，至此確定日軍實無西渡襄河企圖，遂下令江防軍、右集團軍河防部隊全力扯鬼子後腿，配合第33集團軍協力第45軍，解決北進之敵。

日軍第13師團於7日10時攻破張家集陣地，分向左、右集團軍結合部雙河、茅茨畈前進。陳鼎勳令第122師扼守張家集至茅茨畈道路阻擊，並以第127師一部在油鍋檔扼守張家集至雙河道路，其餘則在分水嶺、關門山等地扼守馬家集、田家集道路。以陳軍長手頭的那點微薄兵力，也只能扼要守衛一些要點，儘量遲滯日軍北進罷了。陳離根據陳鼎勳的指示，令第

半坡中距我陣地約200公尺，我部即居高臨下對敵夾擊，激戰半小時，殲敵過半，其餘向後逃走。」傍晚時分，日軍便衣隊或者是漢奸偵察到第127師師部駐地，鬼子騎兵約300餘附砲2門，滲入雙河西北研子灣，襲擊了陳離師長的指揮部，雙河、研子灣、雨亭嶺等處先後失守。第750團堅持到22時，備感孤立，用手榴彈從雙河集鎮炸開一條血路，轉移到雙河西南的森林高地，收容集結作防禦部署。

8日，第45軍各部竭力奮戰，與日軍竟日周旋，21時，陳鼎勳正令第122、127師向吳家店附近轉進之時，忽接到李品仙電話：「左集團軍以第39軍留置大洪山游擊，第84軍由厲山以東地區向北轉移，第45軍立由現地撤退，經唐、白河到襄、樊，歸第22集團軍建制。」第45軍雖歸左集團軍區處，卻很少受李品仙指導，第122師因騎9師未及接防，一度受右集團軍節制，指揮關係始終不夠明確，幾天戰鬥下來，實際是陳鼎勳自己搞定。既然是李副長官下的命令，哪有不撤之理，為了向張總司令有所交代，陳鼎勳留下第122師第731團兩個營在雲霧砦、筆架山游擊，其餘先後經棗陽、草店、楊家檔、太平鎮、雙河鎮向北轉進。沿途多次與日軍遭遇，於11日到達唐河附近，爾後經南陽、鄧縣、光化等地，於18日集結樊城以西牛首、太平店間地區整理。

■第77軍軍長馮治安。

750團在雙河東南8華里的高地漫山坡佔領陣地，迎擊日軍。陳仕俊團長因電話線尚未架通，騎馬至師部研究作戰部署，在返回前線途中，遇到敵機轟炸掃射，好在及時倒臥壕溝內，倖免無恙。陳團長隨即步行跑到前線，展開部隊，第2營佔領右翼陣地，趕築工事，第1營為團的預備隊，控制於漫山坡後側。陳仕俊回憶起當年親身戰鬥說：「11時，第122師通過本團陣地，紛紛敗退。午後1時，我以電話告知各營準備戰鬥，要盡力隱蔽部隊，待敵人到最近距離，才開始射擊，無命令不准鳴槍。2時，敵先頭150多人追來，到達凹地

張自忠渡河督戰

　　1939年5月8日拂曉前，襄河兩岸大雨瓢潑，天色一片漆黑。雖然張自忠在給重慶的電報中屢次提及「捨死爭奪、往復血戰、傷亡頗重、徹夜激戰、犧牲尤多」之類的用詞，但這並不能掩蓋短短數日連失長壽店、豐樂河、流水溝、棗陽、張家集、茅茨畈、雙河等地的事實。右集團軍未能有效阻敵北上，導致全盤戰局趨向不利，張自忠為此深感不安，決定親自東渡襄河督戰，全力挽救危局。可是接下來這一幕讓張總司令十分不快，前線主官怠戰現象嚴重。張宗衡時任第180師第538旅旅長，他在《回憶張自忠將軍》一文中披露，當張自忠一行人行至襄河西岸轉頭灣時，遇到由襄東撤回來的吉星文。張總司令十分不快，襄東戰事如此激烈，你吉星文卻跑到襄河西岸來了。儘管吉是馮治安的愛將，張還是按耐不住厲聲問道：「你來做什麼？」吉星文慌不擇答：「我來向總司令報告。」張一聽，更是怒不可遏：「你怎麼知道我來這裡？部隊在河東作戰，你到西岸幹啥？還是盧溝橋抗戰的英雄呢？你是狗熊！」張命吉即刻過河指揮作戰，吉哪敢懈怠，立馬調頭返回襄東。據說，劉振三當時也在襄河西岸，聽聞張自忠正在渡河，急忙躲到防空洞「避難」，還囑咐衛士說：「總司令來了要問我，就說我不在這裡，過

■吉星文(1908年～1958年)，河南扶溝人，中國抗日戰爭名將。1922年隨族叔吉鴻昌參加西北軍，累升至營長。1933年長城抗戰中因功升團長。1936年率部駐守北平西南的宛平縣。1937年七七盧溝橋事變中，指揮第29軍第219團在盧溝橋抗擊日軍20餘日，揭開了中國長達8年的抗日戰爭序幕。1946年改任整編第77師第37旅旅長。1949年渡台。1955年任澎湖防衛副司令。1958年晉升中將，任金門防衛副司令。5月28日，於金門砲戰中被解放軍砲火擊中身亡。

河東去了。」不過，據相關資料記載，張宗衡於1939年4月保送陸大將官班乙級第一期學習，直到次年2月才畢業，按理似乎不在鄂北前線，上述這一段或許只是坊間傳聞罷了。

　　張自忠過河後，暫把指揮部設在唐家灣，稍作安頓便嚴令襄河兩岸及留置敵後的部隊發動反擊，奮力截斷日軍後方聯絡，阻其北進。命令要旨如下：馮治安將軍就近指揮第37師及第132師河東部隊，佔領豐樂河、清水橋各據點，

確實阻敵繼續北進，並以一部接替流水溝防務，以掩護軍之側背。第38師由堰口、流水溝向田家集之敵側擊，爾後第224團將流水溝防務交第77軍接替後歸建，該軍長未接替前，留一部監視當面之敵。騎兵第9師第3團以張家灣為據點，主力向新街，一部向田家集搜索警戒，並掩護第38師左翼。第180師經楊家棚向宋家集方向搜索、警戒，並掩護第38師右翼，與第38師取得聯絡後，即集結於耗子崗一帶地區。各部限明（9）日8時以前開始行動。中午，張自忠又致電重慶，報告了右集團軍戰況和各部行動，他在電報末尾鄭重地向蔣委員長表示：「職現親率第38師之兩團渡河，攻擊北竄之敵，如任務不能達到，決一死以報鈞座。」軍令部次長劉斐被張自忠的慷慨悲壯深深感動，當即在電文上批覆：「鍾祥方面之戰況，非張之奮勇決心不能挽其危局，實可嘉尚。」

9日，第38師主力在黃維綱師長率領下投入田家集戰場。8時，第223團、第224團分別在石廟附近和耗子崗南端高地與敵發生激戰，隨著時間的推移，日軍陸續增至千餘。右集團軍的戰鬥詳報聲稱，經6小時奮戰，敵不支分向東南退至趙家崗、耿家崗高地，後經我包圍攻擊，向東南潰竄。敵傷亡矢野靜一中隊長以下200餘人，

■第38師正在渡過襄河。

軍馬20餘匹。李宗仁獲知張自忠的「王牌」——第38師已過河參戰，一方面勉勵河東部隊奮力阻敵，一方面令第124師歸還第41軍建制，所遺防務由第55軍抽調兵力接替。

既已向最高統帥表示了誓死決心，張自忠當然希望第38師能為他挽回一些顏面，而第38師官兵確實也沒有讓老師長失望，繼9日小有斬獲，10日便取得了更大的戰績。第223團第2營是日拂曉進抵田家集、板橋店之間的大家畈，搜索兵發現日軍有輜重部隊正在向此行軍，鬼子顯然沒把對手放在眼裡，隊伍周圍沒有警戒，完全是一副長趨直進的模樣。張文海團長怎肯錯過這一殲敵良機，迅速聯繫第224團搶佔制高點，把第2營的迫擊砲、重機槍及團直屬的迫擊砲都集中到第一線，預行埋伏。8時許，日軍步騎千餘大搖大擺北進，被我突然襲擊，措手不及，狼狽星散。第38師正待大開殺戒之時，日軍隊伍中有人高喊：「我們是中國人，我們把馬匹牽過來，把彈藥物資馱過來，請不要打我們！」原來是偽軍劉桂堂部見日軍亂了陣腳，不願當砲灰，準備陣前投誠。第223團官兵聽到喊話，便讓開一條路讓反正部隊向我陣地移動，所有火力全部向日軍傾洩。據第38師警衛營營長欒升堂回憶，此次戰鬥出奇制勝，擊斃鬼子400餘人，俘馱馬300餘匹，炸毀橡皮舟、鋼板運輸艇各30餘艘，繳獲彈藥無數，軍用地圖10餘箱，還有大批藥品和給養等。被俘的一名日軍下士坦言，這些物資都是預備渡河進攻裏樊用的，一次能運一個大隊。當年才17歲的于書訓老人清晰記得，第二天回村一看，大家畈變成了一片廢墟，日本鬼子的屍體隨處可見，僅村口的一個稻場上就死了20多人，死在村內的共有100多人。後來村民用釘耙把沒有全部腐爛的屍體從田地拉到河溝裡，再耕田插秧，可是當年秋季莊稼顆粒無收，全被「肥」死了。

中午，吃了大虧的日軍復由田家集增援700餘人，猛撲第223團。由於鬼子來勢兇猛，黃維綱電請張自忠派隊馳援，張自忠命令黃維綱告訴各級指揮官：「只許前進，不准後退！敵人快被我全部擊潰。我軍困難，敵人比我們更加困難，要爭最後五分鐘！」並答應派一個騎兵營向日軍左側背迂迴。是夜敵我激戰通宵，第38師上下一心，鼓足拼勁將敵擊退，日軍一部回縮田家集據點固守，一部向東北逸去。

此時，第五戰區司令長官部已由襄陽移駐穀城以西的石花街，李宗仁也打完了手中最後一張牌——第41軍進入襄陽及唐河右岸既設陣地。可能是長官部遷移匆忙的原因，自9日起至12日，戰區與第11、第31、第33集團軍所屬各部間的通訊，幾乎是完全斷絕的狀態，導致李宗仁對各方面的情況缺乏統一認識。遠在重慶的蔣介石因此得不到系統的戰

況報告，命令下得有些凌亂，先是要「張集團攻擊鍾祥以北之敵，應令劉和鼎軍協助」，旋又補充更正「張自忠部爾後須準備以南漳附近山地為游擊根據地，孫震部爾後須用於保康方面山地，擔任對襄樊方面之游擊」，頗有幾分未雨綢繆的味道。實際上，右集團軍在張自忠渡河督戰後，戰況正逐步好轉，第38師在田家集痛快殺敵的同時，第37師克復豐樂河、清水橋，第132師河東部隊成功截斷了長壽店以南日軍交通線。張自忠還得到重要情報，第38師從一名日軍參謀屍體上搜來作戰計劃示意圖一份，示意圖明確標載著日軍出動的部隊番號和各部推進路線。因與戰區聯絡中斷，張自忠於11日直接向重慶呈報戰況進展，重慶當即轉告李宗仁、李品仙、孫連仲、湯恩伯、劉汝明、覃連芳等部注意。12日，蔣介石又致電程潛、李宗仁：「張自忠刻親在襄河東岸指揮二神廟、豐樂河、陳家集、亭子山、方家集、峪山之線我軍，猛力側擊向北突進之敵，疊有斬獲，戰況順利。」

除了第33集團軍，右集團軍所屬的第55軍、第67軍等部及江防軍指揮的第44軍、第26軍等部，也不同程度在京鍾路、漢宜路附近展開襲擾日軍後方的行動。

第55軍最初只投入第29師1個營過河進攻蕭家店，在新集與300餘日軍發生遭遇。5月5日，張自忠令曹福林「迅派有力部隊向京鍾路攻擊，佔領李家集至蕭家店，破壞其交通通信，截斷敵之連絡補給，以牽制敵之北進。」6日，第55軍依然沒有大動作，張自忠再令曹福林「迅以強大部隊由沿山頭西側地區渡河，向敵側背襲擊，阻敵北進。」據曾經擔任過第55軍野戰醫院院長的于敏梓回憶，曹福林當時在軍中有人稱他為「曹肉頭」，說他太老實，對上級不挑肥揀瘦，只知服從。但從曹福林對張自忠的命令執行來看，于敏梓顯然不夠瞭解他的軍長。7日，第55軍遵令派兵一團由沿山頭附近渡河，向二神廟側擊敵人，另以一團向京鍾路以北活動。而這兩個團直到8日晚間才由沿山頭西側渡河，向洋梓推進。張自忠過河督戰後，第55軍出擊兵力有所加大。11日，第222旅主力將朱寶橋及道路徹底破壞，向長壽店挺進。第29師一團破壞京鍾路橋樑3座、公路多處，除留少數部隊在蕭家店警戒外，其餘全部向洋梓方面運動。

第67軍嚴格執行張自忠「應以有力部隊向鍾祥側擊，牽制敵之北進」的命令，5月3日派出第162師第484旅在舊口、鍾祥間渡河，4日12時起，向舊口攻擊前進。至5日12時，第967團第1營攻佔舊口南方的上大王廟；第968團一部攻佔金剛口，主力進抵永濟橋附近；第486旅第971團第1營到達谷家灣附近。17時，日漸西落，佘念慈師長下令各部圍攻舊口。日軍在舊口約有一個加強大隊

的兵力，一時摸不清中國軍隊來了多少人，退至鎮區憑藉石牆固守。第162師未經大的戰鬥便迫近市郊，可是面對日軍設置的兩道電網，有些束手無策。第484旅旅長何葆恒求功心切，與參謀主任王紀瀘親臨一線督戰，只求一味強攻，不僅無法取得進展，連王紀瀘也中彈負傷。6日，出擊京鍾路的第161師在北羅漢寺擊退小部日軍，相繼佔領楊家埂、李家集、鄭家集一帶。21時，第967團第1營繞過日軍正面火力，直趨南門市街石垣下，李永森營長一揮手，早有準備的戰士用被絮遮蓋電網，奮勇攀登，高呼「中國軍隊已佔舊口」的口號彼此鼓勵。7日3時，日軍由楊家澤方面增援300餘人及砲6門，自王家石橋往舊口進援，李永森營長分出第3連阻援，從而影響了南門市街攻城戰鬥，第3連連長高忠美也在阻擊戰中陣亡。第968團進攻西、北兩門，第971團第1營進攻東門，事先都沒有詳加偵察，到了城垣下均被護城河阻隔，雖有勇敢士兵泅水過河攻擊，但到對岸又為鐵絲網所阻，在日軍密集火力掃射下，川軍健兒的鮮血染紅了舊口護城河。第968團的2位連長馬稅青、鄭超復相繼殉職，劉希明連長負傷，排長以下傷亡150餘人。眼看天色將明，強攻勢必徒勞無功，進一步增大死傷，佘念慈師長命令第484旅將舊口附近工事道路破壞，留下一部對敵封鎖，主力進出鄭家橋、白石橋，逐次向東挺進，側擊騷擾漢宜路之敵。右集團軍的戰報沒有直說第67軍舊口攻勢頓挫，只說「敵連日被猛攻，甚為恐慌，將居民完全驅逐。刻有步騎500餘，砲4門，仍在上大王廟、二公段附近與我何旅（第484旅）對峙。」

江防軍依照戰區作戰命令，以第26軍、第44軍及第128師與金亦吾游擊隊等，編組為江左軍，防守沔陽、潛江、沙洋之線，當面之敵主要為佔據沙洋東岸漢宜路兩側地區的日軍騎兵第4旅團。漢宜公路以漢口為起點，經長江埠、應城、皂市、沙洋、十里鋪、河溶鎮、當陽等地至宜昌，是溝通鄂東和鄂西的交通要道。根據中國軍隊戰史記載，5月3日，第128師由仙桃鎮渡河，向漢宜公路兩側展開游擊；金亦吾部由張截港渡河，轉向東面攻擊，至14日攻佔岳口鎮，繼續向天門以北地區游擊。第44軍第149師第894團及第150師第900團分別渡河，攻佔泗港、聶呂家場各據點，繼續向漁新河、拖船埠之線挺進；第26軍第41師第122團、第123團分別渡河，攻佔多寶灣、羅漢寺、操家場各據點，第123團第1營進出瓦廟集敵後活動。日軍戰史對漢宜路附近戰事沒有詳細記錄，岡村寧次回憶說：「估計襄河西岸地區的敵軍必然出擊，為此，對不參加進攻作戰的刈谷重砲兵聯隊，配屬了一個步兵大隊，守備岳口鎮附近我軍主力的中轉要地。果然這個部隊受到了優勢敵

第41師師長丁治磐

丁治磐（1894～1988），字似庵，江蘇東海縣人。清末時期受完整古文教育，詩賦、古文、書法皆有根基。民國初年畢業於江蘇講武堂、江蘇軍官教育團、陸軍大學第12期。民主革命時期，歷任江蘇第67混成旅營長、副團長。後任直魯聯軍徐源泉部隊團長、旅長、參謀長。北伐戰爭時期隨徐部加入國民革命軍。抗戰時期，因在王家牌樓擊敗日軍一旅團，於1939年晉升為陸軍中將，任第41師長。後參加了京滬、武漢、第一次長沙會戰。1942年任陸軍第26軍軍長。抗戰勝利時在湖南衡陽受降。同年以協助同盟國作戰有功，榮獲美國銀橡葉自由勳章。內戰時期任青島警備司令。1948年調任江蘇省政府主席、京滬杭警備總司令部副總司令。1950年初率殘部退守舟山嵊泗列島，後在解放軍攻佔舟山前夕攜家眷撤到臺灣。赴台後被聘為國民政府國策顧問，致力於國防學理研究。後脫離軍界，任中華學術院詩學研究所名譽所長，以詩詞、古文、書法自遣。1988年因病去世，享年94歲。著有《補閑齋詩稿》、《補閑齋集》等。

軍連續25天猛烈進攻，幸由該部頑強死守，保住了這一要地。」5日，第41師師長丁治磐奉令向永?河、陸家砦攻擊。當夜22時多，第122團第3營將日軍警戒部隊驅逐，向陸家砦西北壓迫，至翌日1時30分，攻入陸家砦以西街道。正要擴張戰果，日軍由楊家澤開來200餘人反撲，第122團立足未穩，只得撤回南河集。第123團第2營在攻擊中遭到日軍頑強抵抗，激戰約4小時，仍被阻於關帝廟、何家台一線，拂曉後撤回拖船埠。7日，李宗仁下令第41師「勿攻據點，免受敵牽制。」該師此後以夜襲，破壞橋樑、電信，埋設地雷等手段與日軍周旋，對永?河、陸家砦、楊家澤據點只採取監視騷擾。

13日8時，李宗仁與右集團軍恢復聯繫，電令張自忠：「數電貴部激戰情形，

及敵被牽制南竄，得減少左集團軍右翼之威脅，貴部將士忠勇及協同之精神殊堪嘉尚。俟目的已達，應停止進攻，回保河西。但連日探查左集團各部情況，似未脫險境故仍有賴貴部之竭力進擊，俾各部得安然脫敵。弟亦極軫念貴部，總求能保存最後一點力量，以備固守河西也。」張自忠據此將襄東部隊主力撤回河西，留下第55軍、第59軍、第77軍各一部在河東擔任游擊。李宗仁的這道命令符合重慶全般戰略考慮，蔣介石也於16日指示：「張自忠部主力及丁治磐部主力應速撤至襄河右岸，各留一部在襄河東岸搜索敵情，擔任游擊。」

覃連芳之敗

1939年5月7日（一說8日），日軍

攻佔棗陽。李品仙於6日下午率第11集團軍總部離開棗陽，往唐縣鎮方向趕路，7日一整天沒有與戰區長官部取得聯繫。直到8日早些時候，第五戰區長官部還一直無法得到棗陽方面的確切情報，李宗仁在給重慶的急電中只說日軍「一部已竄抵黃龍疇、峪山、張家集、麻陽店一帶，有截斷襄花路企圖」。但隨著時間的推移，李品仙終於發來電報：「接得棗陽縣政府報告，敵軍步騎數千名已入據棗陽，建議長官部移駐老河口。」李宗仁確信棗陽城頭已飄揚起刺目的「藥膏旗」，便於10時電令各兵團：「左集團軍除以第39、第13兩軍預定留置大洪、桐柏兩山地游擊外，主力依桐柏山地對隨棗路佔領側面陣地，以牽制西進之敵，並阻止其北進。不得已時，第84軍向唐河、白河以西，第31集團軍向新野附近轉進，與第一戰區第2集團軍切取連絡。右集團軍河東部隊仍竭力夾擊北進之敵，但第45軍於夾擊敵人後，應向襄河西岸歸還第22集團軍建制。第22集團軍（現有第41軍）指揮雙溝南方郭丹部（二團），守備襄河右岸及唐河、白河右岸，保持重點於雙溝、樊城間，待第45軍歸建後，依情況增加其防務。江防軍已過河東部隊，應仍保持有利態勢，向北及東北方挺進。」命令發出後，長官部即開始收拾行裝，準備撤離襄樊。

棗陽一失，襄花路西撤通道已被切斷，位於厲山西端的第84軍處境十分危險，李品仙下令第84軍立即脫離戰鬥，經唐縣鎮、隨陽店向唐河撤退。根據第173師第519旅旅長梁津回憶，李品仙當晚（7日）經隨陽店到達唐縣鎮，通過覃連芳向各師官兵喊話：「不要後退，只能向北轉入河南境內。」覃軍長原意梁津率本部官兵掩護第174師和第189師撤退，梁旅長叫苦說：「劉棟平團苦戰7日之後，縮編不滿一營；川軍第758團參戰2日，連長皆已陣亡，縮編只剩兩個連。兵力如此單薄，何能擔當得起掩護兩師部隊的撤退？」覃連芳又改令第174師速以1個團到唐縣鎮，掩護軍向唐王店集結，結果張光瑋師長也以傷亡過重表示很難執行。覃連芳想到了兩邊搞平衡，由第174師第522旅旅長牛秉鑫指揮第174師第1040團、第189師第1105團第3營、第1108團第2營，即赴唐縣鎮佔領既設陣地，阻擊由厲山西進之敵。在覃連芳看來，如此這般，戰鬥減員最重的第173師得以先一步撤離；第174師第1040團在臨時增加2個營的基礎上，後退唐縣鎮打阻擊，不好再推託；傷亡不大的第189師更沒有理由拒絕留下2個營。這種糟糕的撤退安排，就是覃連芳統馭乏術的表現。既然都不願擔當掩護，乾脆一起轉進，先求脫離日軍，到了唐縣鎮再留一部阻敵，主力北退豫境，覃軍長想得倒輕鬆。敵前撤退不在對峙線留下掩護部隊，從厲山到唐縣鎮這一路，部隊

能不能安全撤離？會不會出現混亂？覃軍長心裡應該有數，難道他指望日軍不會在夜間進行追擊戰？8日晚，第173師第519旅殘部剛剛離開厲山5、6華里，日軍的追擊砲彈便從頭頂上呼嘯而過，厲山街道上一片混亂。鍾毅師長的傳令兵送來命令，命梁津旅長在厲山附近佔領陣地，收容前線退下來的部隊。不過才幾華里路，缺少斷後部隊掩護的第84軍便已呈現潰退跡象，要組織收容了。慌亂之中，梁津沒來得及告訴劉棟平團長負有收容任務，第1037團已由厲山向北開去。第1038團則被日軍砲火傷及十數人，引起恐慌，自行向河南境內潰逃。顯然梁津對所部已失去掌握，只得率旅部軍士隊在厲山西面的隘路口佔領陣地，收容三三兩兩退下來的士兵。梁津後來回憶說：「晚9時，我乃率旅部人員和軍士隊向唐縣鎮轉進，於當晚12時到達。只見負傷官兵800餘人橫七豎八臥於街頭，呻吟之聲不絕於耳。而我派人找師部、軍部或總部，也遍尋不著，對此負傷的800餘官兵，雖有同情之心，實也愛莫能助。」

第84軍軍部、第173師一部及第758團、第1108團、第1040團各一部大約在9日晨到達唐王店，覃連芳命令通信營架起電臺呼叫第174師和第189師。結果2個師都聯絡不上，卻收到了李品仙發自8日11時的電令，電令要求「第84軍逐次轉移陣地，向唐、白河西岸轉進，由蒼苔鎮附近渡河，沿唐河、白河西岸佈防，阻敵西進；並令第189師速向棗陽附近佈防，拒止北上之敵。」覃連芳看完電報只是搖頭，第189師現在位置不詳，談何拒止棗陽日軍北進。事實上，戰況瞬息萬變，李品仙8日的電報已「過時」，蔣介石於9日電令李宗仁調整部署，覃連芳軍可轉進至老河口以西地區。可是戰區司令長官部自打9日起便與所屬各集團軍失去聯繫，無法迅速根據重慶指示作出調整。愁眉不展的覃連芳急得拿起望遠鏡一個勁往南觀察，一心盼望第174師、第189師出現，整合部隊執行李副長官的命令。9時許，梁津帶著幾十人亦抵唐王店，他向軍長和師長匯報了所部潰退情況和沿途見到的慌亂現象。覃連芳歎息地說：「張光瑋、凌壓西兩師部隊未見來，不知他們能否安全退出？真對不起朋友了，暫在此處等等他們吧。」10日，覃連芳在眾人勸說下離開唐王店，當天行至鄂豫交界的地方，因還未見第174師和第189師到來，任憑左右如何相勸，覃連芳都執意不肯繼續再走。梁津建議可預先指定行進目的地，軍部先行前往，留下第173師負責掩護和收容。覃默不作聲，不置可否。鍾毅師長出面勸說，覃連芳忽然聲色俱厲地說：「你走你的，我不走！」鍾毅師長頗為尷尬，梁津已表態第173師願留下斷後收容，怎麼軍長反倒衝著自己發起火來？想想事已至此，鍾師長只得在附近宿營駐下。

第84軍軍長覃連芳

覃連芳（1894～1958），字武德，壯族，馬平縣四都金陵村（今柳江縣百朋鎮琴屯村金陵屯）人。陸軍中將。1910年，考入桂林陸軍小學，繼入湖北陸軍中學。參加武昌起義，後入保定軍官學校第六期騎兵科學習。畢業後歷任南寧講武堂見習教官，廣州總裁府中尉差遣，廣西省防軍連長、營長、縱隊司令。1926年參加北伐，任第7軍通訊大隊長、第9團團長、副師長。1927年留學法國，回國後任廣西護黨救中國軍教導團團長。1931年任第7軍第21師師長、柳州市政府建設處處長。1935年任廣西全邊對汛督辦。1937年任第31軍副軍長，1938年任第84軍軍長，先後率部參加徐州會戰、武漢會戰。1939年，在隨棗會戰時，因作戰不力被撤職。1941年，任國民政府軍事委員會戰區軍風紀第五巡察團主任委員。後因打擊蔣介石嫡系將領被群起攻擊，蔣介石以「濫用權力」罪將其撤職，並通報全國，永不錄用。1948年退出國民黨，加入民社黨，任民社黨廣西書記長。1949年5月經廣州到香港定居。1958年在香港病逝。

下午，覃連芳經過一番冷靜，最終還是選擇行進。15時，軍部行抵新市街，得報蒼苔鎮進路已被日軍隔斷，且太平鎮、湖河鎮、湖陽鎮等地都已發現敵蹤。由蒼苔鎮渡河顯已不可能，欲向李品仙進一步請示，通信已告中斷，覃連芳召集部署商議，決定於11日分兩縱隊改向祈儀鎮、上屯鎮附近渡河，轉至唐河、白河西岸。正當各單位準備渡河工作時，據報逯堂鎮也已發現鬼子，覃連芳便令各部提前在19時出發。

11日中午，第173師警戒部隊在沙河鋪與日軍騎兵一部發生接觸，據探報傳回消息，唐河縣、新野縣境內日軍出沒頻繁。覃連芳盤算著自己手中的這點兵力，感到阻力太大，決心避免不利戰鬥，折向桐柏附近的西新集，等待會合第174師、第189師，再行突圍部署。雲

南講武堂韶關分校出身的鍾毅師長想必不同意覃軍長的處置，未等軍部傳令官將折向西新集的命令送到，第173師已在17時毅然單獨向唐河縣方向突圍。和覃連芳一心想會合第174師、第189師不同，鍾毅對此不抱希望，部隊在撤離厲山後即陷入混亂，短時間內恐無法集中，即便集中也無多少戰鬥力可言，倒不如化整為零自擇退路。鍾師長的分析是正確的，第174師和第189師在潰亂中各走各路，根本無法與軍部取得會合。第174師主力抵達唐縣鎮，被追擊而來的日軍戰車衝擊，蒙受相當損失，牛秉鑫旅長率部邊戰邊撤，逐次向北轉移。師主力被迫折向關山店、三河店，又與先期而至的日軍發生遭遇戰，突如其來的戰鬥迫使師部也陷入混亂當中，副官處長何偉豪不幸被俘。部隊後在邱家灣、

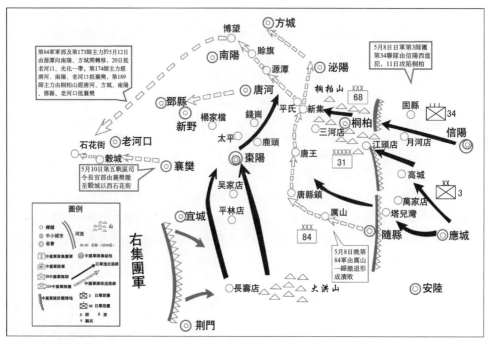

第84軍部及第173師主力於5月12日由源潭向南陽、方城間轉移，20日抵老河口、光化一帶。第174師主力經唐河、南陽、老河口抵襄樊，第189師主力由桐柏山經唐河、方城、南陽、鄧縣、老河口抵襄樊

5月8日日軍第3師團第34聯隊由信陽西進犯，11日攻陷桐柏

5月10日第五戰區司令長官部由襄樊撤至穀城以西石花街

5月8日晚第84軍由厲山一線撤退形成潰敗

■第84軍潰退示意圖。

■日軍向中國軍隊發起進攻。

牛棚崗等處一面抵抗，一面轉進，經唐河、南陽、老河口兜了一個大圈子回到襄樊。第189師則在撤退途中發生了李寶璉投敵事件。李寶璉係遼寧盤山人，畢業於日本陸軍士官學校第二十期，時任第189師副師長兼第566旅旅長，一看隊伍潰退，李寶璉就迫切地與敵接洽聯繫，並製造投降旗幟。所幸該旅的第1105團團長謝振東、第1106團團長周天柱以下官兵大都深明大義，不願充當偽軍，將李寶璉扣留。可惜因看守不嚴，或是另有隱情，李最終脫逃，隻身投敵「曲線救國」。謝、周二位團長此後率領官兵繞道至樊城歸隊。第567旅相對比較順利些，在襄花公路與日軍小有遭遇，經桐柏山、平氏、唐河、賒旗、方城、博望、南陽、鄧縣、老河口抵樊城集中。在厲山自行向河南境內跑

路的第1038團於12日到達逶堂鎮，李劍光團長看到官兵精疲力竭，下令埋鍋造飯，未料日軍由鹿頭、錢崗兩面襲擊逶堂鎮，該團措不及手，匆忙展開巷戰，付出極大傷亡後才藉暮色逸走。

鍾毅的突圍行動未能改變覃連芳的折返決定，覃軍長帶著軍直屬部隊和第758團、第1108團、第1040團一部分力量，按計劃踏上向西新集轉進之路。22時，一行到達張官橋附近，與天河口方面北進日軍遭遇，鬼子人數不多，很快敗下陣來。覃連芳從逃難人群中獲知，西新集已被敵佔領，頗有些後悔沒有跟著第173師一起行動，當下決意改向沙河鋪以東地區向北鑽隙突圍。12日中午，隊伍陸續到達源潭鎮，恰巧又與鍾毅所率部隊會合，覃連芳頗有幾分慚愧之色。據梁津回憶，參謀長鍾紀在豫鄂邊界與軍部離散失蹤，鍾毅師長心繫胞兄的安危，指令梁旅派兵尋找，結果數排士兵分道20里內外尋找，均無蹤影。梁津晚年著文透露了當時的混亂情形：「軍部午夜自向東行，途中有李劍光團的一股潰兵百餘人滲入。半途突遇敵騎百餘衝來，開機槍掃射。當時，覃軍長為減少目標，下馬步行。而李團潰兵爭先恐後地慌忙逃命，蜂湧衝撞過來，幾乎把軍長衝倒在地。鍾紀參謀長即在此刻與軍部失散，其後安全轉到鄂北光化縣。」覃連芳後來帶著殘部向南陽、方城間轉移，輾轉於20日抵達光化（今屬

老河口市）附近集結整理。如果說第84軍在塔兒灣等地抵抗日軍第3師團進攻還算得力的話，隨後的撤退行動實在是糟糕無比。正如克勞塞維茨（Carl von Clausewitz）在《戰爭論》中所說：「退卻開始時，必須盡可能地緩慢進行，以不受敵人擺佈為原則。要堅持這個原則，就必須同緊迫的敵人進行血戰。否則，就會加速自己的退卻，不久就會成為潰退，失敗會更慘。」第84軍的潰敗

■凌壓西（1891～1974）廣西容縣人，號劍南，又名凌瓊德。廣西講武堂畢業。歷任第7軍中下級軍官、第176師副師長、第189師師長、第84軍副軍長、第五戰區兵站總監、廣西第5區行政督察專員兼保安司令。中共建政後曾任廣西政協委員、自治區政府參事室參事。1974年病逝南寧。

無疑驗證了克勞塞維茨關於撤退的經典闡述。廣西講武堂出身的凌壓西對喝過洋墨水的覃連芳十分不滿，他在回憶錄中說：「全軍不能集中作統一的行動，3個師分成三路轉進，各師的團、營以下亦有因中途被敵擊散而分數路退卻的此次作戰，第84軍因隨縣一敗，不能集結隊伍作有計劃、有指揮地一面抵抗、一面收容部隊的轉進，致使全軍零亂奔逃，一洩幾百里，停腳點竟超過戰區指揮部後方甚遠。」

隨棗會戰結束後，第84軍調整人事，莫樹傑於是年冬接替覃連芳任軍長。李宗仁為照顧覃連芳的情緒，調其為長官部高參，覃對此不領情，甚至當著郭德潔（李宗仁妻）的面漫罵李宗仁忘恩負義，並寫下「隨公數十年，公待我如家僕，召之即來，揮之即去」的別語。1941年秋，覃連芳任軍事委員會戰區軍風紀第五巡察團主任委員，桀驁不遜的脾氣絲毫未改，不久便又與馬步芳產生矛盾，落得撤職下場。值得一提的是，覃連芳的頂頭上司李品仙，在總部撤退途中也是倍感險阻，李宗仁曾在5月13日致電蔣介石：「李兼總司令品仙率指揮所人員佳申（9日）與由楊家檔東進之敵在太平鎮遭遇，指揮所頗有損失，刻已到達南陽。」不過李副長官可不願就此發表評論，倒是大書特書：「中央統帥部對此次會戰深感嘉許，旋頒授我干城勳章一枚，以示獎勵。我在會戰結束之後，一時感興曾寫成七律一首。『北斗橫空夜未央，羽書無間馬蹄忙。荊襄形勝開雄鎮，隨棗環迴作戰場。減灶計成擒豎子，沉舟志決擊強梁。妖氛掃淨河山固，峴首樓頭日月光。』」──「隨棗環迴作戰場」是不假，「減灶計成擒豎子」就太過於誇張了吧。

第31集團軍脫出包圍

日軍第13、第16師團快速突破長壽店東、西陣地，岡村寧次認為「戰況有破竹之勢」，決心從兩翼包圍，將中國軍隊精銳第31集團軍捕捉在棗陽東北山地予以殲滅。日軍戰史披露，第11軍於5月7日決定「第3師團在突破高城鎮附近敵主陣地後，以一部將當面之敵向棗陽方向追擊，以主力經合河沿西新集、湖陽鎮、湖家鎮公路突進，切斷敵軍主力向北的退路。以信陽部隊的主力擊敗當面之敵，首先佔領桐柏一帶。第13師團結合進入滾河一線，向棗陽東北方向迂迴突進消滅敵軍。在新集、平林店、吳家店、梁家集等交通要地上，各以一部擊敗向西面脫逃的敵軍。第16師團進入滾河附近後，以幾個梯團向湖河鎮方向突進消滅駐在之敵。以一部留駐白河下游地區，面對襄陽方面掩護軍的左側背，並援助騎兵團在白河渡河。騎兵團要儘快向白河右岸移動，消滅駐敵後沿

襄陽、新野公路地區向泌源挺進,切斷敵軍的退路」。

正當第31集團軍「於原陣地誘敵通攻,相機出擊殲敵」之時,日軍第3師團步兵第34聯隊主力由信陽西進,開始向我桐柏正面攻擊。蔣介石曾於4月28日密電衛立煌,要求第一戰區對於明港、桐柏方面防務妥為部署,督飭劉汝明軍與第五戰區確切協同作戰。旋又同意第2集團軍調南陽等地,擔負鞏固第五戰區左側的任務。孫連仲奉命後,一面率集團軍總部及第30軍等兼程南下,一面令第68軍確保豫南地區,監視牽制信陽日軍。劉汝明隨即部署如下:第143師守備任店、確山、明港一帶,對東警戒黃泛區,對南阻止信陽之敵北上,置重點在鐵路沿線;第119師守備桐柏,以主力確保桐柏陣地,一部機動使用,襲擾往返信陽各公路之敵。8日3時,日軍步、騎千餘人附砲6門,在夜色掩護下向羊山寺前進,另一部騎兵200餘向葉畈進出。14時,第119師第355旅第709團一部防守的羊山寺陣地被敵突破,劉汝明命令第355旅「應不顧一切於小林店、淮河店、月河店、金橋等處既設陣地縱深配置,步步抗拒,予敵徹底打擊。」同時要求李金田師長以第357旅分向雙河、遊河之敵襲擊;李曾志師長率第143師第853團、第854團,由確山、任店進駐毛集,嚴防日軍由平昌關進犯。9日天未亮,趁敵機還未出動,劉汝明奉孫連仲之命,將軍部移駐西新集及泌陽附近。7時,日軍大舉西犯,石家嘴、桐子山、楊家灣等地連續遭到敵密集衝鋒,第119師不得已在日落後退守淮河店陣地。同日,日軍第16師團酒井支隊到達湖家鎮,騎兵第4旅團在張家集附近渡過滾河,按照預定的計劃,旅團長小島吉藏以3個騎兵聯隊、1個騎兵大隊,快速向新野、唐河前進,對襄陽北面的地區進行第二層機動迂迴包圍。

比較由鍾祥東方北上之敵,藤田進在與湯恩伯的交手中並不佔上風,第3師團遲遲無法對第31集團軍正面形成強勁突破。9日晨6時,日軍由天河口方面,增援步兵3000餘、騎兵約600名、

■第68軍軍長劉汝明。

戰車12輛，到達戴家灣附近，另一部步兵約2000餘向莊子灣前進。未及一個小時，戴家灣東北高地已集結日軍戰車達30餘輛，約7時半光景，先是一頓猛烈砲火砸向第4師陣地，繼而是戰車蜂擁突進我主陣地前施放煙幕。面對來勢凶凶的日寇，第4師官兵表現神勇，石覺在口述訪問記錄中說：「我陣地守兵奮勇迎擊，予敵以重大殺傷，我小砲連並擊毀敵戰車4輛，敵勢大挫。9時許，敵復以戰車掩護，向我全線猛攻，連續肉搏戰鬥，敵我傷亡均重，惟全般士氣極為旺盛，激戰至入暮，敵均未得逞。」咬不開第4師令藤田進十分沮喪，不過日軍在進攻第13軍的戰鬥中，還是取得了一些進展。防守江家河、羅家崗、太山廟等地的第193師第1121團、第1122團、第1123團紛紛遭到日軍全線攻擊，固守孟家灣、尚市店以北一帶的第1122團第4連和第7連，為牽制敵人進攻，陷入重圍，全部壯烈殉國。入夜後，第193師開始向唐王店轉移，原來湯恩伯已在是日晨下令：本集團奉命以桐柏山脈為根據，對南佔領陣地，準備側擊敵人；第13軍（欠第110師）應於本晚8時，開始轉移唐王店、滴水岩、尖山、倒峽流、劉家口之線，佔領陣地，對南警戒太山廟、東嶽廟、官王廟，並應佔領前進陣地；第85軍應佔領劉家口、劉家河、東嶽廟、江頭店、罐子垛、螞蝗溝之線陣地，對東警戒，主力應控置於江頭店、螞蝗溝附近；兩軍戰鬥地境，為朝陽寺、徐家灣、青苔鎮、何家灣、劉家口、江家河、高城之線，線上屬第13軍；第110師歸總部直接指揮，集結於青苔鎮、萬和店一帶，為集團軍預備隊；各山口務派兵切實封鎖，陣地前之道路及通信網一律破壞，碉寨一律撤毀；集團軍總部9日晚移駐萬和店附近。當晚，陷棗陽之敵繼續向東北方向壓迫及桐柏激戰的消息傳到第31集團軍總部，湯恩伯判斷當面日軍有東西對進，包圍我軍於桐柏山脈以南地區之企圖，為爾後轉進安全，於20時令第4師以有力一部留守原陣地，主力即晚佔領江頭店西北、柏樹灣、團子河、螞蝗溝之線陣地，並縱深配備，拒敵前進。

由於戰區長官部與所屬各集團軍失去聯繫，蔣介石的調整部署未能及時傳達到第31集團軍，湯恩伯無從知曉委員長已令李長官：「湯集團可轉進樊城迄老河口地區」。連日血戰，日軍不得不承認「軍的主力雖已通過滾河前進，但位於第3師團正面的敵人仍在頑強抵抗（第4師投入）」，岡村寧次判斷第31集團軍、第84軍主力仍然留在唐縣鎮以北山地內，因而進行了調整部署：第3師團以一部從唐縣鎮、吳山公路向三河店追擊，主力向西新集方向突進；第13師團從沙河兩岸地區向錢崗方向進擊，以一部進入雙河，一部留在棗陽；第16師團盡快沿唐河左岸地區向雙河鎮方向突

■戰鬥中的日軍坦克，雖然其性能並不算先進，但在缺乏反坦克武器的中國軍隊面前還是具有強大殺傷力。

進，切斷湖家鎮以東敵軍退路；騎兵旅團繼續執行原來任務。

日軍第3師團第34聯隊步步逼近桐柏，主力繼續從正面壓迫第31集團軍。10日，江頭店阻擊戰進入第四天，日軍飛機20多架一大早即對第4師右翼吊金岩一帶陣地，投擲毒氣彈和燃燒彈百餘顆，第4師一個營官兵幾乎全部陣亡。9時許，3000多日軍在21輛戰車前導下，分三路進犯江頭店以北，另一部千餘，戰車12輛，分兩股向江頭店以南前進。激戰至12時，吊金岩、魏家灣以東高地均陷入混戰，江頭店以北進犯之敵，被我罐子埰部隊側擊，頗有損失。或許是第4師官兵的浴血搏殺感動了上天，中午突然風雨交加，只片刻功夫，道路便

泥濘不堪，這下鬼子戰車受到極大限制，我軍乘機全線反攻，敵不支向江頭店以東敗退。石覺師長後來回憶起當日戰鬥，不禁感慨地說：「連日惡戰，擊毀敵戰車10輛，擄獲輕機槍8挺，擲彈筒9門，敵焚屍800，傷千餘，我傷亡官兵3000餘，依然據守主陣地堅強抵抗。湯總司令以本師奮勇作戰，特予犒賞30000元，並以第91師之一團，推進至本師左翼後方之祖師廟，歸我指揮。」午後，湯恩伯進一步獲悉棗陽方面日軍主力，已經鹿頭鎮、湖陽鎮向唐河及其以東急進，為適應戰況，避免遭敵包圍，決心「派第13軍軍長張軫兼豫鄂邊區游擊總指揮，獨立第1旅旅長李俊彥為第1游擊縱隊司令，獨立第2旅旅長張連三為第2

游擊縱隊司令，以桐柏山脈為根據，發動豫鄂邊區游擊；第89師、第193師著歸第13軍副軍長張雪中指揮，10日晚開始轉移，經三河店、上橋河，向唐河附近轉進，到達後集結地區，由張副軍長按情況區處，轉進時對棗陽、新野方面，嚴密警戒；第85軍（缺第23師）10日晚以第4師主力，先轉移新城附近集結，第91師先集結沙河店及其西北地方，掩護第4師轉進，江頭店隘口仍留一部嚴密封鎖，如敵向江頭店突進，即以第91師全力堵擊；第23師為第一線掩護部隊，應佔領倒峽流、劉家口、劉家河、東嶽廟及各要口，阻敵北竄，掩護各師轉進後，歸張總指揮指揮，待命歸還建制；第110師仍歸集團軍總部直接指揮，佔領合河、萬和店、仁和寨之線，構築工事，掩護各師轉進，青苔鎮由該師留一部構成據點。」

19時，第4師各部先後脫離江頭店陣地向新城轉移。日軍似乎有所察覺，兩個小時後向江頭店突進，但第4師已在第91師掩護下悄然脫出。石覺師長後來總結戰鬥時指出：「本師確實掌握江頭店及其兩側之主要陣地，封鎖該處河谷，承當敵第3師團加強第5旅團步、砲、戰、飛聯合之攻擊重量，英勇奮戰達四日之久，表現極為堅韌之作戰能力，予敵以慘重殺傷，擊破了敵軍迂迴我大軍左翼的企圖。」岡村寧次在回憶錄中追記道：「襄東會戰時，我第11軍曾猛攻

敵正面的一角，湯恩伯則親率主力向這一角反擊，並乘隙使我主力陷入重圍，受到殲滅性打擊。」由此證明第4師確實給了鬼子當頭一棒，石覺師長的總結絕非空口說大話。21時，第89師由劉家口、尖山、吳山店向北撤退。第193師由唐王店、三河店等地向北突圍，馬勵武師長命令第562旅第1123團擔任殿後，該團第3營後在新4軍游擊隊幫助下才從桐柏山區撤離。第23師、獨立第1旅則在掩護各師轉進後，由江頭店以南分別向桐柏山集結。

湯恩伯關鍵時刻毅然決定撤退，可謂當機立斷。10日晨，日軍騎兵第4旅團逼近新野縣城，在沒有正規軍防守的情況下，新野縣長徐步辰調集地方團隊迎敵。10時，新野縣常備第1中隊4班及壯丁60名於南關外與敵遭遇，日軍不明虛實，也無意強攻南關，即刻向城關東、西迂迴包抄，一部500餘人及便衣隊由東關衝入市街。新野地方團隊倒是頗具戰力，巷戰至下午才向城西及東北地區撤退，17時許，新野陷敵。同日6時，信陽西進日軍突破第119師第355旅淮河店陣地，第709團、710團分別轉移至王家灣及其以南山地、淮河西岸、白廟附近阻敵。9時，日軍400餘人在飛機和火砲掩護下強渡淮河，第710團第1營沉著應戰，擊敵於半渡，一次次瓦解了鬼子攻勢。正午，天氣轉陰，日軍乘陰霧及煙幕掩護再興攻勢，眼看第710團第1營漸

將不支，第143師第854團一部在此關鍵時刻趕到側擊，擊斃敵第34聯隊石田中隊長以下數10人。第709團這邊，15時左右戰況尤其激烈，第8連連長陳光先力戰殉職，所部官兵死傷累累。17時，日軍一部又由固縣迂迴桐柏疾進，同時正面增加500餘人進攻，第355旅各部被迫轉移月河店西端陣地。

11日，第119師月河店陣地在堅守6小時後失守，劉汝明軍長以桐柏城無險可守，令所部退守桐柏西三里衝、陳莊、五里嘴、馬莊、太陽城各要點拒敵。而日軍第3師團主力一部約2000餘人，當日亦由江頭店向西北方向進迫，第110師第655團沙河店、涼水井、文昌閣一線警戒陣地被突破，玉皇廟主陣地旋陷入混戰。防守雙獅嶺的第330旅第659團一個連，在激烈戰鬥中全連陣亡，廖運周旅長回憶起當日戰場情景，令他難以忘懷的是「我軍雖因缺乏重武器而無法抵禦日軍機械化部隊的猛烈攻擊，但廣大官兵士氣高昂，據壕死守，甚至不惜以血肉之軀來抵抗敵人的戰車，敵戰車所經之處，戰壕幾被壓平，守壕士兵大多被活埋於壕內。」12時，廖旅長下令放棄雙獅嶺陣地，日軍乘勢向萬和店攻擊，第660團奉命從側面投入戰鬥，日軍稍退，雙方對峙於走馬嶺、嚴王廟以東之線。17時，合河迄彭家崗一線的第655團遭敵毒氣攻勢，第91師主力迅速從側翼出擊，一度壓迫鬼子向沙河店方

面退卻，第110師當晚趁機向新城撤退。

儘管日軍戰史聲稱：「第3師團主力11日在合河附近，擊敗和追擊頑強抵抗的湯恩伯兵團的三至四個師為主的敵軍；第13師團11日晚通過錢崗以北地區；第16師團11日經青草山附近向東北前進，酒井支隊在雙河鎮東北快速奔襲縮營中的敵兵團，給以極大打擊；騎兵旅團11日在韓莊附近作戰後連續向東北挺進。」但各部實際都未捕捉到第31集團軍主力，湯恩伯獲悉新野之敵向東北突進，湖陽鎮北上日軍直趨平氏，急令各部在平氏與西新集間，改向泌陽附近集結。12日10時許，第4師到達平氏，即

■第330旅旅長廖運周，後升任第110師師長，在徐蚌會戰期間率第110師陣前投敵。

以張榮田團佔領平氏河南岸陣地，掩護主力由平氏以東向泌陽撤退。13時，第89師也抵達平氏，張雪中師長以一部接替第4師，與河北岸日軍對峙，又令第267旅一團佔領平氏東北高地，對西觀察日軍，確保主力安全通過。22時，第193師也以同樣辦法接替第89師，交互掩護主力北撤。第91師稍晚則由合河以北經罐子溝、老虎廟向泌陽轉進。唯獨第110師費了一些周折才脫敵而出，該師主力由新城以東翻越大腹山、虎山，在過桐（柏）唐（河）公路時與西進日軍遭遇，吳紹周師長以一部向東堵擊，一部

向西警戒，主力雖於24時行抵歇馬嶺附近，但斷後的第656團卻被敵死死咬住，傷亡頗重，翌日才突圍至歇馬嶺。

14日，第31集團軍各部先後到達泌陽以北集結收容，湯恩伯於16日率總部移駐舞陽，他隨即致電李宗仁：「張（軫）、王（仲廉）兩軍主力於三河店、新集山、新糜、西新集、平氏附近受敵夾擊，經該兩軍奮勇迎擊，迭予重創，斃敵千餘，獲輕機槍7挺、步槍數10支、乘馬20餘匹、防毒面具300餘個」李宗仁根據重慶指示，命令第31集團軍主力在鎮平、內鄉從速整訓，必要時推

別庭芳

別廷芳（1883～1940），字香齋，原內鄉縣丹水鎮（今西峽縣陽城鄉）張堂村人。別庭芳出身於一地主家庭，幼時遊手好閒，不聽教訓；成長後，專一偷雞摸狗，打家劫舍；後受招安，加入民團組織，初任班長，後逐步升遷，歷任內鄉縣民團第2團團長、宛屬十三縣聯防司令、河南省第6區抗戰自衛團司令等職。

身為宛西自治首領（南陽簡稱宛），自治業績斐然。有人稱怪傑，也有人稱其為梟雄。他雖然遭萬人唾罵，被稱為土皇帝、殺人魔王；但也確實做了一些奇事，因治河改地、植樹造林、建立水電站、興辦學校、治愚治窮、發展實業，而被人稱道。別廷芳開始治鸛河改地，他招集保長、聯保主任和民團營連長以上官司員學習築壩。親率他們抬石、挖槽、攪拌三合土，經月作而成此壩。那時沒有水泥，僅憑三合土壩，就抗住了滔滔鸛河水，至今巍然猶在。別廷芳為抗洪治河，在老鸛河及其它河上修了不少同樣的大壩，其抗洪能力，令人歎為觀止。

他既不完全聽從國民黨，同時也不完全追隨共產黨。1939年5月，在第一次新唐抗戰中，別廷芳親率精銳民團武裝七千餘人，配合國軍隊英勇作戰，大破日軍，累計斃、傷日軍3千餘人。1940年2月初，第一戰區司令長官兼河南省主席衛立煌電令別廷芳到洛陽開會，並任命令為河南省第6區抗戰自衛團司令，欲予扣留。時因與別關係密切的河南省銀行行長李漢珍等人從中周旋而未遂，但卻遭到與會的湯恩伯等人的譏笑和攻擊。別回縣後患病臥床，同年3月14日嘔血而死。

進鄧縣附近，準備與唐河、新野一帶的孫連仲部協力，向南攻擊由棗陽西進之敵。

反轉與反擊

軍委會於4月末准調第2集團軍南下，要求「第30師和獨立第44旅向桐柏附近集中，限5月10日以前到達；第27師、第31師向南陽集中，限5月12日以前到達。」5月2日，張華棠師長率第30師經寶豐、葉縣、方城、唐河兼程急進，目標是挺進湖陽、平氏、西新集間，阻敵西進。第30師約計萬餘人，南下之前竟有半數患回歸熱，好在張華棠師長立即集資購買特效西藥（606）予以根除，否則部隊別說打仗，就是行軍也成大問題。10日晨，第30師先頭通過平氏，師部及第90團抵達唐河東南各崗附近，與湯恩伯、劉汝明部就要取得聯繫之際，蔣介石電令孫連仲「即以主力推進至新野、鄧縣，以一部留南陽，策應第五戰區作戰，爾後可用於老河口方面，協同湯恩伯部掩護漢中。」11日晨，孫連仲獲悉新野已陷敵，便令第30師「12日前集結唐河以北地區，以一部向南警戒。」因不明敵情，張華棠師長謹慎地先派出騎兵排向前搜索，第90團集結於唐河北面的劉莊、七里溝附近，以一個營佔領唐河南沿三夾河向南警戒，掩護師主力集中；第88團集結唐河北孟莊附

近；第89團集結代店附近。10時左右，孫連仲又來了一道電令：「飭速將唐河以南之敵擊破，並協同地方團隊保持唐河。」孫連仲所指的地方團隊係豫西13個縣的民團組織，其領導人是內鄉人別庭芳，別氏目不識丁，在豫西極有勢力，據說省府派出的縣長都要聽他的，但其搞的宛西自治確實有聲有色，諸如在西峽口興修水利、辦小型發電廠、辦學校、維修豫陝公路等，都深得當地人心。北伐時期，孫連仲率部從商南、武關，經南陽直插信陽，便與別庭芳有過聯絡，此番故地禦侮，孫連仲任命別庭芳為豫西民團總指揮。

唐河以南之敵正是日軍騎兵第4旅團，攻佔新野後，旅團長小島吉藏只留下一小部據守縣城，主力於11日沿新野、唐河道路進犯。新野縣長徐步辰令第1區團於毛橋、孫樓附近截擊日軍，戰至15時，雙方各傷亡官兵200餘，第1區團退守郭灘。徐縣長獲知新野日軍主力盡出，即令縣常備第1、第2、第3中隊向縣城反攻，鬼子顯然無意據守新野，未經抵抗便棄城逸走。20時，張華棠師長於小黨莊師部下達作戰命令：騎兵排仍擔任警戒搜索，遇敵時退據桐砦鋪掩護師右側；第90團第1營仍在原地為前進陣地，竭力抵抗敵人，待命撤退；第88團為右地區隊，佔領高莊、大井、孟莊附近，並派一部佔領十里鋪、趙中鋪構築工事，拒止敵人；第90團（欠第1營）

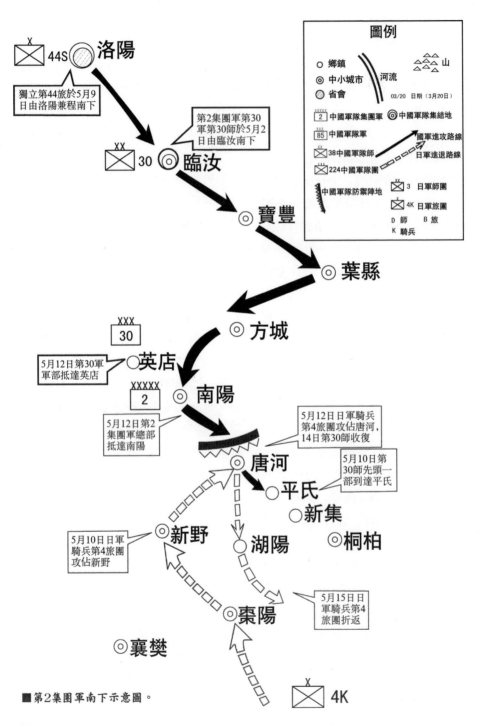

■第2集團軍南下示意圖。

為左地區隊，佔領劉莊、七里溝、同營附近構築工事，拒止敵人；河南第6區地方自衛團隊為左側支隊，掩護師左側，相機側擊敵右側背；常備第2團於12日拂曉前，佔領三夾河北岸張灣、大常莊之線；唐河自衛隊第2區團佔領劉莊、小李莊、七里井之線；常備第3團於12日12時到達唐河東北付樓，策應各方戰鬥，並相機側擊敵人；唐河縣長范效純率縣員警隊，確實佔領縣城；第89團為預備隊，位置於劉斌橋、代店附近，迅速構築預備陣地，並派一部佔領小力莊對西警戒。不難發現，因孫連仲只命令「保持唐河」而非「堅守唐河縣城」，第30師沒有擺出背水一戰的陣勢，也不打算直接參與守城。

12日13時，日軍前哨與我接觸。為鼓舞前線將士士氣，已趕至南陽的第2集團軍副總司令田鎮南打電話給張華棠：「孫老總本日正午已抵南陽，正坐鎮督師，並即令宛屬四個地方團隊即時出發，進駐桐和鋪以東地區，歸第30師指揮，應派員取得聯絡。獨立第44旅已由洛陽出發三日，諒日內即可到達。」此刻，日軍騎兵200餘及步兵2000餘向唐河縣西街猛衝，另有200餘迂迴至唐河縣城東郊。第90團第1營三面受敵，王震團長電話報告師部，謂敵騎兵大部似已渡河，竄入城廂，我現據高地一線，有被敵突破的可能。言下之意，頗有幾分放棄陣地的想法。張華棠在電話中警告

王震：「你應堅決守住陣地，萬勿心存退意，如不幸被敵擊破，應與陣地共存亡，不成功便成仁，方不愧為革命軍人本色。」激戰至中午，第88團第9連撤退至謝家莊附近，日軍佔領大王莊，與潛入唐河城內的便衣呼應，策應騎兵進佔西關。縣員警隊勢單力薄招架不住，唐河縣城隨即陷落。張華棠令第90團第1營利用夜色從右翼突圍，繞源潭鎮歸建。第88團第1營、第3營在向敵反擊過程中，陣亡第2連連長普與仁等官兵甚多，遂退守大井一線。

自5月1日開始進攻以來，襄東會戰已進行了十數天，日軍最左翼的騎兵第4旅團前進約300公里，左翼第16師團前進約270公里，中央的第13師團前進約200公里，補給線壓力越來越大。而第3師團西進縱深雖不過百公里，但傷亡數字居參戰各部之首，岡村寧次承認「受到殲滅性打擊」。更令第11軍感到無比遺憾的是，合圍圈最終慢了半拍，湯恩伯集團已脫出包圍，岡村寧次以「作戰已基本上達到使之潰敗的目的」為由，決定立即收兵反轉，從大洪山東北地區順勢給第39軍一擊後，結束「亡號作戰」。日軍的折回部署如下：第3師團以一部東進掃蕩大別山北側殘敵，主力迅速掃蕩合河、尚子店公路以東敗敵，進入厲山、塔兒灣附近，配合第13師團進入環潭鎮一帶，向洛陽店方向前進；第13師團迅速掃蕩吳山店、唐縣鎮公路以西地

區敗敵，然後轉向吳家店、資山、新集，掃蕩大洪山東北地區殘敵，向宋河鎮方向前進；第16師團在消滅西新集以北之敵後，速轉向棗陽一帶，主力準備向江北德安方向，一部向安陸前進；騎兵旅團向唐河南岸轉移，經棗陽附近向安陸前進。

重慶著眼持久消耗，軍令部根據自身判斷擬定了《第五戰區作戰指導方案》，強調「戰區以消耗敵人戰力之目的，對由鍾祥向北突進之敵，先予以嚴重打擊，務求保持漢水以東地區。如狀況萬不得已時，則以一部留置大洪、桐柏兩山脈，牽制敵人主力，轉進南陽及襄、樊西北迄南漳、保康一帶地區，阻敵深入，屏障西安、漢中，並掩護江防軍之左翼。」要領方面「以湯恩伯、覃連芳二部，由棗陽以北山地，協同張自忠側擊向西北進之敵，狀況不得已時，主力轉移於南陽及棗、樊以西，至老河口迄南漳、保康間山地，確保通西安、漢中各要道，並以機動作戰，隨時予敵以打擊；大洪、桐柏山游擊部隊應斷敵交通，襲擊向襄樊突進之敵側後，方使其陷於困難；鄂東游擊部隊與進出於漢宜路各部隊，仍積極與桐柏、大洪山游擊隊相呼應，向敵側後不斷襲擊；孫連仲集團主力集中新野、鄧縣間，一部留置南陽，策應第五戰區之作戰。」鑒於李宗仁與第一線部隊通訊聯絡尚未恢復，蔣介石責成西安行營主任程潛代行指揮第五戰區各部。13日，第一戰區司令長官衛立煌致電重慶指出：「目前孫、湯兩部務須確實協同，庶可挽回戰局，否則步驟一亂，恐被敵各個擊破。擬懇飭湯集團一部留天河口市、新城方面出擊隨棗公路西犯之敵，主力北移與劉、孫兩部接近，俾利爾後作戰。」衛司令長官的建議得到了重慶和西安方面的認同，程潛稍晚即電令衛立煌、孫連仲、張自忠、湯恩伯、劉汝明等：「唐河迤南之上屯鎮、張店鎮、郭灘鎮、澗河鎮、祁儀鎮等各地，共有敵步兵約二萬餘；孫仿魯部應即由南陽、唐河地區向南攻擊，左翼與湯集團軍確取聯繫；湯集團軍應與孫仿魯部確取聯絡，向西南方向攻擊；張藎臣部以主力向棗陽附近地區攻擊前進，與湯、孫兩部協力夾攻唐河迤南地區之敵，其餘即向鍾祥附近攻擊牽制；劉汝明部主力拒止由信陽西進之敵，力予截擊，駐西新集附近部隊，應協力湯軍向西攻擊；第94軍一部應速向京鍾路前進，策應各部；電到後應即刻開始攻擊。」

經過十多天較量，日軍反轉與中國軍隊反擊的一幕拉開了帷幕。孫連仲電令第30師「應以全力痛擊當面敵人，阻其向西、向北進犯，俾我軍有餘裕時間集中。」張華棠注意到了「全力」二字，當即部署第89團主力和第88團一部渡河，夜襲唐河城垣，同時又令第90團配合截擊。14日3時，各部開始向日軍

第30師師長張華棠

張華棠（1900年～1993年）天津渤海人，原係馮玉祥部隊第1騎兵師師長，1930年率領部隊駐在江蘇窯灣，在窯灣3年，他對窯灣作出了很大的貢獻，建造學堂、普及文化教育，對窮人孩子免費讀書，大力推廣植樹、鋪路、修橋。農忙季節帶領部隊替老百姓收莊稼，教育官兵不許吃老百姓的飯、拿老百姓的東西，遵守地方風土民情，對部隊紀律非常嚴明，他經常到村裡關心老百姓，噓寒問暖，解決老百姓困難。1948年到臺灣。1950年退伍，在瑞芳商業學校任教，擔任地理、歷史和武術教師。1993年病逝於臺灣，享年93歲。

攻擊。黎明時分，第88團攻克西關，第90團攻克北關，第88團第3營勇猛衝入城內，與敵展開巷戰。張華棠師長後來回憶說：「敵在夢中驚起，倉促應戰，被我四面圍攻，短兵相接，敵人馬傷亡慘重。其漏網之敵，分由東南兩門潰退，沿途又被我第90團予以痛擊，其幸而逃出者，均被我地方團隊零星截擊，不可以數計。敵當時情形之慘，為抗戰以來所僅見。翌晨清掃戰場，其城內外所遺留之敵屍、馬匹、武器，豈止以數千計，所謂屍橫遍野，血流成河，一時田禾為之染紅，自然景象為之變色。」或許張華棠的言辭有所誇張，但第30師於8時許收復唐河縣城乃是不爭事實。軍委會為此特發新輕機槍60挺以資鼓勵。第2集團軍收復唐河後，留第30師在唐河附近，主力集結南陽，此後沒有大的動作，第五戰區以「唐河、新野縣境無敵蹤」，也未要求孫連仲南下追敵。由於日軍已反轉，第31集團軍亦取消了推進鄧縣，向西南方向攻擊的計劃。

右集團軍方面，張自忠15日移駐茅草洲附近指揮所。第33集團軍河東部隊分向馬家集、板橋店、長壽店、新街一帶游擊，取得了不同程度的戰績。第55軍第29師第169團16日將馬家集以西橋樑破壞，在公路兩側埋伏，適有日軍汽車70餘輛、步兵300餘人經過，伏兵即向敵突然襲擊，日軍向東北高地退卻，輜重全失，遺屍40多具。第77軍第37師第217團19日先後兩次在耗子崗、火石衝、石廟一帶與日軍發生激戰，以傷亡300餘人的代價殲敵近千，最後在三面包圍中殺出血路，向堎口轉移。第67軍20日再度進攻舊口，許紹宗軍長事先密令第162師集結各部，利用夜色採用火攻，第161師以一團兵力，於南新集阻擊鍾祥敵軍南下增援。佘念慈師長奉命後，積極準備迫擊砲、汽油、煤油、信號彈、手槍、大刀、斧頭等攻城器具，23時，舊口再度響起川軍勇士的喊殺聲。翌日0時30分，第968團迫近城垣，用刀斧將障礙物破壞，一舉突入市街東北一角，日軍利

用巷口牆垣節節抵抗，第968團官兵點燃街房兩處，期待火勢蔓延火燒鬼子兵。可是偏在這個節骨眼上，老天突然風雨交作，火勢瞬間被雨水澆滅。忠勇將士不甘失敗，第967團第1營冒雨猛攻山西會館，第968團第4連附重機槍2排助攻，向何家巷、玉皇閣對敵夾擊。無奈大雨到3時還未停止，道路一片泥濘，給進攻帶來意想不到的困難。為避免天明後遭敵密集殺傷，佘念慈師長快快下令各部撤至舊口附近各要點，待命整理。

劉汝明部抗擊由信陽西進之敵，實屬賣力。13日拂曉，佔領桐柏的日軍第3師團步兵第34聯隊一部繞向五里嘴襲擊，另一部憑藉砲火掩護向我正面猛攻，第119師根據節節抵抗的原則，轉至馬莊與敵對峙。正午，劉汝明向李金田傳達了層峰要求第68軍「力予截擊」日軍的電令，李師長為側擊西犯之敵，恢復金橋一帶陣地，調整部署如下：軍官隊19時推進至棗樹林，側擊月河店、淮河店往來日軍，並設法佔領月河店；第713團19時推進羅店、納莊一帶，攻擊金橋、月河店之敵，相機佔領金橋；第714團第1營午後即推進至運糧台附近策應作戰。14日黎明，奮戰一夜的軍官隊和第713團，終於擊潰日軍，佔領月河店、金橋兩處預定目標。10時，鬼子復又糾合1000餘人，分向馬莊、劉莊北側進攻，第714團在王河隘道、十里鋪東北高地集中機槍猛射，粉碎了日軍最後的攻勢。

劉汝明得報後，充分肯定第119師的頑強表現，令李金田注意搜索敵情，並應乘敵潰退跟蹤追擊，以期盡殲殘敵。15日，十里鋪、西新集、唐河等地的日軍紛紛後撤，李金田果斷命令騎兵兩班向桐柏威力搜索，第713團以一個營襲佔淮河店，主力直取桐柏縣城。16日拂曉，第713團未經大的戰鬥收復桐柏，淮河店之敵雖有野砲9門、戰車3輛，但也無心戀戰，稍一接觸便收兵東撤。第119師翌日追擊到達順河店一帶，日軍出動大批飛機掩護部隊撤退，李金田以任務達成，令各部分駐小林店、淮河店、金橋、月河店、桐柏、曲山堂、明益、吳家灣等地，恢復戰前態勢。

成敗之鑑

1939年5月12日，岡村寧次命令各部折回，並「從大洪山東北地區消滅彷徨中的敵人雜牌軍。」

防守大洪山的第39軍位於左集團軍最右翼，李品仙於5月8日電令劉和鼎：「掩護第84軍轉移後，即在大洪山一帶施行游擊；並先以主力協同第45軍，向西與第33集團軍夾擊北上之敵。」9日，劉和鼎把軍部轉移尚家店附近，決心以長崗店為核心，逐次向外發展，牽制日軍。為此令「第34師以主力佔領朱家集、茅茨畈、王家店、九華砦、黃草山之內圍線，一部佔領宋家牙子、張家

第39軍軍長劉和鼎

劉和鼎（1894～1969），字波鳴，安徽合肥長臨河劉家嘴村人，1916年保定陸軍軍官學校第3期步兵科畢業。1925年任安徽陸軍第2混成旅參謀長。次年該旅歸附北伐軍，所部被編為獨立第5師，1927年該師擴編為暫編第11軍，劉升為軍參謀長。1929年1月任第56師副師長，5月初升任師長。1933年12月升任第39軍長。抗戰時期，參加了淞滬抗戰，1938年4月劉部開赴河南擔任滎澤到中牟之間的守備任務；6月初，劉部奉命炸開花園口大堤，以阻止日軍進攻。1939年劉和鼎升任第11集團軍副總司令，1942年調任第21集團軍副總司令。1945年，在國民黨六大上，當選為國民黨中央監察委員會委員。內戰爆發後，劉任第8綏靖區副司令。次年3月退役。1949年攜全家去臺灣。曾任光復設計研究委員會委員兼台中區軍事組召集人。1969年4月7日，在台中病逝。

集、雙河、馬鞍山、環潭等外圍據點；第56師主力佔領新集、尚家店、三里崗、狼頭砦之內圍線，一部佔領安居、均川店、柳林店、劉店、六房嘴等外圍據點。」10日，第39軍初戰告捷，第34師先後收復長崗店、朱家集；第56師擊潰由古城畈、劉店北犯日軍，進而又將尚家店附近秦家門之敵百餘人圍殲。13日9時，李宗仁電令劉和鼎：「速向唐縣鎮、棗陽間攻擊，以牽制敵之西進。」此時，日軍第13師團已經放棄棗陽回犯大洪山，先頭3000餘人正逼近青潭、環潭附近，第3師團一部則由均川方向西來。第39軍不得不從「攻敵」改為「迎敵」，15日，日軍先頭進至茅茨畈西北雞鳴寺、草棚崗，第34師第204團在阻敵中傷亡慘重，第5連全連殉國，只得退守茅茨畈以南洪山河、馬鞍山一帶。16日拂曉，日軍繼續攻擊同興砦、魁峰山兩據點，第56師第335團堅守陣地，不斷

向正面日軍逆襲，第336團則阻擊迂迴魁峰山之敵於新集、尚家集，戰鬥十分激烈。翌日1時，日軍200餘猛攻馬鞍山，至10時增加到500餘人，第34師第199團抵擋不住，轉移樓子灣、太平橋東北預備陣地。第56師第335團防守同興砦更為慘烈，日軍連續發起衝鋒，該團第1連與陣地共存亡，全連犧牲，被迫後撤朱家集、鮑家集以南之線。12時，李宗仁電令劉和鼎：「唐河受挫之敵，已經南撤，據報襄、樊以東張家集、峪山之敵，亦向東南撤去，其一部在長壽店一帶，與我第33集團軍對戰中；該軍應隨時搜索敵軍主力動向，如敵增加兵力向我大洪山部隊壓迫時，務宜避實擊虛，並勿堅守一點，以免為敵包圍擊破，所得敵情隨時電報。」19日，均川西犯日軍突破新集，劉和鼎遵照李宗仁指示，命所部化整為零，以團為游擊單位，利用山地脫離敵人。

日軍第33聯隊聯隊長山田喜藏

　　山田喜藏，日軍陸軍少將。出生於日本佐賀縣，卒於中國湖北隨縣、棗陽地區。1913年畢業於日本陸軍士官學校第二十五期步兵科，被授予步兵下士官軍銜。1920年入陸軍大學學習。1937年晉升為步兵大佐。1938年任第16師團步兵第30旅團第33聯隊聯隊長。擔負高邑、彰德、濮陽、臨清地區的警備作戰任務。1938年3月24日，山田喜藏聯隊在尉氏西面地區被殲滅一部。9月3日，在方家集地區進行助攻中，山田喜藏聯隊在樟柏嶺遭中國軍隊宋希濂部3個師的兵力阻擊。9月9日，山田喜藏聯隊攻佔商城後向大別山突進。9月15日，山田喜藏聯隊被派作師團先遣隊，向沙窩以南地區突進。20日，在向沙窩南面大別山山脈攻擊時，與中國軍隊激戰膠著。25日中國軍隊另一部側擊山田喜藏聯隊，截斷商城至沙窩的補給線，山田聯隊腹背受敵後突圍。

　　1939年5月1日，襄東會戰開始後，第11軍對中國軍隊第31集團軍實施包圍。山田喜藏聯隊掩護軍主力在襄陽方面的側翼。5日，山田喜藏率部攻擊高城鎮受挫後，親帶敢死隊，向中國守軍衝擊，於11日晨突破高城鎮中國守軍陣地，進至青草山地區。12日，山田喜藏聯隊在回撤中奉命開道，在大洪山地區與中國地方部隊遭遇，山田喜藏被當場擊斃。生前曾獲金?三級勳章一枚。

　　日軍攻佔長崗店後，以一部封鎖三里崗、河口店至小阜街之線，主力企圖進一步向西壓迫圍殲第39軍，怎奈我軍已跳出合圍，安全到達大洪山以東地區集結。日軍戰史帶著遺憾的口氣說：「敵軍大部已向深廣的山地分散敗逃，所以未能收到預期的戰果。」其實，日軍不僅未取得預期戰果，反而損失甚重，第16師團步兵第30旅團第33聯隊聯隊長山田喜藏在大洪山丟了命。山田喜藏係日本佐賀縣人，1913年畢業於日本陸軍士官學校第二十五期步兵科，侵華戰爭爆發不久晉升為步兵大佐，1938年1月任第33聯隊聯隊長以來，參加了徐州、武漢、南昌歷次攻擊作戰。根據張子申、薛春德兩位先生編著的《走向神

社的哀歌》一書，第33聯隊於5月12日反轉至大洪山地區時，突與中國軍隊地方部隊遭遇，因我方佔領著有利地形，先機開火，山田喜藏被當場擊斃。至於中國軍隊地方部隊究竟指哪一部，包括國防部史政編譯局1966年出版的《抗日戰史——隨棗會戰》在內都未能說清楚，不過有一點可以肯定，山田喜藏死後被追贈陸軍少將。值得一提的是，《抗日戰史——隨棗會戰》一書還記載擊斃日軍第3師團砲兵第3聯隊聯隊長宮地靜，據查，宮地靜實際是獨立山砲第3聯隊的聯隊副官，軍銜為少佐。

　　第39軍在大洪山北側長崗店一線苦戰4天後，隨棗會戰亦落下了帷幕。至5月23日，第五戰區先後收復新野、唐

河、棗陽、桐柏等地，日軍除佔領隨縣縣城一隅外，其餘均退回原駐防地區，雙方大體恢復到戰前態勢。24日7時，李宗仁調整部署：右集團軍應以第29集團軍及第33集團軍之一部任河防；第33集團軍主力控置於快活鋪、樂鄉關間；第55軍控置於荊門各附近地區；左集團軍應以第22集團軍主力守備宜城、襄陽一帶河防，一部推進襄陽以東上下王家、方家集、黃龍檔等要點，向南搜索；第84軍主力推進於張家集、雙溝，向唐河西岸，一部推進棗陽以東地區；左集團軍總司令部推進樊城；戰區司令長官部即向老河口推進。

隨棗會戰前後歷時20多日，《抗日戰史——隨棗會戰》一書所刊附表顯示，日軍傷亡總計21450人，中國軍隊傷亡28037人，比例為1比1.3。《右集團軍各部隊襄河東岸戰鬥詳報》記載：「據搜集各方情報及據各部報告，敵傷亡約4000餘人。各部繳獲戰利品，計軍馬74匹，大衣百餘件，皮靴、刺刀、鋼盔、步（手）槍等共二、三百件。第38師傷亡官兵202人，生死不明24人；第180師傷亡官兵1863人，生死不明2189人；騎9師傷亡官兵88人，生死不明168人；第37師傷亡官兵574人，生死不明280人；第132師傷亡官兵216人，生死不明27人；第45軍傷亡官兵1024人；第67軍傷亡官兵304人；第55軍傷亡官兵143人，生死不明14人。」1939年11月，何應欽在國民黨第五屆六中全會作軍事報告「總計

■隨棗戰役中，日軍死傷慘重。

此役斃敵達13000以上」。王鴻韶後來則在《抗戰四年來的本戰區》一文中稱日軍傷亡約在24000人以上。日本防衛廳戰史室編著的《中國事變陸軍作戰史》提到：「在這次戰役期間，交戰的敵軍在30個師左右，其中約20個師受到大的打擊，敵被迫放棄了漢水以東地區。這次作戰的戰果是：敵遺棄屍體約15000具，俘虜約1600名，繳獲火砲約15門、機槍約140挺。我方戰死約650名，負傷約1800名。」也就是說，日軍承認的傷亡數僅是中國軍隊統計的十分之一強些。

與相持階段首次大規模戰役——南昌會戰相比，隨棗會戰的結局多少令中國軍隊感到欣慰，既沒有丟失中等城市，也沒有陣亡高級將領，又能基本收復失地，恢復到戰前態勢。如果將之比作中日間的一場足球賽事，結果中國隊0比1小負日本隊，從兩隊實力來看，這樣的比分我們完全可以接受。縱觀此役，中國軍隊方面確有許多可圈可點之處。第五戰區參戰部隊大都能在尚未完成整補、兵員裝備缺額較大的情況下奮勇作戰，實屬不易。第一戰區與第五戰區協作良好，第2集團軍第68軍有效鞏固兩戰區的結合部，切實掩護了第五戰區左側背的安全和主力部隊的轉移，貢獻不小。第31集團軍在與日軍第3師團的較量中，敢打敢拼有目共睹，無愧為敵人眼中的「中國軍隊中堅」。張自忠將軍作為戰區右集團軍總司令，在戰局不利

的情況下，冒敵渡河督戰，不失為「抗戰軍人楷模」。李宗仁對右翼兵團高度評價：「貴部於襄河以東地區親率所屬與敵血戰，拼命犧牲，苦撐兩週之久，予敵以重大打擊，已奠定抗戰必勝之基礎，且達消耗之目的，並抱犧牲至最後一兵一彈為止，尤為壯烈感佩。」

儘管第五戰區對外宣稱「我軍以粉碎敵企圖，並誘敵深入於棗陽附近之盆地，舉行反包圍，一舉而殲滅之為目的，先行消耗戰，削弱敵力，再行離心轉進，俾形成有利之反包圍態勢，四方八面夾擊而殲滅之。」但這畢竟只是戰時宣傳，鼓舞士氣、民心不可缺少的一種手段，並不足以說明隨棗會戰是一場痛快淋漓的大勝仗。李宗仁對此是深有認識的，他於5月22日將會戰經過電陳蔣介石，並在電報中承認：「此次鍾祥方面在戰前雖曾顧慮敵之突入，計劃以第45軍集結茅茨畈附近地區，準備策應張集團之作戰。然以第127師俟第13軍交防後轉移較遲，臨時以襄陽第124師向宜城增援，又未得力，而張集團於前次鍾祥戰後，實力已減，致未能拒止敵之北進深入。」最後還謙虛地說：「惟我部署未周，致敵得逞，除各部獎懲另電呈察外，擬請予職以處分，以資惕勉。」28日，蔣介石覆電李宗仁：「此次隨棗之役，暴敵豕突北進，狡焉思逞。吾兄指揮若定，動合機宜，終予敵以意外莫大之打擊，使其狼狽退竄。正念賢勞，

所請處分一節，應毋庸議，仍望為國珍重，爭取最後勝利為盼。」

不過，李宗仁先生晚年在口述回憶錄時態度是迥然不同的，他以嚴厲的口氣責向湯恩伯：「敵我在隨縣大洪山一帶激戰經旬，大小二十餘戰，我方正面始終未能突破。此時湯恩伯軍團如接受我的命令，自桐柏山側面出擊，必可將敵人包圍，獲致與台兒莊相埒。無奈湯恩伯一意保存實力，不願配合友軍作

殲滅戰，故當敵軍向襄花公路正面突擊時，其掩護右側面的少數部隊曾與湯部接觸，而湯部竟全軍迅速北撤，退往豫西舞陽一帶。正面我軍因無友軍自側面接應，無法與敵長期消耗，遂失隨縣我方如不是湯恩伯不遵軍令，敵方機械化部隊，在襄花公路上，說不定就永無東歸之日呢！」和李宗仁相反，與湯恩伯交手多次的岡村寧次這樣評價對手：「我任第11軍司令官時，曾與湯恩伯兩

■第五戰區高級將領合影。（從左到右）吳仲直（第五戰區司令長官部參謀處少將處長），高永年，劉汝明（第2集團軍副總司令兼第68軍軍長），王鴻韶（第五戰區長官部參謀長），郭懺（長江上游江防司令部總司令），湯恩伯（第31集團軍總司令），孫連仲（第五戰區副司令長官兼第2集團軍總司令），李宗仁（第五戰區司令長官），張自忠（第33集團軍總司令），黃琪翔（第11集團軍總司令），韋永成（第五戰區司令長官部政治部主任）。

次交鋒，再綜合其他情報來看，他是蔣介石麾下最驍勇善戰的將領。襄東會戰時，我第11軍曾猛攻敵正面的一角，湯恩伯則親率主力向這一角反擊，並乘隙使我主力陷入重圍，受到殲滅性打擊。」憑心而論，李宗仁對湯恩伯的批評有失公允，這使筆者想到台兒莊戰役，李宗仁以同樣的口氣指責湯恩伯「在戰役關鍵時刻逡巡不進，貽誤戰機」。而事實上可以說，當時若沒有湯軍團在台兒莊側背的運動戰，便不可能有台兒莊的勝利。湯軍團的運動戰，是抗戰初期實施戰略戰術的成功範例。

軍令部後來曾在一份關於隨棗會戰的總結報告中指出五點感想：（一）長期消耗戰，須長期控制第二線兵團，以準備次期作戰，並控制有力預備隊，掩護退路，以免陷入殲滅戰之態勢。（二）一個戰場之部隊，須統一指揮，其企圖及指導方針、指導要領，尤須一貫。反之，如高級企圖為持久，而次級企圖為決戰，則方針及指導要領、兵力部署等，互相乖違錯亂，必遭慘敗。（三）敵情判斷不可全憑主觀，不可先入為主，應努力搜索，應細密注意。（四）敵人凡稍大規模之正面攻擊，一貫採用殲滅戰方式。（五）兵力部署，對於次要方面，須使用必要最小限兵力之意義，極為重要。蓋次要方面如不過多過少，則主要方面之兵力，自然決定矣。

《抗日戰史——隨棗會戰》在檢討中國軍隊缺點時倒也直言不諱：「敵主力向襄河東岸亙大洪山向中央突破，該地我軍建制紊亂，未能作整然戰鬥，予敵以有力之抵抗；復未能積極行動，迅速集結襄河右岸各師於鍾祥方面，與左集團軍之預備兵團夾擊沿河北進之敵，以瓦解敵之攻勢，遂為敵所乘，各個擊破。第二線兵團非有力之建制部隊，有名無實。長壽店及其附近陣地被敵突破後，第180師即行轉移，其他各部亦未能即行阻截，只注意後退作戰，未能實施逆襲、側擊、伏擊、奇襲等戰法，以拘束敵軍行動，爭取主動，使左翼兵團獲得反擊之餘裕時間，獲得戰果。第五戰區長官部與第11、第31、第33等集團軍及其所屬各部隊間之通信連絡，自5月9日至12日完全斷絕。故敵自13日至15日之從容退卻，我全屬隔膜，致敵能從容脫離戰場，逸失戰機。」

以上皆可謂中肯之言。

悲壯慘烈的龍衢戰役

　　1944年6月，在浙江省龍游至衢州一帶發生了一場極其悲壯、極其慘烈的對日作戰，史稱「龍衢戰役」。龍衢戰役是豫中會戰、長衡會戰、桂柳會戰的一部分，雖然它與這三次會戰在地理位置上都有一定距離；但是，在時間和空間上卻都是日軍「一號作戰」的一部分；有力地牽制了日軍對湘桂戰場的調 和增援，國軍為此付出了慘痛的代價，做出了巨大的犧牲。

日軍「一號作戰」

　　1943年2月7日，日軍被迫從南太平洋的 達爾卡納爾島撤退之後，戰局即相繼對日軍呈現出極為不利的狀態。

　　日軍參謀本部作戰部長真田穰一郎少將與作戰課長服部卓四郎大佐，預計

美軍在太平洋繼續發展攻勢之後，東南亞至日本的海上交通將被切斷。因此打通大陸交通線，使陸上的鐵路、公路運輸，從馬來亞、泰國、越南經中國至朝鮮的釜山，就成為在陸上作長期堅守的重要環節。

這一作戰，日軍原來的目的為：第一：打通與確保大陸交通線，以利於在東亞大陸作長期的堅守；擊潰中國軍隊的主力，以免美軍在中國沿海的珠江口、長江三角洲、海州灣、山東半島登陸時，遭到戰略上的東西夾擊。第二：摧毀中國西南地區用以襲擊日本本土的空軍基地；利用攻佔地區的空軍基地，

掩護南中國海的海上交通；堅定日本國民決戰到底的信心；獲得交通沿線地區的持種資源，尤其是湘、贛兩省的鎢礦、鉛礦。

日軍參謀本部及中國派遣軍，對上述第一和第二項，尤為重視。日軍參謀本部提出的這個作戰設想，卻遭到日本陸軍省軍事課西浦進大佐的反對。其理由是：這一作戰將消耗很大的軍事力量。這會給太平洋戰爭帶來嚴重的後果，因而軍事課在1月間研究這一問題後，向當時的內閣總理兼陸軍大臣東條英機，陳述了他們的意見，其中歷述根據日本的國力，特別是船舶徵集和飛機

■來華助戰的美國飛行員和轟炸機。

生產方面的困難等等，今後對軍事力量的使用，必須保持重點。

自1942年美國陸航增強力量之後，於11月25日派出轟炸機由中國江西省的遂川起飛，轟炸臺灣新竹機場；1943年美國生產的戰略轟炸機B-29，已裝備美國陸航。東條根據以上情況，綜合兩方面的意見，最後限定這次作戰的目的為：摧毀中、美空軍在中國西南地區的基地。上奏天皇後，1944年1月24日，日軍大本營向中國派遣軍下達了「一號作戰」命令，即：

（一）作戰目的，在於摧毀中國西南地區的主要空軍基地。

（二）對湘桂、粵漢及平漢鐵路南段和沿線要地的攻擊、佔領，由中國派遣軍總司令官組織實拖。

（三）南方軍總司令官對中國派遣軍這一作戰，予以協助。

（四）本作戰的有關具體事項，由參謀總長指示。

根據這一命令，日軍參謀本部以參謀總長指示的名義，向中國派遣軍下達了如下的「一號作戰綱要」。

第一、作戰目的

擊潰中國軍隊，佔領和確保平漢鐵路南段與湘桂、粵漢鐵路及其沿線要地，摧毀中國主要空軍基地，以制止其活。

第二、作戰方針

（一）中國派遣軍從昭和十九年（即1944年）的晚春由華北、夏季由武漢及廣東地區，相繼開始此一進攻作戰。擊潰中國軍隊，首先佔領黃河以南的平漢鐵路。其次是佔領與確保湘桂、粵漢兩鐵路及沿線要地。在作戰中根據平漢、粵漢鐵路情況，應及時予以修復。

（二）為策應中國派遣軍這一作戰，南方軍應對緬甸、印度支那發 局部攻勢。

第三、作戰指導大綱

甲、平漢路南段作戰：

（一）昭和十九年4月間，華北方面軍從華北開始行，擊潰第一戰區部隊的主力，佔領和確保黃河以南的平漢鐵路及沿線地區。主要作戰時間，預定約為1個半月。

（二）作戰使用的兵力，預定為：華北方面軍第12軍4個師團，第5航空軍一部（第5航空軍正式編成為2月10日，此時仍為第3飛行師團）。

乙、湘桂作戰：

（一）昭和十九年之6月間，第11軍從武漢地區，第23軍於7、8月間在廣東地區開始行。主要是擊潰中央軍第九、第六戰區的主力，攻佔至桂林、柳州附近，然後對湘桂、粵漢鐵路沿線地區的殘敵，進行掃蕩，並予以佔領。主要作

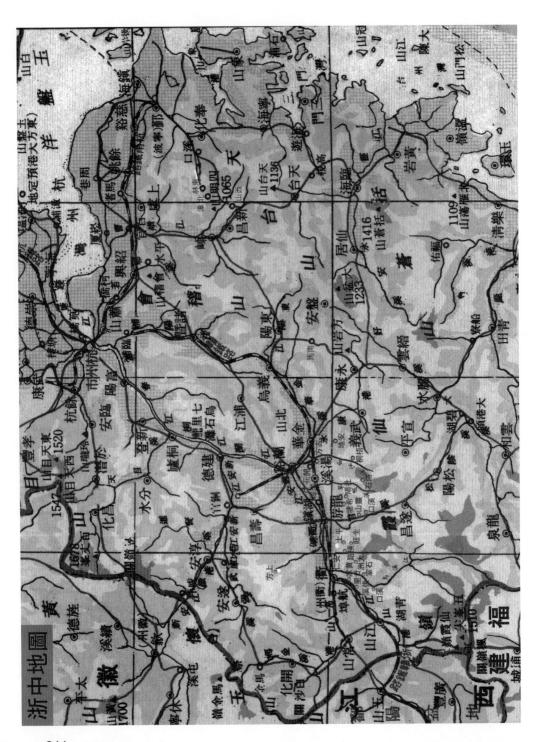

浙中地圖

戰時間，預定約為5個月。

（二）上述攻擊、佔領任務達成後，應急速攻佔廣東的南雄及江西的遂川，並徹底破壞在該地區的機場群。

（三）如情況許可，在昭和二十年（即1945年）的1、2月間，由第23軍從南寧附近發起進攻，最後佔領與確保桂林至越南的鐵路、公路及沿線地區。

（四）第5航空軍在第11軍發起進攻時，首先用全力對中、美空軍實施殲滅作戰以便在作戰初期取得制空權。以後則根據敵空軍活 情況，適時予以打擊。在地面的作戰重要時節，要予以直接協同、配合。

（五）作戰使用的兵力，預定為：第11軍7至8個師團，中國派遣軍直轄的1到2個師團，第5航空軍2個飛行團。

丙、南方軍的策應作戰：

（一）為策應中國派遣軍的進攻，南方軍的一部在雲南怒江地區發 進攻，以進行牽制。

（二）中國派遣軍在航空作戰的高潮期，南方軍的第3航空軍一部（至少1個飛行團），要對其進行密切協同、配合。

第四、後勤供應

（一）本作戰給中國派遣軍增補的主要物資為：地面彈藥，4個師團會戰份；航空彈藥，2個飛行團的月用份；汽車用油4000萬公升、航空用油1000萬公升。

（二）以上物資，大部於3月至5月逐次運達，其屯集比率為：華中六、華南一。

（三）隨著作戰位置前移，兵站輸送應盡量利用水路。

第五、其他

（一）為一號作戰，預定增加之兵力。見附表。（略）

（二）作戰名稱，全部為：一號作戰。前期稱平漢作戰，後期稱湘桂作戰。

1944年春以後，日軍發 了大規模的豫湘桂戰役，中國軍隊進行了頑強抗擊，史稱豫中會戰、長衡會戰、桂柳會戰。詳細情況多有記述，本文不再描寫。

戰前敵我雙方態勢

在計劃打通大陸交通線的作戰時，中國派遣軍原曾考慮將司令部駐於上海的下村定中將的第13軍（1944年3月22日由永津佐比重中將接任）也用於湘、桂地區的作戰指揮，後因從 、滬、杭三角地區與蘇、浙、皖三省治安方面需要的考慮，所以沒有 用，屆時則由該軍派出一個師團，由浙江的金華向西沿鐵路攻向衢州，牽制國軍顧祝同第三戰區的部

日軍作戰序列

第13軍 司令官 永津佐比重 中將，參謀長 　佐佐真之助 少將

　第70師團 師團長 內田孝行 中將，參謀長 中川俊二 大佐

　　第62旅團 旅團長 橫山武彥 少將，原田久男 少將（繼任）

　　　獨立步兵第121大隊 大隊長 大野博雄 大佐

　　　獨立步兵第122大隊 大隊長 板倉埈雄 大佐

　　　獨立步兵第123大隊 大隊長 山口靖 　大佐

　　　獨立步兵第124大隊 大隊長 瀨尾浩 　中佐

　　　獨立步兵第104大隊 大隊長 野村慧 　中佐（原屬第61旅團）

　　　獨立步兵第105大隊 大隊長 山口憲三 大佐（原屬第61旅團）

　　　獨立步兵第50大隊 大隊長 林茂一郎 大佐（原屬駐蘇州的第60師團第56旅團）

　　　獨立步兵第112大隊 大隊長 西垣正溫 少佐（原屬駐蘇州的第60師團第56旅團）

　　師團工兵隊 隊長 日下康久 少佐

　　師團輜重隊 隊長 下川涉 　少佐

　　師團通信隊 隊長 西川理助 少佐

　　第60師團工兵隊 隊長 原岡逸郎 大尉

　　獨立山砲兵52大隊 第1中隊

　　第4野戰補充隊 集成大隊

隊，不能向湖南調 ，以策應橫山勇的第11軍在湘、桂地區作戰；另將該軍所屬駐浙江金華的平田正判中將第22師團經海上調至廣州，歸第23軍田中久一中將指揮，參加進攻桂林、柳州；將駐於揚州的船引正之中將的第64師團（原隸屬第20軍）調往湖南，歸橫山勇的第11軍指揮。

一、日軍進攻部隊的編成

日軍第13軍以駐杭州的內田孝行中將第70師團，擔任從金華向西進攻的任務。該師團的司令部於6月1日晚間到達金華。其估計國軍第三戰區在金華至龍游鐵路兩側的部隊，約有2個師。第1線佔據著白沙溪、第2線佔據著湯溪、第3線佔據著龍游附近地區。日軍第70師團這次進攻的計劃為：以主力從金華向西沿鐵路攻向衢州，另以一部在鐵路以南約30公里，向西推進，以策應和掩護主力沿鐵路兩側進攻，佔領衢州後，根據湖南的作戰情況（即橫山勇的第11軍）適時返回金華。

日軍第70師團從金華進攻至衢州，深入國軍第三戰區的防守地域約80公里。該師團預計此次作戰可能遇到強烈的抵抗，而且進至衢州後兵力已相當分散，後方將有遭到攻擊的危險，因此，

中國軍隊主要參戰部隊序列

第25集團軍 總司令 李 覺，副總司令 劉多荃、張文清，參謀長 鄭再新

第49軍 軍長 王鐵漢 中將，副軍長 王克俊 少將、應鴻綸 少將

第26師 師長 曹天戈 少將，副師長 李佛態 上校

第76團 團長 李佛態 上校（兼）

第77團 團長 楊傑臣 上校

第78團 團長 于玉富 上校

第105師 師長 劉漢玉 少將

第313團 團長 魏恩 上校

第314團 團長 安毓書 上校

第315團 團長 李大成 上校

預5師 師長 王和華 少將

第13團 團長 胡式武 上校

第14團 團長 袁九鵬 上校

第15團 團長 朱選峰 上校

第23集團軍 總司令 唐式遵，副總司令 陶廣、陳萬仞、c 毅，參謀長 阮永祺

第21軍 軍長 劉雨卿 中將，副軍長 岳星明 少將、孟浩然 少將

第145師 師長 孟浩然 少將（兼）

第433團 團長 文學槐 上校

第434團 團長 羅心量 上校

第435團 團長 劉 一 上校

第146師 師長 戴傳薪 少將，副師長 馬國榮 上校

第436團 團長 駱周能 上校

第437團 團長 郭 英 上校

第438團 團長 馬國榮 上校（兼）

第147師 師長 傅秉勳 少將

第439團 團長 唐少梧 上校

第440團 團長 陳維之 上校

第441團 團長 商世昌 上校

第32集團軍 總司令 李默庵，副總司令 陳沛、郭勳祺、竺鳴濤，參謀長 曹耀祖

第88軍 軍長 劉嘉樹 中將，副軍長 柏輝章 少將

第79師 師長 段霖茂 少將

第235團 團長 曹樹炳 上校

第236團 團長 李乃庚 上校

第237團 團長 文 禮 上校

暫33師 師長 周淘漉 少將

第1團 團長 黃士韓 上校

第2團 團長 諶輝 上校

第3團 團長 鍾學棟 上校

突擊總隊 司令 李默庵 中將（兼），副司令 胡琪三 少將，參謀長 羅覺元 少將

第1突擊隊 司令 周淘漉 少將，副司令 胡旭盱 少將

第2突擊隊 司令 魏人鑒 少將，副司令 李 昊 少將

在作戰前即確定前進至衢州一線之後即不再前進。

當時該師團並不滿員，其輕火器、重火器都屬一般。即每個步兵中隊約130至150人，大隊有1個重機槍中隊，計有重機槍4挺、山砲1至2門、步兵砲2至3門。

該師團於6月9日作了進攻的部署：

（一）由橫山武彥少將指揮的獨立步兵第121、第122、第123、第104（該

大隊後期被調至該戰場）共4個大隊，由金華的西南地區，沿鐵路兩側攻向衢州；以獨立步兵第112、第124大隊在金華西南約15公里的安地市集結，然後向西攻擊，經周村、塔石、溪口（龍游正南約20公里）、大洲至烏溪江，迂迴至衢州城的以南地區，策應主力沿鐵路攻佔衢州。

（二）航空兵第44戰隊直協機1架，由下斗米厚大尉駕駛，協同作戰。

（三）6月10日拂曉，主力渡過白沙溪（白龍橋南北一帶）開始作戰。

二、中國軍隊參戰部隊情況

1944年6月初，蘭谿、金華、湯溪方面日軍頻繁調，西犯企圖明顯，當時沿這一帶鐵路佈防的是第三戰區王鐵漢第49軍所屬曹天戈的第26師，守備蘭谿、龍游、湯溪一線，與在金華、蘭谿之敵對峙，第105師在衢州附近整訓，預備第5師在江山附近整訓，軍部駐江山縣城。為防止當面之敵全線突擊，保衛龍衢、遲滯敵人西竄，第26師奉命就地配置警戒、視敵人態。在鐵路以南地區是配屬李覺第25集團軍直轄的段霖茂第79師。在衢州鐵路以北地區為劉雨卿第21軍的第145師和第146師。這些部隊利用在鐵路兩側地區的丘陵和山地預築的工事，進行層層抵抗。

此外，還有李默庵的第32集團軍第88軍暫33師和突擊總隊也參加了龍衢戰役，關於突擊總隊需要介紹一下：

1942年9月，李默庵繼上官雲相接任第32集團軍總司令，負責浙東防務。總司令部設在麗水碧湖鎮的採桑，參謀長初為湯堯，後由曹耀祖、羅覺元繼任。當時第32集團軍總部僅轄第88軍1個正規軍，軍長劉嘉樹，所屬各師分駐浙東、浙南各戰略要點。李默庵帶來2個突擊隊，每個突擊隊有5個加強營，亦稱突擊營，還有警衛部隊1個特務營。

李默庵率部進駐浙東時，把第1突擊隊從江西靖安調到浙東，所屬各營分駐仙居、磐安、天台、嵊縣一帶；第2突擊隊在湖南祁陽整編後，調到浙江麗水，拱衛集團軍總部的外圍，作為機 部隊；西南幹訓班也從祁陽移到麗水碧湖對江的南山、松坑口，繼續招收一批知識青年，訓練通訊、工兵等技術兵種，成立通訊工兵連，並為編組第3突擊隊訓練骨幹力量。

當時，突擊隊是屬於西南幹訓班編練的，它是1941年中英軍事合作的產物。英軍代表團副團長先後由英方詹森、傅瑞澤、駱克睦上校充任，偕藍士德、喬治少校等，隨同李默庵來浙抗日。傅瑞澤死在仙居，曾建墓立碑。英軍代表團部分成員擔任西南幹訓班教官或顧問。第1突擊隊還有英軍少校郭洛賽率領的十多名英軍組成的爆炸小分隊，參加浙江抗戰。

第1突擊隊司令周淘漉，副司令胡

旭旰，代號為「唱凱」；第2突擊隊司令魏人鑒，代號為「歌凱」。司令相當於師長。1943年，在第1、第2突擊隊之上成立突擊總隊司令部，相當於軍編制，李默庵兼總隊司令，胡琪三為副司令。1944年擴編了第3突擊隊，司令劉建修。

龍衢戰役經過

金（華）衢（州）龍（游）蘭（谿）之交，為浙江（即錢塘江）上游心臟，原野相錯，雞犬相聞，沒有高山大河為之防，沒有關梁險隘為之塞，北臨衢江（錢塘江上游稱衢江），不能涉渡，南為丘陵山地，之間是平坦開闊地帶。是所謂進可以戰，而退不可以守的地方。1942年的浙贛戰役後，日軍放棄衢（州）龍（游）而退據金（華）蘭（谿）就是這個原因。1944年6月，日軍再侵衢州，威懾閩贛。

5月30日，大雨。駐防龍游、蘭谿一帶的第49軍第26師發現當面之敵近日逐漸增加，並不斷以小部向守軍陣地擾襲，判斷敵人是在搜索我方行。同時情報獲悉：杭州敵人增兵3千餘，企圖不明。此時接到第49軍軍部「軍辰 戢」電令：「立即與第105師交防，移駐江山整訓。」全師立即整裝待發，令第76團第1營於本日開赴衢州機場，接替第105師第315團第1營的警備任務。其餘各部須於31日準備完畢，做好交接，各部笨重行李船運江山。

5月31日，第105師剛剛到達龍游地區就被命令調回。換以第79師接替，第79師到達靈山卻不再前來交接，集結在靈山、鎮山、圩頭附近。

6月1日2000時，日軍第70師團師團長內田孝行中將與師團司令部進入金華。

6月2日，日軍獨立步兵第50大隊由東陽（金華以東50公里）出發，向南馬市（東陽以南約16公里）挺進，以隱蔽企圖並欺騙我軍。

6月5日，日軍從杭州調兵3000餘人，砲7、8門，到達金華。先遣部隊，東路由金華趨永康，永康城陷落失守。同時南路日軍由武義趨宣平，有竄松陽、麗水的可能，北路從蘭谿跨江有浮樑3座，或北進淳安，或西襲龍衢，我軍不能判斷敵軍指向。石門附近日軍陣地，連日加強工事，並破壞陣地前的橋樑。

6月8日，東南兩路日軍皆退，北路因水漲，3座浮樑減為1座。東路日軍退到金華，南路日軍退集於蘭谿，日軍兵力實增數倍。傍晚，日軍各以部分兵力佔領白龍橋（金華西南偏西10公里）、酒杯山（白龍橋西南5公里）附近的白沙溪右岸地區，於主力的渡河點偽裝欺騙我軍，以掩護敵主力渡河。

6月9日，日軍將要進攻的消息盛傳。下午，當局集議應變及疏散計劃。

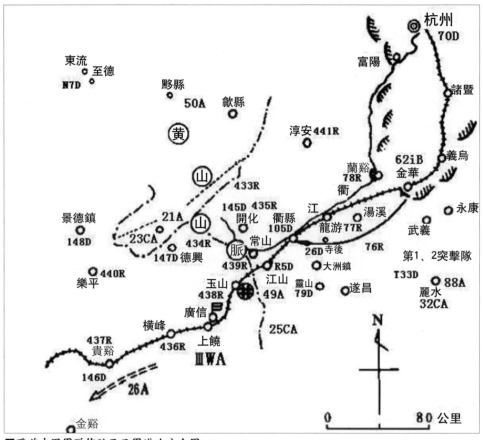

■戰前中國軍隊佈防及日軍進攻方向圖。

日軍獨立步兵第112大隊（西垣部隊）從安地市（金華以南12公里）出發，1800時進入中央坦（金華西南偏南約22公里），然後向龍游一帶進犯。傍晚，獨立步兵第124大隊（瀨尾部隊）在大家圩（中央坦西南15公里）附近，驅逐我軍小股部隊後，渡過白沙溪。獨立步兵第105大隊的2個中隊（吉川部隊）推進到梧桐村（中央坦以東偏東南4公里）。

6月10日拂曉，日軍按計劃開始進攻，自古方沿正路西上，以部分兵力（獨立步兵第121大隊）從白龍橋以南地區，主力（司令部及獨立步兵第122、123大隊的基幹）從白龍橋以北地區，用折疊船開始渡河。老姓人心惶惶，扶攜老弱，相繼向南北山中奔走逃難。日軍第62旅團的第122大隊，在前進至白沙溪以西約4公里時，遭到守軍第26師的抵抗。戰鬥開始，敵大隊長板倉埴雄即命令部隊展開，其右側的獨立第123大隊也同時向前推進。獨立步兵第124大隊排除我軍的抵抗後，向塔石推進。

　　0600時，這批日軍攻擊前進至白龍橋以西約7公里的開花鎮東北高地王家山一帶時，守軍第26師第77團第1營以這一帶修築的工事進行抵抗。日軍這2個大隊集中火砲，對守軍的各火力點進行了近距離的直接瞄準射擊，結果不少火力點遭到 鎖和破壞，日軍又進行兩側迂迴，第1營難以抗阻，後撤至湯溪車站東北部的預設陣地。

　　下午，到達守軍陣地前的日軍2個大隊，仍以同樣的作戰方法，用火砲直接瞄準摧毀和 鎖火力點。同時空中的下斗米厚大尉的直協機投下了大量的小型殺傷子母彈。在鐵路以南進行策應的第105大隊的第2中隊，到達了湯溪以南的附近

地區，佔領了這一帶的高地，對湯溪進行夾擊，第26師第77團第1營傍晚又從湯溪後撤至龍游莘畈溪西岸。第26師令第76團（欠1個營，該營從戰役開始即失去聯繫）集結於希塘附近機 ，令第78團以1個營由洋埠星夜南開，在下新宅南北之線展開，歸李佛態副師長指揮，協同第77團戰鬥，令師直屬隊嚴密警戒，尤其防範敵偽漢奸。

　　6月11日，第13軍司令官永津佐比重到達了金華的軍指揮所。令第70師團修補被挖斷的道路，尋找在附近的守軍作戰，並作進攻衢州的準備。日軍即以4個獨立步兵大隊沿鐵路兩側西驅石亙，南面以遠方平行的2個大隊策應及空中1

■掩護地面部隊進攻龍游、衢州的日軍飛機。

架直協機的配合下，於當天下午佔領了湖鎮。當日中午，下斗米厚大尉經空中偵察，發現第26師在龍游及以南地區利用山地加緊構築工事，橫山武彥根據空中的報告，即率第121、第122、第123大隊和師團調給的預備隊第105大隊為右翼（北側）強攻龍游以南、社陽港以西的獅子山守軍陣地。戰鬥相當激烈，日軍一舉攻佔獅子山東側高地前方的無名高地。此時，敵第62旅團旅團長橫山武彥陸軍少將（後追陸軍中將）趾高氣揚，正居高臨下指揮戰鬥，被我軍發現，曹天戈師長和李佛態副師長立即下令，由副營長宋啟文組織數挺重機槍集中火力向其猛烈射擊。橫山武彥少將身中數彈當即斃命。我南路軍拒戰於草鞋嶺、尚論崗等處，並擬以衢州東北郊叢塚為鏖戰陣地，分兵防於浮石潭北御史墳。是日，衢州專署保安隊全部撤離。

6月12日晨，這批日軍攻佔了龍游，溪口也相繼失守。當日，率領部隊修路的獨立步兵第124大隊大隊長瀨尾浩中佐，突然被守軍包圍並將其擊傷。至14日這個大隊仍被守軍包圍、攻擊中，直至西垣正溫率第112大隊前來救援後，才得以解圍。

6月13日，第79師守衛的靈山也陷於敵手。日軍佔領了龍游、溪口後，第32集團軍第88軍暫33師和第2突擊隊奉命馳援，而後第1突擊隊也參加了戰鬥。第1突擊隊第2、第3兩個營由章村兼程趨天台，前衛抵東嶺時，得報新昌西山之敵130餘人和偽軍一部正過嵊縣北漳向東林前進。我突擊隊在東林伏擊，將日偽軍圍殲，我軍收復溪口（奉化）。

6月14日凌晨，日軍步兵約5000餘，

橫山武彥旅團長

橫山武彥，日本廣島縣人。1913年5月26日畢業於日本陸軍士官學校第25期步兵科。「九一八」事變後，隨部赴中國東北，在關東軍中供職。1937年升中佐。1938年7月20日任獨立步兵第2大隊大隊長。1939年3月9日升大佐，同年6月30日日本大本營為加強華中派遣軍，編成第39師團（師團長村上啟作），8月1日橫山武彥被任命為第39師團第231聯隊聯隊長，進入長江中游地區。1940年5月在湖北宜城南店一帶率部與張自忠將軍作戰。1941年1月23日，橫山武彥被提拔為獨立混成第18旅團旅團長，駐湖北當陽城附近傳家坡，與何基澧將軍所部對峙作戰時受傷，誤傳被擊斃。1941年3月1日任東部軍軍附，被派往日本東京大學任特務機關長，專事對學生進行軍國主義教育。1943年8月2日升少將，任中國派遣軍第13軍第70師團第62旅團旅團長，再次赴中國華東進行侵略作戰。1944年6月11日在浙江省龍游地區作戰中被中國軍隊擊斃。死後，追晉陸軍中將。

砲7、8門集結於全旺鎮以東地區；龍游方面，也有敵步騎兵500餘，在平山橋集結。0600時過後許，日軍開始全線進攻，飛機也輪番出，步兵企圖在其砲、空協同轟擊掩護下，瘋狂猛撲，一舉奪取我方陣地。我南路第26師首當其衝，全線官兵沉著反擊，在我熾盛火力交織下，敵死傷累累，寸步難進。敵惱羞成怒，繼續硬拼，一波才退，一波又上。我軍官兵深入敵陣，展開肉搏戰，日軍死200餘人，我軍傷亡也以 計。這一整天，在敵我雙方反覆較量中，砲火、槍聲之激烈，戰況之緊張，達到了驚人的高峰。衢州先賢徐映璞老前輩在《甲申衢州抗戰記》結尾一段中寫道：「南路二十六師鏖戰之烈，為浙東諸役所僅見，若人盡如此，掃淨倭寇，收復失土，可也！」。第26師師長曹天戈巡視陣地時，對副師長李佛態、團長于丕富等說：「為民族尊嚴，為第26師榮譽爭口氣，今天我們大家只能咬緊牙關，支撐下去了！」直到黃昏，第49軍軍部前進指揮所發現右翼東南側出現敵騎，似有敵後續部隊增援模樣，為增強衢州防禦，命令第26師趁即晚夜暗分頭向衢州東郊烏溪橋及其向南延伸的黃家之線後撤。第79師傍南山撤，第105師傍衢江撤。敵另一隊作為右翼，跨過龍北、平政浮樑，沿江北岸虎頭山，護帆船 餘艘，運輜重西上。

6月15日大雨，凌晨，突然發覺敵人緊逼跟踵而到，行進速度遠出意外，似有蓄意報復昨天一戰之恨的企圖，乘我立足未穩，突破我中央，分割席捲我右翼師部。第26師一部與敵激戰於橫路、賀邵溪諸丘陵地，敵不支退卻，我佔據山底葉、橫路，主力集結於野鴨壟、橫路後，對敵攻擊。第21軍第145師奉命由衢州以西的開化馳援，限令在敵軍到達前先期趕到，佈好防務，確保衢州。第145師奉命後，立即出發，死守潭石山，扼江路之衝，敵舟不得進。

6月16日，我南路軍第32集團軍第2突擊隊東進，攻擊於草鞋嶺以東至全旺之線，砲聲徹夜不息，第79師以一部佔領虎山、大栗山、橫路廟之線，主力集結於大洲鎮附近，對敵攻擊。第26師以第76團為右攻擊隊，由夜貓山向東攻擊全旺鎮，爾後進出毛家，並與右翼第79師切取聯絡。第26師第78團為左攻擊隊，以主力由下路頭向南攻擊全旺鎮，協同第76團聚殲該敵，一部攻擊平土村。爾後向呂家方向挺進，我軍收復靈山。我第79師及第26師，佔領里舍、松家山、山底葉、南山之線，向敵反攻。同時，第2突擊隊由里舍向長路崗、全旺鎮之敵夾擊，旋全旺鎮被我攻佔，斃敵千餘人，並繼續向長路崗進迫。正在此時，從戰役開始就失去聯絡的第76團第2營營長何駿武突然出現在第26師師長曹天戈的面前，他囁嚅而支吾其詞地打算說明事由。曹天戈立即搖著手說：「甭

開口啦。如果今天我思想上不是清算了軍對師這筆總帳，全師官兵非要你腦袋不可，現在撤除你的職務，姑且留下你一條老命，準備去管理農場過活吧」。

按日軍第13軍14日2100時的命令，第70師團應在16日從龍游出發，務必在5天內攻佔衢州。但在這期間，我軍的抵抗強度逐漸增大，並在日軍剛佔領的後方進行襲擾。日軍第13軍從金華調2個中隊至龍游，以加強該地的守備，將第70師團留守在杭州的獨立步兵第104大隊也調至金華，此外又將從開 剛開抵上海、準備經海運去菲律賓的本鄉義夫中將的第62師團中抽出4個中隊調至杭州。

當內田的第70師團先頭部隊越過石室鎮、到達烏溪江東岸時，我第三戰區開始在該師團的後方進行反擊。以一部扣守於烏溪江兩岸，進行防禦阻止敵軍西進，另以主力在其後方的大洲一帶，將該師團的一部進行包圍、攻擊。此時，我軍主力，除第26師、第79師、暫33師、第145師之外，又增加了第146師。

6月17日，日軍傾力猛攻大洲一帶，我軍暫33師移師阻擊敵正面，第2突擊隊配合該師進攻日軍的兩側，並繞至其後方，向佔據全旺之敵猛攻。日軍增兵向南路猛襲，到達全旺以北各村落，邵家、岩頭、尹家均槍砲密集。其另一隊向北侵犯安仁街，日軍舟師亦西進至龍興殿。敵南我北，隔江對峙。我第145師陣地，為日軍砲火所中，傷亡20餘人，邊向西北退蓮花鎮，繼又退雲溪。敵舟上溯盈川潭，據北岸山險搭柵欄守望，為犄角之勢。

■進攻衢州的中路日軍設在上山溪附近的砲兵指揮所。

6月18日，激戰於烏溪江兩岸。第105師入衢州城，嚴令居民遷避，挨門驅逐，不得逗留，城中惟兵丁而已。午刻敵竄毛家、清水橋，余家山等處，第79師依山砲轟，第26師且戰且退，迄潘家壟、西伯壟、鬧橋以東而止。第49軍調整部署，第79師佔領仰天坪、後馬龍、學堂埠地區，第26師主力確保衢州城郊要點，一部在塘塢附近集結整理，第105師第313團位置於寺前附近保持機。

6月19日清晨，日軍突進石室鎮，第26師退響谷岩，隔東跡江砲轟甚烈。第105師在機場附近，第79師在黃壇，突擊隊在濟源，成三面包圍之勢，激戰至下午1500時，日軍復不支，東走30里，避屯上下山溪一帶。時盈川之敵，竄高家西進，北路第145師，由雲溪撤至楊家溪邊及上下園，沿江居民，遷避一空，守軍亦不能駐足。

6月20日黎明，日軍續到騎兵400餘，步兵民伕1000多人，沿公路越樟潭站，直達沙埠，欲強渡松毛潭、崇文灘，竄上葉、孔家、官碓等處。第105師主力進抵嶺背底、祝家山、古塘之線，與廣窯、子午山之敵對峙。暫33師集中兵力藉缸窯、寺前等丘陵地作戰，將敵包圍於衢州以南，火網甚密，砲聲達旦。北路敵軍由楊家溪邊，退蔣家灘。

曹天戈師長

曹天戈（1901～1995）。字宣麾，號寒玉，浙江鎮海（今屬浙江寧波市）人。生於1901年（清光緒二十七年）。1922年畢業於上海英文高等專科學校。後曾任教師、翻譯。1925年2月入黃埔陸軍軍官學校第四期步科。畢業後參加北伐，歷任排、連、營長、團長、師參謀主任。1934年入陸軍大學第13期畢業。抗日戰爭爆發後歷任預備第3師團長、第25師參謀長、第三戰區幹訓團少將副教育長兼教育處長，1942年任第49軍第26師副師長，參加浙贛會戰，1943年12月任第49軍第26師師長，1945年6月28日授少將軍銜。抗戰勝利後，1946年任浙東師管區司令，1948年1月15日任總統府中將參軍，7月任第8軍副軍長，參加淮海戰役，1949年3月任第13編練司令部副司令，4月任第6編練司令部副司令，12月任第8兵團副司令官兼第8軍軍長，1950年1月23日滇南戰役中，在雲南元江被俘。1964年12月28日獲特赦。後任浙江省政協文史專員，1984年參加民革組織，擔任民革浙江省委副主委，浙江省政協常委兼文史資料委員會副主任，上海市黃埔軍校同學會副會長兼浙江組組長。1993年11月當選為全國黃埔軍校同學會理事，1995年4月在杭州逝世。著有《龍衢之役中的第二十六師》、《蔣軍殘部流竄雲南被殲經過》、《滇南戰役國軍第八兵團兵力簡況》等。

沿江之敵復由彰德埠上竄。敵第70師團因前面受阻,後面又被圍攻。乃將先頭部隊後撤,集中了部分力量進行防禦。

當日,第70師團第62旅團新任旅團長原田久男少將到任,對進攻衢州城進行部署:

(1)旅團攻擊重點,從衢州縣城東南攻向西北。

(2)以下3個大隊為直接攻城部隊,其攻擊位置為:獨立步兵第124大隊攻擊南門西側(衢江東岸);獨立步兵第121大隊攻擊南門;獨立步兵第123大隊攻擊南門東側地區,該大隊所攻擊的地段為突破重點。

(3)26日上午0440時開始攻城,南側之獨立步兵第124大隊,於25日晚間,即應攻佔城外的各村莊,以便向攻擊地段接近。

(4)為攀登城牆,各大隊應備足長梯,衢州城的南門爆破由工兵隊擔任。

(5)獨立步兵第122大隊於衢州城南之樟塘山,獨立步兵第50大隊於衢州以東地區,掩護攻城部隊。

經過連續數天的攻、防作戰,直至6月24日,第70師團將駐金華的獨立步兵第104大隊調至龍游,我軍的攻勢才開始減弱,並於當天主 後撤,退守衢州城。

第三戰區長官部決定以誘敵深入的「口袋戰術」,用一部分兵力死守衢州城,要求固守3天,把敵人主力吸引住,有意讓敵人包圍衢州;然後以第74軍(軍長施中誠)和第100軍(軍長李天霞)從衢州南面山地迂迴到龍游、湯溪一帶,斷其歸路;再以第49軍之第26師、第105師及第25集團軍直轄之第79師從江山方向,正面直攻敵人,將日軍壓迫於衢江南岸,一舉殲滅之。

第49軍軍長王鐵漢,副軍長王克俊、應鴻綸,根據戰區部署,決定以第26師第78團為主力防守衢州城外,其餘撤至江山休整待命。另配以第105師第315團的1個營、第26師工兵連的1個排,作為加強團來固守衢州城。預備第5師速即進出後溪街附近,準備向溪口(此溪口為衢州南面之溪口)、黃壇口之線增加,軍前進指揮所在後溪街。

6月21日,為舊曆五月丙辰朔(初一)夏至,大雨,第145師奉命以第435團(團長劉一)為城區防守部隊,負責保衛縣城及飛機場的絕對安全。劉團長親率第145師第435團第1營駐守衢州東南郊的飛機場,以副團長沈清源率餘部配合守城。第434團(團長羅心量)則堅守城南及子午山高地,與第435團構成犄角之勢,密切聯繫,互相援應。第433團(團長文學槐)為師預備隊,保持高度機 ,適時支援兩團的作戰。各團按時趕到指定位置,佔領陣地後,即積極著手構築工事和戰鬥準備的應急措施。我軍官兵及民眾的一致努力,盡全日及一個半夜的功夫,就構築好工事,基本上達到勉強可以使用的程度。

當日，砲聲益烈，東自烏溪橋，西迄十八里葉，首尾20餘里，敵南我北，互轟不絕，雙方均有死傷。城南廿里山底村，斃敵大佐1人，日軍退4里，哭聲大作，以為將東遁矣，不料反而攻勢益銳，向西北進抵鏗溪，折而北竄，作圍城狀。北路彰德敵舟，進孟家灣，步兵登黃甲山。我第145師第434團，退守石鼓山、香爐峰、航頭街等處。下午，樟潭日軍砲火向北狂轟，第145師第434團只得再向西撤。

6月22日，南郊鏖戰，自朝至暮。我北路第146師，渡江欲進城，旋過通和浮橋，駐守西側鹿鳴山；南路第26師第78團團長于丕富受命後，率領全團進駐衢州城，第78團第1、2營分別扼守城南兩門，第3營和團直屬部隊住城內靠西、北兩門，作預備隊。當日加緊構築野戰工事，至深夜始大體完成，準備次日加強工事，當晚無戰鬥。江面雞鳴塔以下，除敵舟外，交通斷絕；北路敵由黃甲山進踞白石山。第79師攻佔石寶街、學堂埠。

6月23日晨，接得樟樹潭警戒部隊的報告，得知有兵力不詳之敵現已通過安仁向我西進，先頭部隊已與我警戒部隊發生戰鬥，敵兵力不斷增加等情。南路上葉、官碓之敵，皆北趨五坪、田鋪，逼近南郊；鬧橋、沙埠之敵，續渡東跡江。正午，北路白石山之敵，由上窯襲排門山，進金家山，成一大包圍圈，惟城西一隅沒有合攏。

第105師師部接到報告後，即命令各團進入陣地，準備戰鬥。第105師以第315團的1個營，附平射砲及迫擊砲各2門守備衢州城；第313團為右地區隊，第314團為左地區隊，在右自黃壇口左至衢州城佔領陣地；兩地區隊應在大洲至樟樹潭線上派出警戒部隊；第315團（欠1個營）為預備隊，位置於廿里街迤南附近，師部在廿里街。各團就陣地前，即開始陣地構築。約兩天的時間已構成立射散兵壕的工事，在陣地前掃清了射界，並設置鹿砦等障礙物。

當日中午樟樹潭的警戒部隊撤回。日軍北起信安江、南至大洲以北之線向我陣地進攻，與第105師左地區隊發生戰鬥。直到夜間，敵無進展。惟大洲以南尚未發現敵情。

6月24日晨，大洲附近已發現敵情，我大洲的警戒部隊亦被迫撤回。至午與我第105師右地區隊發生戰鬥。於是日軍向我全線（除衢州城外）攻擊，被我拒止。

6月25日凌晨，日軍一部按計劃猛攻衢州。日軍先遣部隊約1個多大隊，搜索前進，目標直指第434團陣地。在相距不到2公里的地方，敵軍即行展開，用大砲猛烈轟擊，以掩護其步、騎兵攻擊前進，重點指向子午山高地。起初，我第434團不發一彈，待敵近至陣地前沿，完全處於我火力控制下時，乃全線出擊，

■日軍出動裝甲車配合步兵進攻衢州。

軍約400人踞之，向城射擊，守軍亦以機槍對峙。然後日軍開始對機場猛攻，另以飛機反覆低空掃射轟炸。我固守飛機場的第145師第435團約一個營的兵力在團長劉一親自指揮下，奮力反擊，大部分預先埋伏在機場昔年日軍所掘坑塹中，群起環攻，斃敵過半，先後共擊退敵人5次進攻，殺傷甚眾。我餘土為敵所利用，敵坑塹為我所利用，作戰之際，瞬息變，於此可見。當敵人第二次進攻機場時，劉團長就身中2彈，部屬見其傷勢

迎頭予以痛擊，並將擔任主攻的敵獨立步兵第123大隊大隊長山口靖大佐擊傷，山口靖即在擔架上繼續指揮攻城，但敵之攻勢頓挫，幾至不振。不甘心敗衄的日軍，繼續增兵，不斷猛烈進攻，我軍亦不斷奮勇還擊。始以火力接戰，繼以白刃交鋒，自晨及午，戰鬥激烈，敵幾次敗退，我陣地亦失而復得。戰至入暮，雙方困極猶鬥，已成膠著狀態。

上午1000時左右，日軍復增援東跡渡，由正面襲擊東門。東門外有築機場時餘土，堆積成山，高與城堵相埒，日

嚴重，都勸他到師部醫院接受治療，但他仍然堅持戰鬥，繼續指揮，決心死守陣地，與機場共存亡。敵最後一次進攻，增加了兵力，遂攻進機場。我官兵因傷亡大半，僅存不到1個連的力量，彈藥也將用盡，乃一齊裝上刺刀，以白刃迎敵，敵也改用短兵器砍殺。劉團長同士兵一起與敵人拚死搏鬥，奮勇廝殺。敵人認出他是指揮官，便將他包圍起來。在刀劈劍刺的圍攻中，他毫無懼色，視敵人如狼犬，奮力格鬥。在連續刺倒幾個敵兵後，他也身負重傷、遍體

洞穿、血流被體，最後被一日軍大佐刀劈要害，氣竭力盡倒入血泊中，大呼「殺敵」數聲而氣絕。劉團長的警衛員柴雲、團部軍械官劉劍鳴一同犧牲。戰鬥持續到入暮前，劉一團長陣亡、其餘官兵已犧牲殆盡之時，敵始佔領整個機場。犧牲將士無人收屍，劉一團長屍骨無存。

同時，日軍對我第105師的陣地攻擊也尤為激烈，均被我陣地守軍以工事的依據而拒止，毫無進展，敗退十里，至烏溪橋羅星水口，南路日軍看起來也少了很多。下午，砲聲疏落，第105師以為日軍不堪再戰矣。當日，為端午節。城中軍伍，屠宰豬羊，不敢宴於室內，列

方台數，置酒衢路相慶慰，自孔子家廟前，至南市街，群聚而飲啜者數千人，長達2里，初更後，皆醉飽困倦。

6月26日凌晨，衢州一帶被濃霧所籠罩，日軍即利用濃霧向前運，同時又集中砲火猛轟城東北角和古城大南門，在遭到連續爆破後，城東門被飛機大砲轟炸倒塌成一口，然後向我守備衢州城的第315團的1個營猛烈轟擊，敵步兵即從口衝進衢州城。獨立步兵第124大隊於0430時、主攻的獨立步兵第123大隊於0515時登上了城牆，並乘機突破守軍防地，突入城內，爾後即在城內向西北方向推進，分佈僻巷，鳴槍示威，紅綠信號，凌霄互起。我軍第105師第315團，

■中路日軍砲兵正準備向駐守樟樹潭的第26師陣地進行射擊。

■日軍飛機轟炸衢州。

知形勢不利,紛紛向西城移轉,不欲戰而退。

戰到午後,我方傷亡極大。城內我軍酒後應戰,不知敵所從來。由於城區多處被其轟垮,無險可據,我軍乃退守街道,繼續抵抗,與敵在城內進行巷戰。繼之由街道戰,轉為逐屋爭奪,寸土不讓。南郊之敵,亦砲聲大作,亟趨火車站,突入南新門,西南路敵,竄雙港口,奪取行商竹筏,浮江而下者數人,襲通廣門;第435團副團長沈清源雖負傷數處,猶堅持戰鬥,後因流血過多,為國獻身。官兵因失去指揮,也就各自為戰,而第433團又被敵阻,增援不上,經過一天的戰鬥,終以三面受敵包圍,彈藥無法補充,致傷亡慘重。守軍被迫至西門水亭附近撤出城外,向西北渡衢江時,因船隻不夠,大部只能泅渡。

起初北路第146師,欲由鹿鳴山入城,第105師不納,乃向西撤退,於是西北岸無接應者。城中守軍,紛奪西安、水亭兩門,奔走江濱,浮橋已斷。倉卒中,舟者、筏者、木板者、徒步而泅者,灘急水深,皆不得達北岸,順流下泛。日軍追至南岸,與北路金家山、雷峰塢日軍,各以機槍夾擊江面。日出後,敵機反覆低飛掃射,江中我官兵無倖免者,屍骸蔽江,水為之赤,在突圍中,整個第78團官兵,除少數倖存者外,均壯烈犧牲。殉難者有第78團團長于丕富,營長張雄虎、陳文等官兵約3000人,慘烈之極!真可謂「血戰江城赤,骨錚視死歸」,壯哉!烈哉!

第26師餘部轉進塘塢附近,衢州遂陷入敵手。

于團長作戰英勇,能與士兵共甘

劉一團長

劉一團長學名劉金貴，字子生，1904年生，成都南郊華陽縣白家場（又稱徐家牌坊）火燒橋人。舊制中學畢業後考入四川軍官學校，投筆從戎。1931年任劉文輝部第24軍某旅部副官長，1932年任第24軍某部營長，1934年任團長，後調至省政府（主席劉湘）任職，1935年任第21軍軍官學校教導總隊上校分隊長。1937年9月，川軍整編出川抗戰，任第23集團軍第21軍第145師第436旅第870團團長。1938年9月至1940年春，任第23集團軍第50軍第145師第435旅副旅長。1940年春，各師廢旅改3團制，任第50軍第145師上校師附。1941年秋任第21軍第145師第435團上校團長。1942年5月回川，在成都中央陸軍軍官學校軍官高等教育班學習；1943年10月畢業回第21軍第145師第435團仍任團長；1944年6月參加龍衢戰役壯烈犧牲。戰後開會追悼，國民政府軍事委員會追贈「少將團長」職銜，從優撫恤。

苦，深得士兵擁護。他是山東德州人，1909年生，1936年6月畢業於中央陸軍軍官學校第十期砲兵科，當時第26師師長劉雨卿從將官班畢業，帶了一批應屆畢業生十餘人來到第26師，其中就有于丕富，隨後參加了淞滬會戰、上高會戰、浙贛會戰，很快升為團長。他懷著抗日必勝的堅強信心，很樂觀，經常對士兵說：「日寇侵華不義，必遭失敗；且無路可歸，還要我們遠道送他回去。」

衢州陷後次日，北岸居民在江邊打撈浮屍，發現其中一具衣袋上的符號標誌，知是第26師第78團團長于丕富，衢州行政專員姜卿雲聞之，特為其築墳立碑。

當衢州失守之日，第49軍軍部呈送第三戰區長官部的戰報中，竟然將衢州陷落的責任歸罪於第26師于丕富團，幸經當時長官部參謀長溫鳴劍仗義執言，嚴正指出說：此次負責衢州城東門防守者是第105師第315團的1個營，而敵軍正是首先攻破東城而入的，諉罪於第26師于丕富團是無道理的。這才把第49軍軍部說得啞口無言，也才免除了于丕富團為保衛衢州而英勇犧牲的官兵一場含恨九泉、死難瞑目的不白之冤。

正午，日軍大隊入城，盤踞保安司令部、縣黨部等處，擄取物資。日軍船隻直達浮石潭載運，沿途張貼偽示，引誘人民入城，或於門巷粉書「請你不要逃」字樣，皆卑淺惡劣，沒有一人回應。我軍移陣西郊及走南北山中。

是役，第145師總計傷亡官兵約1900多人（包括輕傷不下陣地和重傷後堅持

再戰者在內），第434團第1營營長姚席豐及副營長朱松喬在反攻一開始，就身先士卒，奮勇殺敵，均身負重傷，幸賴第3連連長汪尊賢迅速率領士兵十數名從彈雨中把他們搶救出來，方免於難。此外，第2營營長張伯飛，作戰時傷及要害處，胸背洞穿，血流不止，也幸得團衛生隊有1個排配屬該營，得到該隊隊長楊益敏的及時搶救。他由昏迷中復蘇過來後，仍然要求再次上陣。其英勇豪邁，實可欽佩！第433團因擔任預備隊，故其傷亡較小。但在多次增援縣城及機場的激烈戰鬥中，亦傷亡300人以上。第105師亦傷亡1000餘人。

日軍攻佔衢州後，全線沉寂，無大

戰鬥，雙方對峙。因衢州城失陷，第105師左翼危急，第105師即命令第314團的左翼陣地稍行後撤，轉向衢州城方向，用火力鎖防敵出城。第105師預備隊第315團以1個營接近第314團左翼，向西延伸至江山港之線，佔領陣地，拒止衢城之敵南進。命令右地區隊（第313團）抽出1個營到廿里街，歸第315團李團長指揮。

第145師乃將第433團及第434團之一部後退配備在第二線上，佔領有利地勢；並派出1個營的兵力附重機槍1個連、迫擊砲2個排、工兵1個排前進到城區附近，進行搜索並阻擊敵人，使師部得有充裕時間作下一步的籌劃部署。

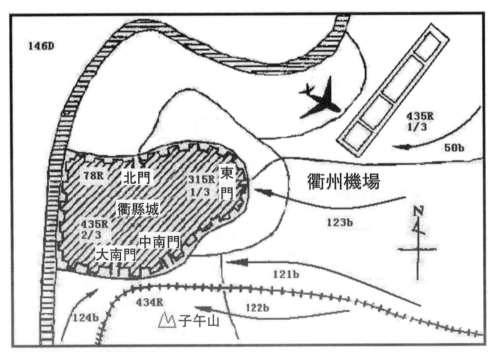

■衢州古城與衢州機場守衛圖。

第三戰區長官部、第23集團軍總部非常重視戰局的發展，派了多起參謀人員前來聯絡和督戰，有的還親自到第一線觀察。這對激發士氣、鼓舞鬥志起了很好的作用。當晚第145師兼師長孟浩然邀請了軍、總兩部派來的幾位高級參謀與本部參謀長李志熙、團長羅心量一道，共商對敵計策。主張採取「攻勢防禦」，以達到攻防兼顧，使部隊不致陷於完全被 作戰的境地，同時有迴旋餘裕，再尋求戰機，扭轉形勢，從不利轉為有利。

第145師師長孟浩然，行伍出身，以軍功累升至師長職位，他對於軍事，課堂的講習很少，戰場的經驗甚豐，判斷問題敏捷、果斷，頗為中肯，多次立功受獎，為上級所重視。在龍衢戰役中，於6月20日升任第21軍副軍長。

6月27日，日軍又在飛機、大砲掩護下，向我陣地全線大舉進攻，均被我陣地守軍阻止。只有小部分陣地被突破，馬上由各地區預備隊填補，構成局部的凹形陣地，繼續對戰。日軍復增200餘騎，由江北岸抵航頭街，及西郊河上埝、排門山、雞鳴山等處，亦增搭數十棚，為前進及駐守狀，其實則為加強南北外圍防衛線。

6月28日，敵仍繼續向我陣地猛烈進攻，想利用昨天的突破點擴張戰果。第1突擊隊仍在衢州外圍奮戰，奪回石室街，肅清烏溪江東岸之敵。利用夜間對已突破的地方作了堅強準備，集中火力設施，使敵擴張戰果無效，全線形勢漸趨穩定。

衢州失陷後，我軍預備第5師在溪口、後溪街一線佔領第二陣地，第三戰區司令長官顧祝同又調第25集團軍李覺和第10集團軍王敬久各一部到達衢州外圍。

6月29日，我第26師推進到石塘背、

■衢州古城大南門。

■于玉富（1909～1944）
山東德州城東邊臨鎮于家
莊人，1933年7月15日入
中央陸軍軍官學校第十期
砲兵隊學習，1936年6月
畢業，隨劉雨卿師長到第
26師任職，參加了淞滬
會戰、上高會戰、浙贛會
戰，1944年6月參加龍衢
戰役壯烈犧牲，時任第49
軍第26師第78團上校團
長。

萬川陳、和尚
壟一帶，向衢
州以南雙江口
進攻，第145
師貓頭山、呂
塘底、楊家、
墩頭陣地，交
由第79師接替
後，協力全線
反攻。日軍第
70師團從金華
攻擊至衢州，
已孤軍深入約
80公里，傷亡
既大，補給也
難。其新佔領
的後方極度不
穩，防守兵力
不足，更懼於
我三面大軍增
援，不敢久

。且所策應的橫山勇第11軍已於6月18日
攻佔了長沙。因此，第13軍於6月29日命
令該師團開始撤退，返回金華原駐地。
戰至1200時，日軍開始向東敗退。1800
時，敵撤出衢州。南北兩路同時撤退，
每一處退盡，則放火燒屋，故沿江、沿
路房屋之被焚毀者頗多。我軍克復衢州
縣城。

6月30日午後，衢境無敵蹤，惟龍游
尚有千餘敵人。南路靈山、北路潭石等

處，亦未退盡。我北路第145師、第146
師、第147師，南路突擊隊，踵敵東進，
民庶亦還其所居。時衢州縣長梁濟康，
正徵派民伕，負荷箱篋，遠走上方。傍
晚，專署由南鄉先遣回城。

7月1日，日軍第70師團退到了金
華。原在金華的第13軍永津佐比重的指
揮所於當日撤銷。

7月2日，我第49軍第26師協同第79
師、第2突擊隊，分兩路追擊，乘勢收復
龍游。

7月3日，我第49軍第26師、第2突
擊隊，進抵湯溪以東地區，日軍退守金
華。戰役基本結束，逐漸恢復戰前態
勢，我各機關次第回衢。

龍衢戰役點評

此時，日軍在太平洋、南亞和中
國戰場已呈頹勢，而且正集中重兵於湖
南，以圖打通大陸交通線，僅出 第70師
團第62旅團全部，第61旅團、第60師團
第56旅團各一部，約20000餘人、飛機數
架。而第三戰區有第23、25、32集團軍
所屬的7個軍（第26軍支援湘桂戰場未算
在內）另一個突擊總隊，實際主要參戰
部隊為第三戰區第49軍第26師、第105師
及預備第5師，計16000餘人，另有第79
師、第145師及第32集團軍暫33師、2個
突擊隊，約20000餘人，亦先後歸第49軍
指揮。部隊訓練較有基礎，裝備也不算

■日軍進入衢州市區進行搶掠。

太差，對敵軍僅1、2個旅團的兵力，理
應予以狠狠打擊，但從6月9日至7月3日
共計25天的作戰情況看，第三戰區及第
49軍的作戰行 並不理想。最關鍵的問題
在於：高層指揮決策不力、調 不靈、情
報遲滯、準備不足、倉促應戰。

　　第26師原是川軍第20軍楊森、郭汝
棟的部隊，後來劃歸到原東北軍系統的
第49軍，與第49軍起家的第105師一直不
睦，浙贛戰役後與第105師輪流防守龍
游、蘭谿一帶，從1944年1月起，駐守近
半年，已是疲憊之師，理應換防。大戰
在即，軍部派第105師前來接防，剛一

到達，就被調回，可見高層已經掌握新
的敵情。改派第79師前來，剛到靈山，
停滯不前，因為日軍兵分兩路，南路已
到。第26師不得不重新進入陣地，倉促
應戰。以一疲憊之師倉促之間抵抗強
敵，豈能不亂。

　　第二階段，本打算以部分軍隊正面
抵抗、誘敵深入，其他部隊外圍策應，
調 大部分軍隊進行合圍。由於正面抵
抗部隊之間派系紛爭，配合不力，互相
推諉（突出表現在第26師與第105師之
間），部分部隊裝備窳劣，供應不足，
乏後勤保障， 乏民眾的支援，正面抵抗
部隊損失慘重。

　　衢州城原為第105師防守，決戰之時
僅留第315團1個營，而配以第26師第78
團和第145師第435團、第434團防守，其
他部隊調至二線，明顯是排斥異己、保
存實力，造成彼此之間不相配合、各自
為戰、競相推諉。被日軍分別擊破，造
成慘敗。

■1944年6月27日，攻陷衢州的日軍部隊。

因連日大雨，道路泥濘，增援部隊及重武器未能按時到達指定地點，主力部隊沒有形成合圍，未能達到預期目的——將日軍第70師團圍殲，竟讓這股敵人倉惶逃逸。可見對敵情報掌握不靈，對敵企圖、 機分析不夠，對敵 向不能做出快速反應。

但是，從總體上看，這場戰役確實起到了對日軍的牽制作用，日方承認被擊斃了日軍第62旅團旅團長橫山武彥陸軍少將（後追 陸軍中將）和1名大佐以下共77人（內有軍官6人）、擊傷555人（內有軍官25人），馬匹死37匹、傷20匹。阻止了日軍第70師團的進攻，牽制了第62師團、第22師團、第21師團各一部約2萬多、騎兵千餘，有效地策應了豫湘桂作戰。自此以後，日軍始有戒心，不敢輕於嘗試矣。保障河山，勝利信心，於是建立。

這次戰役，將士用命、不怕犧牲、英勇奮戰、屢敗屢戰，做出了巨大貢獻。衢州先賢徐映璞稱「南路第26師鏖戰之烈，為浙東諸役所僅見！乃聞長其師者，傳以消耗兵力獲咎，豈不異哉！」我軍傷亡慘重，犧牲團長2名，副團長1名，傷亡營、連長以下官兵5600餘人，失蹤700餘人。被日軍焚燒、毀壞、劫掠物資以 萬計。我軍在這次作戰中損耗的武器，計有：迫擊砲25門，彈藥328發；重機槍33挺，彈藥14278發；輕機槍98挺，步槍913枝，彈藥214965發；擲彈筒14個，手榴彈2145枚，各種彈藥消耗餘萬發。

戰役結束後，我軍於7月間在浙江淳安、江西廣豐召開了追悼大會，對犧牲的將士進行追悼，國民政府軍事委員會追贈劉一「少將團長」職銜從優撫恤。第21軍副軍長、原第145師師長孟浩然特擬輓聯：他鄉揮客淚淒風苦雨吊忠魂，何處覓君頭野草花間埋俠骨。當地民眾亦在衢州城內修建了于（丕富）公祠，以誌紀念。先賢徐映璞作日記體紀實《甲申衢州抗戰記》，為龍衢戰役留下了珍貴的第一手資料。

孟浩然

　　孟浩然（1896～1950），名正光，字青雲，四川梁山人。第三戰區將校團、中訓團將官班畢業，長期在川軍任職，曾任第3混成旅旅長，1926年任川軍第13師第1旅旅長，1928年6月任川鄂邊防軍第4旅旅長，後任國民革命軍第21軍第4師第2旅旅長，1936年2月27日授少將軍銜。抗戰爆發後任第21軍第145師第435旅旅長，出川參加抗戰，1939年11月任第50軍第145師師長，1942年參加浙贛會戰，1944年6月20日任第21軍副軍長，抗戰勝利後退役，1947年1月7日授中將軍銜，1948年任大竹、渠縣、梁山、墊江、長壽清剿指揮部副指揮官，1949年11月任國防部挺進軍副總指揮兼第3縱隊司令，12月12日在四川渠縣投共。1950年入歌樂山高級軍官班學習後，回家病故。

怒吼

國軍砲兵第10團及德造「三十二倍十五榴」抗戰點滴

13世紀後期，火藥和造砲技術從最早發明火砲的中國經阿拉伯傳入歐洲。

1840年，英國的堅船利砲打開了閉關自守五千年的中華古老大門。20世紀30年代，南京國民政府所掌握的幾家兵工廠中，除了上海和漢陽分別能月產6門和2門火砲外，其餘一般都只能量產迫擊砲。奉系控制的瀋陽兵工廠，雖具仿造日式150mm重榴砲的能力，但在「九一八事變」後，為日寇所佔據。為了應付日益加劇的民族危機，當時的國民政府展開了一系列國防建設，其中一項即是在德國顧問建議之下，向萊茵金屬廠訂購24門32倍徑150mm重榴砲。八年抗戰期間，裝備現代化重榴砲的砲兵第10團，承擔起了繁重的作戰任務，先後轉戰淞滬、台兒莊、豫東、武漢、潼關、崑崙關、宜昌、桂林、滇西等地。這響徹大

江南北的砲聲，是東方醒獅的吶喊，更是中華民族的怒吼！

備戰購砲

榴彈砲是一種身管較短、彈道比較彎曲、適合於打擊隱蔽目標和地面目標的野戰砲。早期中國砲兵部隊裝備的重榴砲以日式為主，主要有日本「38式」150mm重榴砲、日本「4年式」150mm重榴砲。日造「38式」是日本大阪兵工廠於1905年德國克魯伯廠授權生產的重榴彈砲，砲長1800mm，重768公斤，射程5900公尺，需要6馬挽曳。日造「4年式」是大阪兵工廠於1915年根據「38式」改良的，砲長2190mm，在運動途中，砲身和砲架必須分離，各用6馬挽曳，使用「92式」尖銳榴彈的話，射程可達到9600公尺。1920年直皖戰爭，張作霖繳獲西北邊防軍（兼總司令徐樹錚）1個營「38式」野砲和1個營「38式」重榴砲，以此建立了東北軍砲兵部隊的基礎。瀋陽兵工廠分別在1926年和1930年根據日造「38式」、「4年式」仿造出遼造「民14年式」、遼造「民19年式」150mm重榴砲，與日本製造相比，性能倒也相差無幾。

國民政府在黃埔建軍後，獲得了部分蘇俄提供的76.2mm口徑山砲，當時的砲兵營連長陳誠曾在東征中立下汗馬功勞。1927年，張學良東北易幟，南京政府形式上統一中國，但其掌握的幾家兵工廠，皆無製造重榴砲的能力，因此，中央軍擁有的重榴砲數量十分稀少。到了1930年中原大戰，中央軍砲兵總共才有150mm重榴砲12門，當時編組成2個砲兵集團，投入討伐閻錫山、馮玉祥等人的戰鬥中。在津浦路對晉軍的戰場上，砲兵第2集團約有40門各類火砲，其中重榴砲只有區區6門，為教導第1師重砲營長董慎率領的日造重榴砲4門、奉造重榴砲2門。砲兵後來在總結經驗教訓時指出：「我砲兵挽馬、駄馬過少，體質薄弱，調教不良，每遇天雨及道路不良運動，因之遲滯，影響作戰，實非淺鮮；我砲兵應備牽引車及載重汽車隊，以便砲之轉運及彈藥之補充迅速；中

■ 國軍操作日本「4年式」150mm重榴砲，覆蓋有偽裝網，整個砲組都坐在偽裝網下待命。照片拍攝的年代不明。

央軍砲兵，僅有『十五生』（150mm）的野戰重砲12門及少數『七生五』（75mm）野戰砲以及其它之山砲、迫擊砲而已，一旦有事，疆場與鄰國兵戎相見，以最劣勢砲兵與最優勢敵砲相角逐，何能收戰勝之功，國軍似宜添練各種野戰砲兵及『十五生』口徑以上之攻守城砲，無事則集中訓練，以收統一之功，有事分屬各軍或分置各要地，並設砲兵專門學校，造就專門人才，以為改良砲兵之基礎。」

1931年冬，中央砲兵學校在南京三牌樓成立，第一期學員學習半年後，遷往丁家橋。1935年，第四期學員隊遷南京城東湯山。新校址佔地寬廣，校舍建築頗為宏大，有著富麗堂皇的門面和辦公大樓，營房為兩層建築。據說當時只有法國楓丹白露陸軍砲兵學校可與之

媲美。此外，砲校還有佔地近40平方里的射擊場，場內道路四通八達，不僅可以試砲，還能在進行戰術演習時就地射擊。場地設置有3個觀測塔和30個射擊觀測重掩體。砲校成立後，國民政府為改變砲兵部隊砲種不一的混亂狀況，開始著手進行整建新式砲兵的工作。1932年，在德國顧問建議下，向瑞典卜福斯軍火廠（德國克魯伯軍火公司的子公司）訂購「卜福斯」山砲一批，當年就有48門運到，裝備了2個新式山砲團。對於交通不發達，又缺乏機械化牽引能力的中國來說，發展可拆卸攜帶的山砲無疑是一條可行之路。但是，75mm口徑的山砲和野砲，與重榴砲相比較，存在射程近、火力小的缺點，加上用馬挽曳或馱載，嚴重制約了運動性能，遠遠落後於30年代的戰爭要求。有識之士指

■ 俄M1909式76.2mm口徑山砲，中國曾在第一次國共合作時期從蘇聯方面獲得了相當數量的此類火砲。

■ 法造「施奈德」M1923式75mm山砲，和「卜福斯」山砲大致同一時期購入。

出：「軍團於野砲兵外，有置野戰重砲兵之必要……　現今多採用之野戰重砲為『十五生』左右之榴彈砲，蓋在效力上以口徑大者為有利。又一面因築城術進步之結果，『十五生』以下之口徑不能十分達破壞之目的故也。」1930年代的《戰術學教程》，還對舊式150mm重榴砲與新式150mm重榴砲作了如下扼要比較：「挽馬十五榴之運動性及射擊速度均較野砲為小，且方向移動稍為困難。然而彈道彎曲，砲彈之威力強大，與野山砲十榴並用，適於增大射擊效果，尤其是精神的效果　……汽車十五榴之射距離較挽馬十五榴稍為長大，且方向移動容易。概與挽馬十五榴服同一之任務，並適於遠距離之對砲兵戰及其它之遠戰。」

　　1933年5月，德國前國防部長、享有「國防軍之父」美譽的漢斯·馮·塞克特（Hans von Seeckt）將軍來華訪問考察。6月，他在給蔣介石的建議書中寫道：「九一八事變後，日本窺伺中國，若無相對砲兵與之抗衡，在未來抗日戰爭中防禦和獲勝的可能性將微乎其微，如不加強訓練和供應足夠的武器配備，將來在戰場上勢必遭受嚴重損失甚至潰不成軍。」1934年初，塞克特成為第三任德國軍事總顧問。4月，在塞克特的建議之下，國民政府軍政部準備籌建新式重榴砲部隊。在訂購下單前，國外幾家軍工企業紛紛前來報價，其中有捷克斯科達廠、德國克魯伯廠、德國萊茵金屬廠等。中國對將要採購的重榴砲有著自己的要求，最大射程能夠達到15公里，配備使用榴彈和穿甲彈兩種砲彈，榴彈為殺傷和破壞地面目標之用，穿甲彈可以擊穿軍艦的裝甲，並能作為移動的要塞砲用。這顯然是以日本作為假想敵而計劃的，聯想到1932年的「一二八」淞滬抗戰，日軍軍艦溯長江

■ 德國陸軍自用的150mm榴彈砲。

每砲配有1000發砲彈，全套價格折合中國法幣87萬元，總價高達2088萬元。根據《1934年德國軍火輸華數值統計表》顯示，國民政府當年向德國訂購了總價值3507萬元的軍火，也就是說，這批重榴砲的金額約佔是年對德軍購總額的近百分之六十。毫無疑問，這是驚人的大手筆！可是問題是中國沒有現金支付，萊茵金屬廠希望德國政府出面擔保，以延期付款方式成交。與中國關係良好的德國軍方對此力促政府同意擔保，但德國外交官員鑒於《凡爾賽和約》禁止德國軍火外輸，特別是重武器，強烈反對政府擔保軍火交易。主管動員經濟、搜購儲藏作戰原料的德國經濟部長耶馬爾·沙赫特（Hjalmar Schacht），對中國的鎢礦砂抱有極大興趣，堅定支持軍方所持觀點。雙方爭執不下，上報希特勒裁決。希特勒先是認為交易不宜在此時實現，後又折衷表態：武器絕不在1935年運交；但保留決定是否應在1936年運交之權。萊茵金屬廠對希特勒的不置可否有著樂觀的期待，到了5月份就急急地開工造砲了。

直駛南京下關，迫使國民政府宣布遷都洛陽，南京政府確實迫切需要一支威力強大的游動重榴砲部隊，以能夠由京滬內陸反制長江內的日軍艦船。參與報價的廠商中，德國克魯伯大砲聲名遠揚，呼聲最高，但其生產並裝備本國陸軍的150mm重榴砲，砲管身長為30倍徑，射程為13公里，達不到中國方面要求的15公里距離。萊茵金屬廠則熱情地表示可以按照中方條件設計，國民政府最後決定把這批重榴砲交由萊茵金屬廠承製。有學者認為訂購數量為96門，由於日本從中作梗，萊茵金屬廠只答應出售24門，筆者以為此說值得商榷，因為中國當時沒有一次訂購96門的財力。

監造驗收

1934年春，德國國防部批准萊茵金屬廠向中國出售24門150mm重榴砲，

為了符合中國方面射程達到15公里的要求，萊茵金屬廠設計使用32倍徑砲

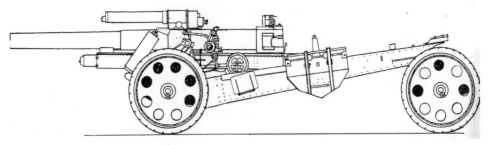

■「三十二倍150mm重榴砲」線圖。

管,所以習慣上把這批砲稱為「三十二倍150mm重榴砲」,簡稱「三十二倍十五榴」。因加長了砲管,射程較德制sFH18-150mm重榴砲多出了2000公尺。

當初簽訂合同時,中方還提了一個條件,組織技術人員到德國駐廠監造並驗收。從表面上看,此舉是為監督「三十二倍十五榴」的質量,以防止偷工減料,更深層的出發點則是想藉此良機從中學習造砲技術。驗收人員由兵工署組織選派,設計處處長江杓擔任團長。團員有兵工署技術司砲兵課技正陸君和、技士沈莘耕、技佐張家驥,設計處技佐王國章、段士珍、施正楷,金陵兵工廠藥廠廠長熊夢莘、藥廠技術員王銓,鞏縣兵工廠砲彈廠主任李式白、引信廠主任周佑延等人組成。驗收團人員均係兵工專業技術人員,大部分能熟練德語,個別甚至通曉多國語言,技術含量可見一斑。4月初,隨著義大利油輪「康特羅梭」號的啟航汽笛聲,驗收團從上海踏上了前往德國的航程。船行23天到達水城威尼斯,由於時間緊迫,一行11人無暇欣賞這座中世紀地中海最繁榮的貿易城市,當晚即轉乘國際列車直赴德國柏林。萊茵金屬廠急於開工製造,中國駐德大使館商務專員處已臨時指派留德學習機械的汪源博士,先行到廠檢驗毛坯材料。驗收團在柏林停留四、五天辦理完必要手續,就匆匆趕赴位於萊茵河畔杜塞爾多夫城的萊茵金屬廠。

萊茵金屬廠係綜合性機械加工廠,具有煉鋼和鍛造能力,專門製造砲管和其他高強度的合金件。因為砲彈、光學觀測器材和牽引車輛等附屬裝備,分別由各專業工廠生產,江杓團長對人員進行了分工,有些駐金屬廠,有些駐火藥廠或引信廠。「三十二倍十五榴」作為萊茵金屬廠根據中方要求重新設計的產品,對於砲彈的彈道諸元必須根據計算結果通過實際射擊加以校核,驗收團特意挑選留德學習彈道學的熊鶯耋加入驗收工作,負責彈道校核及射擊表的制訂。分工明確後,中方驗收人員有條不紊地投入了工作,每天按照廠方工作

時間上下班，參加各種材料試驗及成品驗收，其餘時間專心學習加工工藝。分管砲管驗收的王國章回憶說：「驗收標準都是根據德國陸軍現行的有關砲兵兵器條例及德國工業法規進行。從鍛造、鑄造毛坯開始，先作材料試驗，每個驗收員都有一個專用小鋼印，對於合格的毛坯加蓋鋼印後才許發到加工工段進行加工，最後加工完成的部件必須有驗收員原來蓋的鋼印者才能提請成品驗收，驗收合格後再加蓋一個鋼印才算正式成品。只有符合上述手續的正式成品才允許進行組裝，手續極為嚴格，對於確保質量卻是必不可少的。」

9月中旬，第一批4門砲組裝完成，在德國北部漢諾威（Hannover）城附近的荒草原上進行了射擊和拖行試驗。為了考驗砲身的強度和精度，每門砲先進

行強裝藥射擊和精度射擊，然後再選定一段高低不平的公路，用每小時30公里的速度拖砲運行120公里，以此查看經過強烈震動後的砲身各部結構是否發生變形。兩種試驗過後，「三十二倍十五榴」運回萊茵金屬廠，拆卸下來檢查，結果發現其中的一些部件出現了變形，驗收團當即向廠方提出了異議，並拒絕驗收。萊茵金屬廠對此高度重視，修改了設計，更換了問題部件，又進行了兩次試驗，在沒有發現新問題的情況下，最後定型投入量產。

1935年5月，24門重榴砲及附屬裝備全部驗收完畢。因為希特勒事先說過，絕不在1935年運交中國，「三十二倍十五榴」遲遲無法起運回國。1936年2月，中國組成了以顧振為團長的代表團赴德訪問，在前任軍事總顧問塞克特

■ 在德國北部漢諾威城附近的荒草原上進行了射擊和拖行試驗的150mm重榴彈砲，由「亨舍爾」Typ33G1-6×4柴油越野載重卡車牽引。

的幫助下，代表團會見了希特勒等德國軍政經濟首腦，磋商推進了中德易貨事項，確定了易貨貿易的具體原則，德方並向中方貸款1億馬克用以易貨，雙方簽訂了貸款協定。中方每年可用2000萬馬克向德方進口軍火及工業設備，而以1000萬馬克農礦品償還德方，為期10年。幾個月之後，24門重榴砲全部運抵中國。這是否為易貨協定所達成的成果，或者是希特勒承諾擔保先運後付了，今天已難以求證。但中國第一個機械化重榴砲團隨即成立，無疑為我們民族抗戰增添了殺敵利器。消息靈通的美國駐華武官很快得到了「中國已從德國獲得重榴彈砲」的情報，情報指出：「此種重砲是在1936年中旬成交，為最現代化的武器，裝在有輪胎的拖車上，每小時可行三十至四十公里。」

怒吼浦江

1936年夏秋，砲兵學校接收了24門「三十二倍十五榴」。機械化重砲團成立在即，為了讓來自各地的幹部統一技術水準、建立團體默契，特別開設陸軍砲兵學校幹部訓練班，訓練班軍官多為黃埔軍校砲科和砲兵學校畢業生。招募的士兵多係魯、豫等省年滿18歲，身體健康，具有高小畢業或初中畢業文化程度的青年。機械化重砲兵團下轄3個營，每營2個連，每連有「三十二倍十五榴」4門，各砲均用「亨舍爾」（Henschel）Typ33G1-6×4柴油越野載重卡車牽引，各連還有2輛同型卡車擔任彈藥運輸之用。全團總計兩千餘人，擁有載重汽車、觀測車、彈藥車、吉普車、三輪摩托車、兩輪摩托車等各類車輛480輛之多，是名副其實的機械化部隊。重砲兵團所屬各單位，全部駐在江蘇句容縣新塘鎮附近的營房內，團部

「三十二倍十五榴」的性能數據

口徑：149.1mm；

砲身長：4825mm；

膛線長：3963mm；

砲閂形式：橫楔式；

制退復進形式：獨立、液氣式；

後座長：1125～1150mm；

砲架式樣：雙輪開腳式；

高低射界：開腳-18～800密位（-1°～+45°）、並腳-18～213密位（-1°～+12°）；

方向射界：開腳940密位（53°）、並腳89密位（5°）；

彈重：榴彈42.3公斤；配30倍徑榴彈43.5公斤

初速：一號榴彈203公尺/秒、八號榴彈610公尺/秒，30倍徑彈一號榴彈195公尺/秒、八號榴彈494公尺/秒；

最大膛壓：2800公斤/平方公分；

最大射程：八號榴彈15100公尺，30倍徑八號榴彈12731公尺；

放列全重：6500公斤；

行列全重：7000公斤；

運動方式：機械牽引，牽引車輛為「亨舍爾」Typ33G1-6×4柴油越野載重卡車改裝而成。

■ 砲兵第10團裝備的德國萊茵金屬150mmL/32重野戰榴砲正由行軍狀態進入戰鬥狀態，時為抗戰以前，蔣介石正在向他的老對手們展示自己的新武器。

有辦公處、大禮堂、軍官宿舍，團營兩級均有彈藥庫、汽車庫、醫務所、消費合作社等。每連都有士兵宿舍、課堂、伙夫房等。正如美國駐華武官所說，「三十二倍十五榴」是30年代最新型的現代化武器，蔣介石心裏喜歡，還不忘向昔日的老對手露露寶貝，也算是彰顯中央政府的國防成就。於是，馮玉祥、白崇禧等人紛紛在軍政部組織下到重砲團參觀考察，瞧著這一尊尊嶄新的德國大砲，各路將領倒也大開眼界。

12月，重砲團改編為砲兵第10團。團長彭孟緝上校，字明熙，湖北武昌人；廣州中山大學文學系畢業，後入黃埔軍校第五期砲科、日本野戰砲兵學校；1931年起，歷任砲校主任教官、觀測教學組組長、砲兵第1團營長、砲校幹部訓練班主任等職。彭團長麾下的三位營長也都是砲兵專科出身。第1營中

校營長呂國楨，別號幹臣，湖北沔陽人；黃埔軍校第五期砲科、砲校校官班畢業；曾任砲兵第1旅參謀、砲校幹部訓練班戰術教官。第2營中校營長林日藩，別號咸伍，海南文昌人；1931年畢業於日本士官學校第22期野戰重砲科；曾任砲兵營營長、砲兵監科長、砲校教官。第3營少校營長胡克先，四川溫江人；黃埔軍校第六期砲科畢業；曾任砲兵第1團第1營營長、砲校幹部訓練班主任訓練員。這些志同道合的年輕砲兵軍官走到一起，為能在最現代化的砲兵部隊服務而感到無比自豪。隨著西安事變和平解決，對日全面抗戰的那一天也漸漸在向中國走來。

1937年7月7日，盧溝橋事變爆發。8月9日，上海發生虹橋機場事件，戰事一觸即發。11日，國民政府決心主動出擊，圍攻上海。砲兵第10團第3營奉命

■砲兵第10團團長彭孟緝。

■八一三前夕，奔赴淞滬戰場的150mm重砲團。

從南京出發，開赴蘇州與第2營會合，歸京滬警備司令張治中指揮。當晚11時，張治中為貫徹掃蕩淞滬日軍的目的，下令輸送現有軍隊至上海，置重點於江灣、彭浦附近，準備對敵猛烈攻擊。12日拂曉，砲10團一個營由京滬鐵路進至真如、大場一線。13日，裝備「卜福斯」山砲的砲兵第3團在嶺南山莊、江灣鎮附近進入陣地，當天晚些時候，裝備日造「38式」、遼造「民19年式」重榴砲各8門的砲兵第8團抵達彭浦附近，這樣一來，國軍已在滬西集結24門重榴砲和24門山砲，大有一舉撲滅上海日軍之勢。14日，砲10團一個營於大場、暨南新村一帶佔領陣地，主要擔負對日軍海軍陸戰隊司令部等堅固根據地的破壞任務。傍晚時分，「三十二倍十五榴」向日寇發出中華民族的怒吼，砲彈對日軍海軍陸戰隊司令部一帶各目標命中甚多，但令人遺憾的是，因無燒夷彈，而不能達到毀壞的目的。17日，

因射擊激烈，砲10團第2營有一門重榴砲出現膛線受損，砲8團的老式重榴砲有一門膛炸，一門無法射擊。迫於日軍持有海軍艦砲火力和空中優勢，可以抵近目標瞬間急射的「三十二倍十五榴」始終未敢向前推進，給予日寇堅固工事以極大破壞，更談不上對步兵的有效支持。砲10團通信連無線電報務員魯鏊回憶說：「日軍派遣偵察機、戰鬥機、轟炸機，對我重砲兵陣地偵察轟炸，日夜不停。重砲兵團在團長彭孟緝的精心指揮下，每次砲擊後即遷離現場掩蔽，一到深夜，又利用夜幕的掩護進入陣地發砲。」所以在參戰期間，砲10團實際上多是分割成連、排使用，以2門砲甚至1門砲去完成一些帶有游擊色彩的任務。

9月下旬，據可靠情報，日軍利用上海跑馬廳廣場作臨時機場，可以停降10來架飛機，縮短了空襲我軍陣地的時間和距離。砲10團奉命摧毀臨時機場，彭孟緝團長指定第3營第2排來完成任

務。胡克先營長通過電話給張士英排長下命令：「命你襲擊機場，是團長指定的，你要很好的完成任務，將2門砲及50發砲彈準備好聽命行動。」張士英回答說：「營長，50發砲彈1門砲就行了。」胡克先略微思考後說：「要10分鐘內完成。」張士英信心十足地表示：「1門砲快射，不要10分鐘。」接到書面命令後，張排長和營部觀測員李成家，又是偵察砲位又是求算射擊諸元，做足了功課。當晚10時不到，張士英率領15名弟兄潛入真如附近的臨時陣地。10時正，「孤獨」的重榴砲開始射擊，一眨眼十多發砲彈砸向日軍臨時機場，射擊方向的夜空頓時被照得紅光滿天。不到10分鐘，第3營第2排就把50發砲彈全部「孝敬」了鬼子。這時，日軍探照燈光束頭已交會照在砲位一側的大樹梢上，張士英即令套車迅速撤退。10時18分，日軍砲兵連續40多分鐘，發射300多發砲彈，急得彭孟緝、胡克先等人暗暗叫苦，擔心第2排這次行動多半是要人砲盡覆了。結果，張士英等毫髮無傷地人砲安全返回營部，胡克先高興地說：「給你們3天慰勞假，把砲移往蘇州郊外隱蔽好，好好休息。」翌日，《中央日報》登出頭版新聞「我神秘砲兵昨夜奇襲敵機場，擊毀敵機數架。」

10月上旬，彭孟緝團長命令第2營第6連連長彭啟超，向停泊在黃埔江中的日艦開砲。彭啟超連長畢業於黃埔軍校武漢分校第七期砲科、中央砲校學員班第三期，曾任砲校幹部訓練班訓練員。在他親自指揮下，第6連以3發穿甲彈擊中1艘日艦的主機、駕駛台和煙囪，取得了擊沉日艦的驕人成績。第三戰區（司令長官蔣中正兼）特意傳令嘉獎彭啟超，記大功一次，還犒賞第6連全體官兵法幣2000元。

11月初，砲10團第3營由崑山調往江陰，增強要塞封鎖長江。後又奉命轉移南京，在楊家山進入陣地，封鎖下關江面，歸南京衛戍司令部指揮。不知什麼原因，第3營又於20日奉命上船，開赴九江待命，旋開赴武昌。以南京保衛戰的結果來看，調離第3營溯江而上無疑是正確的，要不然極有可能像砲8團一樣損失慘重，只在江北烏衣車站收容不到200人。

折戟再戰

1937年11月5日，日軍第10軍（軍長柳川平助）在杭州灣金山衛登陸。8日，第三戰區副司令長官顧祝同根據蔣介石指示，下達了撤退命令。砲10團第2營在撤離淞滬戰場途中遇到了大麻煩。方家窯附近的一條河上有座公路橋，國軍工兵在橋上埋下了許多地雷，想要阻止日軍追擊，可是國軍有很多部隊沒有撤完，砲10團第2營便是其中之一。時任第1師第2旅第4團第1營營長的

■ 淞滬會戰中，進行防空偽裝的150mm重砲。

達南京句容新塘鎮營房。四天後，全團所有重砲及各種車輛，從南京渡長江至浦口，經徐州、鄭州、漢口到武昌。

臺灣的滕昕雲先生傾向於賈亦斌的說法，在其大作《抗戰時期陸軍武器裝備——野戰砲兵篇》中寫道：「一批珍貴的新銳武器就這樣報銷了！記載中並未說明當時銷毀的大砲數目，但可以確定的是，這僅是砲10團的一部，爾後砲10團第1營復奉命參加南京衛戍部隊序列，最後的殘部即在悲慘的南京保衛戰中全部丟光。」也有學者比較認同魯鋆的說法，砲10團全身而退。筆者以為，魯鋆的回憶同樣存在不少問題，比如關於「三十二倍十五榴」的射程，魯說最大射程為20000公尺，有效射程為15000公尺；另將砲10團開赴上海抗戰的時間記為8月14日，甚至說全團3個營由彭孟緝率領一起奔赴抗日前線；還有把先期調往江陰的第3營記為第1營等。實際砲10團第1營沒有參加淞滬會戰，張士英所在的第3營雖一度劃入南京衛戍司令部戰鬥序列，但最終亦幸運地調防武昌。在撤退中蒙受巨大損失的是第2營，損失數量當在8門上下。筆者的推測主要依據是：根據第1營營長呂國楨回憶，1938年中國總

賈亦斌後來回憶說：「團長命令我們堅守到第二天天明，等大部隊撤完我們再撤。那天夜裏，砲兵第14團開到了河對面。這個團是當時國軍唯一的、用德國大砲裝備起來的、擁有口徑150mm的現代化的重砲團。團長彭孟緝聽說橋上埋下了地雷，大砲無法通過，在對岸痛哭失聲。」雖然賈亦斌把砲10團誤記為砲14團，但他對彭孟緝團長的悲淒留有深刻印象。彭說：「中國就只有這個像樣的砲團，怎麼辦呀！」根據賈亦斌的回憶，砲團官兵忍痛把大砲全部推進河裏，然後小心翼翼地走到橋上，結果仍有不少人踏上了地雷。魯鋆的回憶和賈亦斌的說法大相逕庭。魯鋆的說法是11月15日，砲10團分別由真如、嘉定、南翔、太倉等地撤退到蘇州集中。18日凌晨，砲團在彭孟緝率領下，冒著大火離開蘇州，取道無錫、鎮江，當日下午抵

■ 戰鬥中的150mm重砲，對於沒有補充可能的部隊來說，損失是不可挽回和彌補的。

共有150mm重榴砲36門；根據王國章回憶，1937年末，兵工署在衡陽東陽渡接收了「三十倍十五榴」24門，傅寶貞教授是研究德國軍事顧問的權威，傅教授曾指出，當時接收的「三十倍十五榴」僅為20門。24門「三十二倍十五榴」加上20門「三十倍十五榴」，總共應有44門，砲10團第2營在撤退中損失8門，所以就成了呂國楨說的36門。

1938年初，砲兵第10團在武漢地區進行了一番調整。為了彌補第2營重創所帶來的戰力失衡，第1營和第3營分別撥出1門和4門砲補充第2營，以保持三營建制不變。這樣的現象在當時砲兵部隊中十分常見，由於國防工業落後，砲兵在損失後補充不易，為了填補空缺，各個砲兵團的連隊所轄砲數只能逐步減

少，基本上是1個連2門砲維持建制。2月，呂國楨中校率第1營北上河南歸德，配屬正在整訓的湯恩伯第20軍團。3月中旬，臨沂、滕縣告急，蔣介石急調第20軍團馳援第五戰區。「該軍團裝備齊全，並配屬十五生的德制重砲一營，為國軍中的精華。」對於湯軍團加入津浦路作戰，第五戰區司令長官李宗仁喜出望外。18日，第20軍團第85軍（軍長王仲廉）第4師（師長陳大慶）移至棗莊、嶧縣一線，第85軍第89師（師長張雪中）與日軍在臨城東南山地發生激戰。砲10團第1營、砲7團第1營歸第52軍（軍長關麟徵）指揮，防守運河南岸。24日，日軍猛攻台兒莊城寨和北車站，副參謀總長白崇禧等人當晚視察前線，決定抽調砲7團第1營和砲10團第1營一個連，增強台兒莊方面第30軍（軍長田鎮南）第31師（師長池峰城）的防禦力量。25日下午，2門「三十二倍十五榴」在宿羊山車站東北佔領陣地，與砲7團第1營的8門76.2mm野砲，一起向當面日軍猛轟。「三十二倍十五榴」利用射程優勢，打得日軍暈頭轉向，極大鼓舞了守莊國軍

的士氣。日軍誤以為台兒莊火車站為我砲兵陣地，便調集砲火集中轟擊火車站附近，三層樓的車站頓時成為一片廢墟。砲戰持續2個多小時，砲7團第1營陣亡士兵3人，被擊毀野砲1門，砲10團損失砲車1輛。28日，第13軍（軍長湯恩伯兼）第110師接替第52軍，擔任萬年閘至韓莊運河南岸30華

■ 台兒莊戰役中與砲10團第1營並肩作戰的砲7團，裝備俄造76.2mm

里的防務。第110師張軫師長回憶說：「本師未經嚴格之訓練而裝備又差，居然擔負如此重任，所恃者，撥歸我指揮的有十五生的榴彈砲及七生五的野砲各一營。」4月1日，日軍乘夜色由韓莊渡河，夜襲南岸守軍，呂國楨營長指揮所部向韓莊車站及日寇重點發射。第110師官兵聽到重榴砲響起，士氣大振，經四小時激戰將敵擊退。3日夜，第110師武術大隊在砲10團第1營的砲火掩護下，渡河衝入韓莊車站，用大刀砍死日軍數十人，一度還佔領韓莊，給予日軍有力打擊。

徐州會戰後期，第110師奉命在蕭縣、三浦附近集結，掩護砲10團第1營經宿縣、渦陽突圍，向周家口、漯河轉進。這一路要渡過澮河、渦河等幾條大河流，呂國楨營長擔心砲車渡河困難，內心無比焦急。第110師第328旅第656團團長廖運周與呂國楨係黃埔同期同學，十分理解呂國楨的心情，特地從第1營中挑選了2個連負責掩護砲營，並派工兵連隨同行進，逢河搭橋。幸運之神這次似乎有意庇護中國的苦難砲兵，日軍白天通過澮河、渦河時在河上搭設了鐵板橋，也許是忙著合圍徐州，晚上都沒派兵駐守，砲營就此順利過河。望著皎潔的明月，呂國楨營長命令牽引車開足馬力，快速向西突圍。第20軍團戰地服務團團員貢獻之目睹了這一幕：「當時稱之為中國機械化部隊的7門重砲，用發出鳥鳴似的喇叭聲的裝甲汽車牽引，跟著我們突圍。突圍部隊在快要成熟的麥田

裏踐踏出約五十公尺寬的道路。」

華中抗倭

1938年5月11日，日軍第14師團（師團長土肥原賢二）強渡黃河，進逼隴海路。國軍調集重兵意圖將其圍殲在蘭封、內黃、民權、考城之間。從21日到23日，第71軍（軍長宋希濂）、第74軍（軍長俞濟時）相繼收復內黃、儀封、西毛姑寨、楊樓、和樓。但日軍第14師團全力向楊固集、雙塔集地區攻擊，先後擊破第27軍（軍長王敬久）、第88師（師長鍾彬，隸屬第71軍）、102師（師長柏輝章，隸屬第8軍），攻陷蘭封、碭山等地。蔣介石嚴令各部要在26日拂曉前將蘭封、三義寨、蘭封口、陳留口、曲興集之敵殲滅。自徐州突圍的砲10團第1營，奉命配屬胡宗南第17軍團，向曲興集、羅王寨之敵攻擊。26日，第78師（師長李文，隸屬第1軍〔軍長胡宗南兼〕）第234旅第468團與砲10團第1營，加入第64軍（軍長李漢魂兼）正面左側方作戰，在「三十二倍十五榴」的有力砲擊下，羅王寨內幾乎空蕩無物。日軍依託車站負隅頑抗，至27日，終於被國軍擊潰，羅王車站及村寨為國軍奪回。6月初，呂國楨營長率部南下武漢歸建。

砲10團第1營北上參加徐州會戰，第2營和第3營也沒在武漢閒著。武漢居長江與漢水之間，扼平漢、粵漢兩大鐵路的銜接點，又是東西南北水陸交通的樞紐，戰略地位十分重要，為中國的腹心地帶。國民政府雖宣布遷都重慶，但政府機關大部及軍事統帥部仍在武漢，武漢實際成了當時全國政治、經濟、軍事的中心所在。抗戰前，武漢進行了兩期城防建設，防禦工事頗具規模。1938年1月，武漢衛戍司令部以第3、第6、第9、第14、第55師及砲兵第4、第10、第16團，分任野戰工事構築。3月，潼關告急，彭孟緝團長奉命率第3營前往增援，第2營則繼續留駐武漢，參與砲兵陣地的構建。6月，彭孟緝由潼關返回武漢，旋率砲10團第1營和第2營投入了保衛大武漢的洪流。

根據苟吉堂所著的《中國陸軍第三方面軍抗戰記實》一書，彭孟緝當時擔任第1游動砲兵群群長，指揮砲10團第1、2營，砲8團第3營第7、8連，砲42團第10連，砲43團第2連等部。砲10團第1營第1連的4門「十五榴」位於碼頭鎮、第6連的3門「十五榴」位於大冶沙鋪；砲10團第2營第2連的3門「十五榴」和第4連的2門「十五榴」均位於半壁山。半壁山北臨長江，南距富池河畔約6～7華里，奇峰拔地而起，矗立長江南岸，直逼中流，與鄂東重鎮田家鎮隔江相對。第2營佈置在沿半壁山以西的長江南岸，用3門砲利用半壁山的峭壁縱射日軍艦艇，用兩門砲支援田家鎮要塞。

■ 第九戰區砲兵指揮官王若卿與砲14團的30倍徑150mm榴彈砲。

砲42團和砲43團的2個連的高射砲擔任重砲陣地的防空任務。第98軍（軍長張剛）第193師（師長李宗鑒）第385旅守備範圍東起富池河，西至半壁山以西5公里一帶網湖地區。據馬驤旅長回憶，9月上旬，每當天明，日艦即在江中聯成一線，最多時有13艘，肆無忌憚砲轟半壁山，國軍重砲為隱蔽目標，沒有還

擊。當砲兵掩體遇到破壞時，即不分晝夜，不顧敵火力危害，立即予以修復，確保掩體的完整和安全。10月3日晨，日軍重砲、野砲多門在田家鎮、富池口附近放列，向我上下水口、陸家墩、半壁山、馬鞍山一帶猛烈轟擊，掩護在上下水口、陸家墩實施的強行登陸。彭孟緝下令所屬砲兵部隊，褪去偽裝，奮勇禦寇。在激烈的戰鬥中，國軍重榴砲、野砲各1門被炸毀。4日，日軍增加飛機、艦艇和重砲，立體狂轟半壁山，國軍各地工事悉數被毀。第九戰區司令長官陳誠命令彭孟緝，重砲、高射砲往大冶以西撤退，野砲除留一連外，其餘撤至大箕鋪附近。

經過淞滬、南京、徐州、武漢等幾次大戰，我軍各砲兵部隊損失慘重，遂進行了一次序列大調整。砲10團、砲11團、砲14團歸砲7旅統轄。執掌軍務司司長十年的王文宣在1943年著書披露，砲10團調整後仍為三營六連制，每連以150mm榴彈砲4門編成。如果王氏記憶無誤，那就意味著砲10團在武漢會戰後獲得了補充，全團火砲達到編制數24門，補充的火砲極有可能是德制sFH18-150mm重榴砲。不過，據曾任豫西河防砲兵指揮所參謀主任的藍卓元回憶，佈

■ 華中前線，配合十五榴朝日軍陣地射擊的75mm野砲，具有諷刺意義的是，此係晉造仿日「41式」75mm山砲。

置在潼關的砲10團第3營，1944年有德國造重榴砲4門。這又說明第3營從1937年3月到1944年這七年間，沒有得到補充。

1939年12月，參加桂南會戰的砲14團第1營調賓陽整理，砲10團第1營奉命前往更替。1940年1月1日，第1營推進至崑崙關北方及官塘以南地區佔領陣地，主力指向九塘、八塘之敵。3日晨，第1營的1個連重榴砲協助榮譽第1師（師長鄭洞國兼，隸屬第5軍）攻克441高地。4日黃昏後，第1營推進至下廖東側一帶，火力指向八塘及其西南高地，配屬第5師（師長劉采廷，隸屬第36軍）、第200師（師長戴安瀾，隸屬第5軍）和新編第22師（師長邱清泉，隸屬第5軍）攻擊作戰。12日，第5軍（軍長杜聿明）將防務交由第36軍（軍長姚純）接替，砲10團第1營改歸第36軍指揮。2月2日，賓陽失陷，崑崙關防禦失去意義，第四戰區（司令長官張發奎）令各部向上林和大覽方向撤退。不久，彭孟緝升任砲兵

第7旅副旅長，砲10團團長一職由砲兵學校教育處少將處長黃正誠調任。黃是浙江杭州人，先後畢業於日本陸軍士官學校第22期砲兵科、德國陸軍砲兵學校。6月，砲7旅改編為重砲第1、第2旅，砲10團隸屬重砲第1旅，旅長彭孟緝，團長仍為黃正誠。

1941年8月下旬，日軍第13師團（師團長內山英太郎）奉命抽出第26旅團（旅團長早淵四郎）組成早淵支隊參加第二次長沙會戰，獨立混成第18旅團（旅團長堤不夾貴）調往襄河（即漢水）以西接替第4師團（師團長北野憲造）防務，宜昌地區日軍大為減少。軍事委員會於9月20日、21日、22日連續電令第六戰區司令長官陳誠反攻宜昌，並限於23日開始發動攻勢。陳誠為了攻堅需要，幾次電催重慶立即將「三十二倍十五榴」下運。長江重慶至宜昌段習慣上稱為下川江，中間要穿過著名的三峽，兩岸山巒夾峙，水流湍急。夜航在下川江上沒有先例，經前方詳加研

究，考慮到戰事緊急，終於破例冒險夜航，把重榴砲運到南津關（位於宜昌境內西陵峽東口）。《陳誠先生回憶錄》指出，參加宜昌反攻的砲兵有重砲第1旅和砲校山砲連等。日本戰史記載說：「重慶軍自6月份即著手奪回宜昌，最初專門從事構築後方聯絡線道路及長江卸貨點的運輸道理。其顯著一例，是在岩石地帶的平善壩附近配置了150mm榴彈砲。」10月10日上午，包括「三十二倍十五榴」在內的大小火砲百餘門，一齊向日軍各據點猛轟。二郎廟、石榴河、西陵山、慈雲寺，東山寺等地硝煙彌漫，血肉橫飛。國軍第2軍（軍長李延年）、第32軍（軍長宋肯堂）及第75軍（軍長施北衡）第13師（師長朱鼎卿）等，在熾熱砲火支援下，冒死攻佔宜昌郊區多處據點，第2軍第9師（師長張金廷）第27團一度從東面突入城中。日軍以飛機20多架輪番轟炸，並施放毒氣彈。第27團官兵傷亡慘重，被迫撤至城外。這時，結束長沙作戰的日軍第13師團第103旅團（旅團長柴田卯一）和第39師團（師團長澄田賚四郎）等部，已接近宜昌。11日晨，蔣介石電令陳誠停止攻擊，部隊有計劃地撤退到城外，控制要點，進行休整。

守潼關

1938年3月初，日軍攻佔山西運城、平陸、風陵渡，與陝西潼關隔河相望，大有渡河攻陝之勢。潼關地處陝西、山西、河南三省交界處，自古就是軍事要衝，中古以來，有史可考的戰事即達30多次。面對日寇逼近黃河沿岸，第十戰區司令長官蔣鼎文一再請求軍委會調撥砲兵部隊防守潼關。3月中旬的一天深夜，彭孟緝團長率領第3營到達老潼關陣地，陣地構築在城牆洞內，既可以居高臨下轟擊日軍，又能觀察日軍砲兵的位置。在第3營未到之前，風陵渡日軍多次砲擊潼關，造成火車站鐵路設施多處毀壞，民房和居民多有損失。當地商會出面要求砲營發砲還擊日軍，守軍第28師（隸屬李韞珩第16軍）師長董釗派遣副官處中尉副官王鶴雄前往聯絡。彭孟緝團長謹慎地表示，沒有蔣鼎文的命令，無法承擔暴露目標的責任。王副官回憶說：「當時砲10團是歸國民政府軍委會直接管理，它的換防調動要經蔣介石親自批准，調來潼關，起碼要經蔣鼎文下令才能開砲，別人去說當然無效。」

3月17日上午，日軍砲兵又向老潼關防地砲擊，間隙時間很短。午後，觀察哨報告，日軍運到風陵渡的軍用物資，以砲彈、槍械和橡皮艇居多。蔣鼎文與董釗等人分析判斷，認為日寇有渡河攻潼關的的企圖，決定第28師師部進駐潼關，砲10團第3營由董釗統一指揮。23日黎明，日軍猛轟老潼關山腳下

的防禦工事，一時間碎石飛揚，董釗要求各部繼續隱蔽待命。到了8時多，觀察哨發現風陵渡岸邊有日軍集結，幾隻橡皮艇已陸續放入水中。董釗師長急奔老潼關城牆半腰上的哨所，只見黃河那邊有40餘隻橡皮艇滿載日軍，正向潼關划來。不一會兒功夫，日軍砲兵開始延伸射擊，划在最前面的橡皮艇已離開岸邊四、五十公尺遠了。9時20分，彭孟緝團長一聲令下，一直沉默待命的砲10團第3營終於向日軍發出怒吼，砲彈帶著呼嘯聲，飛向對岸。只見風陵渡北面的日軍砲兵陣地一陣陣濃煙翻滾，停在火車站的兩節黑色車皮也被國軍擊中，頓時火光沖天。董釗師長命令第3營抵近射擊，轟擊敵人沿岸工事和橡皮艇。

彭孟緝團長又是一聲令下，砲彈在河中炸開，激起渾濁的浪花和泥柱，這一刻彷彿是中華民族不屈不撓的吶喊。最前頭的橡皮艇頃刻間灰飛煙滅，落水的日軍又被第28師輕重機槍一陣好打，無一倖免。11時，十數隻橡皮艇逃回對岸，雙方漸漸停止射擊。這一仗斃、傷日軍近百人，擊毀敵野砲2門，潼關縣長和商會會長出面慰問部隊，商會會長對彭孟緝團長和胡克先營長說：「百姓們聽說自己的大砲打響了非常振奮。上午敵人渡河時，有些膽大的老百姓竟然爬在岸邊的高坡上看熱鬧。」26日凌晨3時多，砲10團第3營的「三十二倍十五榴」再度響起，隨著天色漸明，第28師第163團官兵從岸邊上坑道口內拖出一

■ 長期駐守潼關的砲10團第3營。

條條木船推入河中，升起風帆，殺向風陵渡日軍據點。轉眼間，載著900多名勇士的木船到達河中心，船頭的輕重機槍向日軍噴射出復仇的火舌。日軍槍砲和擲彈筒拼命還擊，甚至從工事中跑到岸邊沙灘上阻擊我軍。砲營弟兄瞧在眼裏，用密集砲火封鎖敵人沿岸工事，為登陸作戰掃清障礙。在砲兵掩護之下，有3條木船相繼靠岸，第163團官兵踏著黃河水強行登陸，迫使日軍向風陵渡鎮內撤退。灘頭陣地很快為國軍掌握，日軍不甘示弱，重新組織反攻，企圖奪回岸邊工事，趕國軍下水。董釗師長下令砲營砲火壓制，打得日寇抱頭縮回鎮內。中午12時，風陵渡鎮南半邊區被國軍控制，日軍據守北半邊區，並向運城求援。當夜天黑不見五指，第163團渡河部隊在夜色掩護下，主動撤回南岸。4月下旬，第28師東調參加徐州會戰。砲10團第3營從此常駐潼關吳村、段名、周家村、留果村等，成為不折不扣的「潼關守護神」。

6月，彭孟緝團長返回武漢，留下胡克先營長負責潼關方面砲戰。1939年以後，砲10團第3營多次砲擊風陵渡，雖然數量處於劣勢，彈藥又不充足，但還是沉重打擊了日軍砲兵的囂張氣焰，有效協助了隴海鐵路列車「闖關」，飛馳衝過危險區。1940年冬，為拔掉鳳凰嘴日軍砲兵陣地，給敵毀滅性打擊，胡克先營長決定縮短射程，命令第7連連長鄭慶真，將砲位由西原段名村，前移縣城南郊柳家村北的西坡口。晚上準備射擊前，第7連官兵冒著嚴寒，先在陣地上潑水，以防止發砲激起灰塵暴露砲位。一切準備就緒，鄭連長果斷下令開砲，由於觀測所在白天測算精確，這次砲擊非常成功，連發兩砲皆命中目標。當地居民興奮地奔走相告，一傳十，十傳百，結果就成了：「國軍將一發砲彈直接打到鬼子的砲筒裏，當時就把鬼子的砲給炸了，鬼子的陣地燒了三天三夜，真是一砲定乾坤啊。」

砲3營打日軍是不含糊，可是軍紀也存在一些問題。少數士兵三五成群聚賭，甚至放債，還有與當地婦女發生感情糾紛的，民眾對此頗有怨言。直到1940年，姬允和接任營長，情況才大有改觀。姬係河南偃師人，畢業於中央軍校第十期砲科，年近三十被任命為砲10團第3營營長，駐在潼關吳村東城子任古愚院內。姬營長到任後，一面加強砲兵陣地建設，一面對士兵進行嚴格的軍事訓練，同時還十分重視軍民關係。每當駐五虎瘴的第1師師部有文藝演出時，姬營長總派汽車載運村民前往觀看。要是砲3營駐地也有演出，演出結束時，姬營長總要登臺講抗日形勢，激發軍民抗戰到底。每年夏收播種，姬營長就動員官兵幫助老百姓幹農活，派騾馬碾場、犁地等。第3營無線電班長李可珍文化程度較高，姬就指派他在吳村小學教數學

課，還給學生教唱抗日救亡歌曲。1942年，姬營長的兒子出生，取名潼茂。潼關民眾對姬允和的評價可謂讚不絕口：「他在潼關六年中，忠於職守，正直愛國、樂於助人，愛兵愛民，受到人們的尊重。」1949年12月末，姬允和在重慶投共，享受團級待遇，曾在解放軍西南軍區砲兵部隊任職。1955年轉業。1961年調離成都到四川省公路局橋樑工程隊工作。1969年故於甘肅文縣。

這裏值得一提的還有兩件事。1941年1月，坐鎮西安的胡宗南到河南西峽口會晤第31集團軍總司令湯恩伯，乘座的便是砲10團第3營的「亨舍爾」Typ33G1-6×4柴油越野載重卡車。因為從西安到豫西，要穿越商洛的秦嶺山地，途中有很多斷陷盆地，車子要不斷地爬上爬下，馬力小不頂事，所以就調用了第3營的砲車。1942年4月，考察西北的蔣經國一行視察了潼關前線，當時有位士兵告訴蔣經國，在過年的時候，我們用大砲轟對岸，日軍用揚聲器喊話，讓我們不要打，把砲彈省下來。甚至

狂妄地說，你們要打，我們也要打了，你們的砲位我們一清二楚。後來有位弟兄拿槍打中了揚聲器，嚇得喊話日軍一溜煙地跑了。

西南禦敵

1943年，黃正誠升任重砲第2旅旅

■滇西戰場上的"三十二倍十五榴"，先後轉戰松山、龍瞿、龍陵、芒市。

長兼陝東河防砲兵指揮官，王觀洲接任砲10團團長。王是軍校六期生中留學法國的十二個人之一，學成回國擔任工兵學校教官、工兵訓練委員會委員等職。王觀洲擔任砲10團團長的時間很短暫，旋由方懋鍇接任，方係安徽壽縣人，軍校七期、陸大六期畢業，之前曾任戰防砲總隊連長、隊長、團附，軍訓部少將參事等職。1944年，砲10團團長改為胡克先。團長是換了好幾任，可是「三十二倍十五榴」從反攻宜昌後，一直都處於休整狀態。吳懋當時任職軍委會後方勤務部軍械處中校股長，他曾回憶說：「德造150mm重榴砲，全國只剩20門，有4門配置在第五戰區，其餘經常是半數進廠修理。」其實這也難怪，從1936年運抵中國，屈指算來也有8年了，「三十二倍十五榴」的足跡遍佈京滬、台兒莊、豫東、鄂中、桂南、宜昌、潼關等地，我們國防工業落後，自然也缺乏日常維護所需的硬件和軟件。再說，當初隨砲一起進口的砲彈，亦已所剩無幾。

1944年5月，中國遠征軍強渡怒江，拉開了滇西反攻戰的序幕。胡克先率領砲10團第1、2營由雲南鎮南（今南華）開赴怒江東岸前線，與砲7團混合營合編為中央砲兵群，配屬第11集團軍（總司令宋希濂）攻堅作戰。砲7團和砲10團曾於1938年在台兒莊並肩打過日軍，這次算是二度攜手。砲7團團長

鄭琦，係浙江寧波人，黃埔軍校第七期畢業。該團調到滇西戰場的是一個俄造76.2mm野砲連，兩個115mm榴彈砲連，因此稱為「混合營」。砲10團陣地配置在砲7團後方東北側，各連相距都在1000公尺左右。正當構築砲位、觀察敵情時，被日軍砲兵發現，隨即便是鋪天蓋地的砲火呼嘯而來，由於國軍砲位立足未穩，無法進行還擊，只得利用地形隱蔽。幸好砲7團反應很快，立即發砲壓制，雙方砲戰直到天黑方才沉寂下來。砲10團剛構築的工事全被擊毀，第1營第1連有2名士兵受傷。胡克先團長命令快速清理陣地，冒雨重構工事，做好第二天的戰鬥準備。翌晨拂曉，「三十二倍十五榴」發出復仇之火，時而單砲，時而齊發。當日摧毀日軍砲兵陣地1處，重創觀測所3處。

6月4日，中國遠征軍開始攻擊松山之敵。松山包括陰登山、大小松山、大埡口、滾龍坡、長嶺崗等山，扼惠通橋至龍陵的咽喉，是滇緬公路上的一個重要戰略要地。砲7團彈藥充足，往往連續射擊七、八天，發射砲彈千餘發。砲10團則相形見絀，砲彈稀少，輕易捨不得使用，專門負責壓制敵砲及對遠距離重點目標射擊。後來多虧盟軍提供在北非戰場繳獲的德軍重榴砲彈補充，才有所好轉。7月1日，第8軍接替第71軍（軍長鍾彬）新編第28師（師長劉又軍）臘猛、陰登山陣地，專任攻擊

松山任務。砲10團、砲7團及第5軍（軍長邱清泉）砲兵營、第8軍砲兵營、第71軍砲兵營在怒江東岸滇緬公路733公里大山頭地區佔領陣地，擔負松山攻擊的砲火支援。從6月到9月，第8軍將士前仆後繼，浴血奮戰，終於攻破松山各據點。曾在砲10團擔任連附的閻啟志後來回憶說：「這天拂曉，我砲連奉命對敵射擊，先是每2分鐘1發，繼而1分鐘1發，最後是儘量快速發射，一口氣打了2個小時，共發射砲彈300餘發，松山的樹木都被砲擊起火，煙霧滾滾。當我步兵向敵陣衝鋒之時，本來砲兵應延伸射擊，攔阻增援之敵，但第8軍軍長何紹周仍令我砲連向敵陣射擊。他說：敵人拼刺刀比我們強，與其在白刃戰中我單兵被敵人刺死，不如雙方同歸於盡。」這令筆者不禁想起一句古語：「一將功成萬骨枯」。

攻克松山，砲10團等又推進到龍陵，戰鬥月餘，進軍芒市。閻啟志連附率第1營的2門「十五榴」於夜間進入芭蕉林後面的陣地，由於距離日軍前沿陣地較近，被敵發現了行蹤。狡猾的日軍當晚不動聲色，次日清晨，2發砲彈突然落在國軍陣地左側，閻啟志立即命令砲手進入陣地，實施反擊，僅半小時，1門「十五榴」的復進機被敵砲炸毀，1名通信兵負重傷，1名瞄準手陣亡。關鍵時刻，汪文遠營長乘觀測飛機飛臨陣地上空，直接從空中指揮，校正彈著

點，僅二十多發砲彈，就將日軍砲兵摧毀。此後直到芒市告復，日軍的砲兵再也沒有響起。

滇西反攻作戰獲得完全勝利，豫湘桂戰場則相反地接二連三敗北，中國的抗戰正面臨著黎明前最為黑暗的時刻。8月上旬，日軍攻佔衡陽，以打通大陸交通線和破壞中國西南空軍基地為目的發動「桂柳會戰」。砲10團第1營第6連的兩門「三十二倍十五榴」加入了保衛桂林的戰鬥。參加「桂柳會戰」的國軍砲兵還有砲29團、砲54團、砲14團第3營、砲18團第1營等部，統歸砲兵指揮官彭孟緝指揮。砲10團第1營第6連陣地、觀測所位於桂林王城獨秀峰附近，其餘砲兵分佈在風洞山南方、象鼻山一帶，準備阻止日軍渡灕江。10月29日，日軍第37（師團長長野祐一郎）、第40（師團長宮川清三）、第58師團（師團長毛利末廣）等向桂林守軍發起攻擊。為搜索和觸發守軍埋設地雷的區域，日軍在桂林外圍的農村搶奪農民的耕牛，趕到臨桂大村，企圖夜間驅牛到江東岸陣地前「掃雷」。桂林防守司令韋雲淞命令砲10團第1營第3連向臨桂大村轟擊，破壞日軍的攻擊準備。幾次下來，重砲連雖給予敵人一定殺傷，但守軍的雷區還是被日軍摸清楚，沒有起到作用。11月8日下午15時25分，日軍第11軍（司令官橫山勇）砲兵隊向我獨秀峰、象鼻山、老人山、風洞山砲兵陣地

負責任

守紀律

明禮義

知廉恥

砲兵第七旅第十團

■ 敲在「十五榴」砲身上的題字，可以被視為該團的座右銘。

和重要據點猛轟，雙方展開砲戰，聲震山谷。砲戰一直持續到日落時分，重砲連的砲彈有許多落在五金村北側高地。9日凌晨，日軍集中加農砲、榴彈砲猛烈砲擊桂林城東灘江邊的全部正面，渡江部隊乘機強渡。韋雲淞命令砲兵對中正橋東端附近集中砲火轟擊，阻敵渡江。日本戰史記載：「8時20分，重慶軍砲兵，特別是獨秀峰的砲兵猛然開始反擊。大量砲彈落在我砲兵陣地，戰場上雙方的砲聲響徹桂林平地。」日軍一時被我砲火阻止，不能繼續渡江，但守城砲兵的彈藥消耗很大，無法再與優勢的日軍砲兵砲戰，只能斷斷續續地射擊加以妨礙。日本戰史為此得意的說：

「在我方優勢砲兵面前，重慶軍砲兵，特別是發揮最大威力的獨秀峰附近的3門150mm重榴砲終於沉默。但我方也有損失。」戰至9日夜，桂林四周日軍均已突入城區，守軍逐次被壓迫於核心陣地。10日下午，桂林陷落。據日軍第11軍統計，此役繳獲各種口徑火砲多達156門，其中包括2門重榴砲。

後記

1944年末，砲10團團長由畢業於黃埔七期、砲校一期的姜繼斌接任。姜在1933年後，任砲8團連長、砲校幹部訓練班觀測教官、砲10團連長、團附、

■ 博物館裏的德制「十五榴」，硝煙早已散去，昔日保家衛國的重砲，現在靜靜地陳列在這裏，供人緬懷。

營長等職。1945年，姜繼斌調任陸軍總司令部砲兵指揮部參謀長。砲10團團長一職由第198師副參謀長楊中藩調任。楊中藩畢業於黃埔軍校第六期砲兵科，曾任砲校幹部訓練班戰術教官、砲1旅參謀等職。抗戰勝利前後，位於滇西的砲10團第1、2營開始換裝美式105mm榴彈砲，至1946年春裝備、訓練完畢。4月，汪文遠營長率部北調鄭州綏靖公署。10月，鄭州綏署第四綏靖區奉命北進，砲10團第1營歸第119旅旅長劉廣信指揮，結果在山東鄆城戰役中，丟了8門105mm榴彈砲，成為解放軍夢寐以求的戰利品。1949年6月，砲10團從上海退往臺灣。

1961年，曾經前往德國參加監造驗收的王國章，在北京軍事博物館兵器館大廳裏見到了一門「三十二倍十五榴」。王國章重睹故物倍增回憶，趨身向前細看，砲上的驗收印章和銅牌仿宋字，依然清晰可見。如今，這尊重榴砲依然靜靜的保留在軍事博物館中，當人來人往的參觀者從其身旁走過時，不知有幾人知道它的來歷？又有幾人知曉它在半個多世紀前的烽火歲月中立有抗日戰功？

國家圖書館出版品預行編目（CIP）資料

中國抗日戰爭：盧溝曉月 / 逢凡、潤如、馬民康
合著. ── 初版. ── 臺北市：知兵堂，2010. 11
面；　公分, ──（知兵堂叢書. 突擊精選系
列；34）（建國百年系列）

ISBN 978-986-6412-06-6（平裝）

1. 中日戰爭

628.8　　　　　　　　　　　　　　　　99022780

知兵堂叢書
突擊精選系列
中國抗日戰爭─盧溝曉月

作者：逢凡、潤如、馬民康
責任編輯：林達
封面設計：王詠堯
出版：知兵堂出版社
　　　10679 台北市大安區樂利路86巷4號1樓
電話：(02) 8732-5265
傳真：(02) 8732-5295
劃撥帳號：50043784
劃撥戶名：知兵堂出版社
網址：http://www.warmg.com

國內總代理：紅螞蟻圖書有限公司
地址：114 台北市內湖區舊宗路二段121巷28號4樓
電話：(02) 2795-3656
傳真：(02) 2795-4100
E-mail：red0511@ms51.hinet.net
http://www.e-redant.com

初版一刷：2011年1月

售價：新台幣280元　（缺頁或破損的書，請寄回更換）
版權所有　翻印必究